ちくま学芸文庫

資本主義と奴隷制

エリック・ウィリアムズ
中山 毅 訳

筑摩書房

序文

本研究は、イギリスを範例とする初期資本主義と黒人奴隷貿易、黒人奴隷制および一七・一八両世紀における植民地貿易一般との関係を、歴史的パースペクティヴのうちに位置づけようとする試みである。歴史は、時代ごとに書き改められるものである。とりわけ現代という時代は、歴史ならびに経済的・政治的発展にかんする諸概念の再検討を、生起する事象そのものから迫られている。従来、産業革命の進展を扱った好個の専門書あるいは通俗書は、数多い。そこからひき出された教訓は、知識階級一般、特に高度の識見の養成・指導の責をになうものには十分に摂取されている。ところが、産業革命の先行期にかんしては、資料の収集、著作の刊行などは行なわれているけれども、当時の商業の国際的・相互連関的な性格、産業革命の発展にたいするその直接の影響、および現代文明にも継承されているその遺産といった問題は、いまだにその概略さえ包括的なパースペクティヴのうちに位置づけられていない。本研究は、まさしくこの問題をとりあげたものである。とはいえ、周知の社会的・政治的および知的潮流の経済的起源を示すことをも怠らなかった。

しかしながら、本書は思想ないし解釈にかんする論究ではない。本書は、イギリス産業革命の資金需要をまかなった黒人奴隷制および奴隷貿易、ならびに奴隷制体制の崩壊をもたらした成熟した産業資本主義の役割にかんする厳密に経済学的な研究である。それゆえ、第一に、イギリス経済史にかんする研究であり、第二に、西インド諸島史および黒人史にかんする研究である。奴隷制の制度的研究ではなく、イギリス資本主義の発展にたいする奴隷制の貢献にかんする研究である。

本書の他に負うところは、はなはだ大きい。大英博物館、国立文書保管所、インド省図書館、西インド諸島委員会、オックスフォードのロード・ハウス図書館、イングランド銀行文書保管部、全英奴隷制反対・原住民保護協会、ロンドンのフレンド・ハウス、マンチェスターのジョン・リーランド図書館、マンチェスター中央図書館、リヴァプール公立図書館、ハルのウィルバーフォース博物館、米国会図書館、ハバナの国立図書館、ハバナのアミゴス・デル・パイス経済学会の方々は、筆者にあたたかい援助を惜しまれなかった。また、シカゴのニューベリー図書館にも厚くお礼を申しあげたい。ハワード大学のファウンダーズ図書館との相互貸借制度を通じ、同館の尽力をえて、チャールズ・ホイットワースの貴重な統計『グレート・ブリテン輸出入貿易年次別事情、一六九七—一七七三』を披見することができた。

支障なく研究をすすめることができたのは、各種の研究奨学金の支給を許されたおかげである。トリニダード政府は特別給費の延長を許可してくれた。オックスフォード大学からは、ふたつの上級奨学金を給付された。英領植民地史研究のためのベイト基金からは、一九二回にわたり研究助成金の交付を受けた。ジュリアス・ローゼンワルド財団からは、一九四〇年および一九四二年に特別研究費を与えられた。ワシントンにあるジョージ・ワシントン大学のローウェル・J・ラガッツ教授、カリフォルニア州クレアモン所在ポナモ・カレッジのフランク・W・ピツマン教授、ノースウエスタン大学のメルヴィル・J・ハースコヴィッチ教授は、快く原稿を閲覧し、数々の御教示をたまわった。ハワード大学の筆者の先任の同僚、チャールズ・バンチ教授も同じ労をとって下さった。現在、ロンドン大学の英帝国史ローズ講座教授であられるヴィンセント・ハーロー博士は、オックスフォードで筆者の博士論文の指導にあたり、たえず懇切な助言を惜しまれなかった。最後に妻は、よき助手としてノートをとり、原稿をタイプに打ってくれたのである。

エリック・ウィリアムズ

ハワード大学
ワシントン特別区
一九四三年九月一二日

ローウェル・ジョセフ・ラガッツ教授に捧げる

この分野におけるあなたの不朽の業績は、敷衍《ふえん》され、豊かにされることはあっても、けっして廃棄されることはないでしょう。

目次

資本主義と奴隷制

凡例

一、本書はEric Williams, *CAPITALISM AND SLAVERY*, New York, Russell & Russell, 1961版の全訳である。

一、本文横の数字は著者の注である。注は巻末に各章ごとにまとめてある。

一、傍点を付した個所は、原文においてはイタリックである。

一、ルビを付して原語を示した個所がある。なお原語は巻末索引によっても検索できるようはからった。

一、索引は、原書に従わなかった。

一、文庫化にあたっては一九七八年に理論社から刊行された新装版『資本主義と奴隷制――ニグロ史とイギリス経済史』を底本とし、川北稔氏監修のもと訳語を一部改めた。この点については巻末の解説をご参照いただきたい。なお、今日の人権意識に照らして不適切と思われる語句や表現があるが、黒人奴隷への差別がどのようなものであったのかを示すために、そのままとした。

第一章　黒人奴隷制の起源

一四九二年、コロンブスは、スペイン王国の代理として新世界を発見した。植民地領有をめぐる苛烈な国際的抗争の下地は、このとき、コロンブスの手により整えられたのである。この抗争は、いつ果てるともしれず、四百五十余年をへた今日においてもなお、なんの解決をもみていない。すでに海外領土の拡張にのりだしていたポルトガルも、異教徒の奴隷化を認可した一四五五年の教皇教書を盾にとり、新たな領土を要求していた。カトリックを国是とする両国は、ともに教皇の袖にすがり、その仲裁による紛争の回避をはかった。教皇権はすべてにおよぶとされ、個人・政府をとわず異をたてるもののまだなかった時代にあっては、こうした措置は当然であり、理にかなっていた。当事国双方の主張を慎重に検討したのち、教皇は一四九三年、一連の教書を発し、植民地領有にかんする両国の境界を定めた。こうして東はポルトガル、西はスペインに帰属することになった。とはいえ、ポルトガルは、なおこの分割を不満とした。その翌年、当事国双方はトルデシーリャス条約を結び、いま一段の歩み寄りをはかった。同条約により教皇の裁定は一部改められ、ポルトガルのブラジル領有権が認められた。

教皇の裁定とこうした形式的な条約は、いずれも他の列強を拘束するものではなかった。実際にも、そうすかんをくったのである。カボートによる一四九七年の北アメリカ航海は、このような分割にたいするイギリスの端的な返答だった。仏王フランソワ一世は、かの有名な抗議を発した。「太陽は余人のみならず私をも照らしている。世界の分割所有より私を排除する条項がアダムの意志のうちにあるものなら、是非とも拝見いたしたい」。デンマーク王は、東インドにかんするかぎり、教皇の裁定をこばんだ。エリザベス朝の著名な政治家、ウィリアム・セシル卿は、教皇の「ほしいままなる王国与奪の権利」を否定した。一五八〇年、イギリス政府は、事実上の占有にもとづく統治権決定の原則をおしたてて反駁した。[1] こうして、当時のことばをもってすれば、「赤道の彼方に平和なし」という状態があらわれる。それは、のちの一バルバドス総督の言をかりれば「スペイン王支配の命脈はもはやつきたがゆえに……西インド諸島の王となるべきは、英王または仏王のいずれであるか」[2] という争いであった。イギリス、フランス、さらにはオランダさえも、イベリヤ枢軸に挑戦し、天が下におのれの場所を要求しはじめた。黒人もまた、求めこそしなけれ、おのれの場所をもつべきであった。それこそ酷熱の太陽に焼かれる新世界の砂糖、タバコ、および綿花プランテーションにほかならなかった。

アダム・スミスによれば、植民地開拓の成否は、「潤沢な沃土」[3]という一つの単純な経済的要因に左右される。ところで、イギリスの植民地領有は、一七七六年当時において、ほぼ二つの形態に区分することができる。一つは、小農による多角的な自給自足経済である。この小農、ギボン・ウェークフィールドの侮蔑的呼称によれば、「ただのどん百姓」[4]の居住する土地は、たとえば、一八四〇年のカナダについて記述されているように「安全確実な投資の対象であって、当たれば大きいが、たいていは当たらない富くじ」[5]ではなかった。もう一つの形態は、輸出用主要商品作物《ステイプル》の大規模生産をはかる植民地である。前者に属するものとしては、アメリカ大陸北部の諸植民地がある。後者に属するものとしては、アメリカ大陸のタバコ植民地およびカリブ海の砂糖島嶼があげられる。後者の型の植民地においては、メリヴェールの指摘したように、土地および資本は、労働を統御しえないかぎり、役にたたない。[6]すなわち、労働は一定不変のものでなければならない。さらに労働は協業し、または協業せしめられる必要がある。この型の植民地においては、集約農業を行ない、額に汗しつつ痩せた土地から貧弱な収穫物をしぼり出すマサチューセッツ型農民の厳格な個人主義は、粗放農業を経営し、大規模な生産を行なう大資本家の使役する統制された集団にとうてい太刀打ちできないに相違ない。こうした強制がなければ、労働者は、その本然の性癖にしたがい、自分の所有地を耕し、自前で労苦しようとするだろう。イギリスの大資本家ピール氏の物語は、人口に膾炙《かいしゃ》している。氏は五万ポンドをもち、三〇〇人の労働者をひきつれてオーストラリアのスワン河植民地に乗りこんだ。労働者は、故国におけると同様に雇い主のために働くだろうというのがその腹づもりだった。ところが、オーストラリアに到着すると、土地は豊富にあった——ありすぎた——ため、労働者は、資本家から賃金をもらって働くよりも零細な土地所有者として自分のために働くほうを選んでしまった。オーストラリアは、イギリスではなかった。この資本家は、寝具を整えたり、水をもってきてくれたりする召使いもなく、ひとりぽっちでとり残されてしまった。[7]

カリブ海植民地における、こうした労働力の分散および「零細農」の問題を解決したのが奴隷制だった。ジョージアの開拓史は、この意味で、示唆に富む。評議会——そのなかには他の植民地に奴隷を所有する評議員もいた——により奴隷労働の使役を禁止されたため、ジョージアのプランターは、ホワイトフィールドの警句のように、両足を縛られたまま歩けと命じられたにひとしい状態にあった。そこで、ジョージアの為政者は、その禁止が解除されるまで「一つの必要不可欠なるもの」——奴隷制——のために乾杯したのである。[8] いかに「いとわしい方策」——とメリヴェールはいったが[9]——であろうとも、奴隷制は第一級の重要性をもつ一個の経済制度であった。奴隷制はギリシア経済の基礎をなし、またローマ帝国を築きあげた。近代においては、奴隷制は西欧にティーとコーヒー・カップのための砂糖を供給した。奴隷制は、綿をうみ出し、近代資本主義の基礎の一つとなった。奴隷制は、アメリカ南部およびカリブ海諸島をつくった。歴史を展望すれば、奴隷制は、「英ポンドで富を数えはじめ……生産の増大なる神に人命を捧げるという思想に慣れつつあった」[10]上昇期の資本家階級と切っても切れぬ関係にある画面、すなわち、貧民階級の酷使、非情な救貧法、苛酷な封建法および無関心といった画面の一隅をしめているのである。

新発見の自由の理論をひっさげてあらわれた産業中産階級の知的擁護者として、アダム・スミスがのちにひろめた説によれば、奴隷制を成りたたせるものは、一般的にいって、力というものにたいする主人の愛好・自負心である。奴隷が使役されている国においても自由民労働のほうが有利であろう。経験の示す結論はどこでもこうである。「奴隷の行なう労働は、ただ奴隷自身の維持費しか要しないようにみえるけれども、結局のところ、もっとも高くつくものである。富を得ることのできない者は、食うこと以上の関心をもたず、労働は最小限にとどめようとする」[11]。

アダム・スミスは、そのため、時間、場所、労働および土地にかんする特定の問題を、抽象的に取り扱うことになった。奴隷労働よりも自由民の雇用労働のほうが経済的に有利であることは、奴隷所有主にさえ異論のないところだった。奴隷労働は、強制を必要とする。非熟練労働であり、融通がきかない[12]。その他の条件が同じならば、とるべきは自由民労働者のほうであろう。しかし、植民地開拓の初期段階においては、その他の条件が同じではなかった。奴隷制が採用されたといっても、自由民労働との比較選択の結果、採用されたのではない。選択の余地はまったくなかった。奴隷制採用の理由は、とギボン・ウェークフィールドは述べている、「道徳的事情にあらず、経済的事情にある。それは、徳不徳にかんせず、生産にかかわるものである」[13]。一六世紀ヨーロッパの限られた人口をもってしては、新世界における砂糖・タバコ・綿花という主要商品作物の栽培に要する自由民労働者を、大規模生産を行なうに足るほど十分に供給することは不可能だった。奴隷制は、まさしくこのために必要となったのである。ヨーロッパ人は、奴隷入手源をまず先住民に、ついでアフリカに求めた。

情況のいかんによっては、奴隷制にも二、三の明白な利点が生ずる。砂糖・綿花・タバコのような作物の栽培においては、かなり大幅な生産費の引き下げが可能であり、奴隷所有主は、奴隷部隊を編成して大規模生産を行ない、小農場経営者ないし小農に比し、土地使用の効率を高めることができる。このような主要商品作物においては、巨大な利潤が得られ、非能率的奴隷労働の大量消費が可能となる[14]。要求される技能が単純で型にはまったものである場合、労働における一定性および協業——奴隷労働——が本質的要素である。しかし、いずれは、新しい人的資源の導入および自然増により人口は稠密《ちゅうみつ》となり、このような用途に好適の土地はすべて配分済みとなるときがくるだろう。この段階に達したとき、そのときはじめて、奴隷の購入価格および維持費としてあらわれる奴隷労働費は、生産的であれ非生産的であれ、雇用労働の代価を上まわるのである。メリヴェールが述べているように、「奴隷労働は、自由民労働が豊富に得られるところでは必ずそれよりも高価なものとなる」[15]。

耕作上の観点からみた奴隷制の最大の欠陥は、それが土地の急速な疲弊をもたらすところにある。従順かつ低廉な下層民労働力の供給は、慎重にかれらの知性を抑圧し、計画的にその退化をはかり、こうして隷属状態に陥れることによってはじめて維持することができる。それゆえ、輪作および科学的経営は奴隷制社会には無縁である。ジェファーソンがヴァージニアについて書いているように、「われわれは、一エーカーの畑にほどこす肥料代よりも安価に、一エーカーの処女地を買うことができる」[16]。奴隷制プランターは、そのものずばりの南部言葉でいえば〈土地殺し《ランド・キラー》〉にほかならない。奴隷制のもつこの重大な欠陥は、肥沃な土地が事実上無制限に存在していたあいだは、ともあれ相殺され、糊塗《こと》されていた。奴隷制社会にとり、土地の拡張は至上命令である。奴隷制権力は、たえず新しい征服を求める。[17]「高価な奴隷労働による新開地の耕作は」とメリヴェールは書いている、「低廉な自由民労働による疲弊地の耕作に比し有利である」[18]。ヴァージニア、メリーランドからカロライナ、ジョージア、テキサスおよび中西部にいたるまで、バルバドスから、ジャマイカ、サント・ドミンゴ、さらにキューバにいたるまで、この論理が無慈悲に貫徹した。それは一種のリレー競走であり、次の走者にバトンを——不承不承であったことは確かであろう——渡し終わった走者は、つぎつぎによろめきながら悲しげに落伍していったのである。

カリブ海における奴隷は、従来、黒人とほぼ一から十まで同じものとみなされてきた。そのため、基本的には経済問題である現象が、人種的曲解を受けるようになったのである。奴隷制は、人種差別から生まれたのではない。正確にいえば、人種差別が奴隷制に由来するものだった。新世界における非自由民労働者は、茶色であり、白であり、黒であり、黄色だった。カトリックであり、プロテスタントであり、また異教徒だったのである。

新世界における奴隷貿易と奴隷労働の発展をみると、初期には、人種的には黒人ではなくインディアンが扱われている。インディアンは、過重な労働の強制、飢餓、白人のもたらした疾病、新たな生活方式にたいする適応能力の欠如などの理由から急激に減少した。独立不羈《ふき》の生活をおくっていたインディアンは、体質的・気質的に、苛酷なプランテーション奴隷制に適応しえなかった。フェルナンド・オルチスが述べているように、「インディアンの部族心、宗教的祭式を無視して鉱山に送り、単調、苛烈かつ異常な労働に従事せしめることは、インディアンよりその生の意味を奪掠するにひとしい……それは身体のみならずインディアンとしての魂をも奴隷化することにほかならぬ」[19]。

ドミニカ共和国(もとイスパニオラと称せられた島の東半部の現在の名称)の首都シウダ・トルヒリョを訪れるならば、コロンブスの銅像がみられる。この銅像には、感謝にみちて

(と説明文にはみえる)この発見者の名を書きつづっているインディアン女性の像が付属している。他方、アトウェーという インディアンの族長の物語もつたえられている。アトウェーは、侵略者にたいする反抗罪のかどにより死刑を宣告されたが、キリスト教に改宗すれば死一等を減ずるとの申し出を拒否し、節に殉じた。自分の死刑執行人もまたキリスト教の救済を願っていることを知ったからである。かの無名の女性よりもアトウェーのほうが、新しい主人にたいする当時のインディアンの意見を代表していたとみるのが妥当であろう。

イギリスとフランスは、それぞれの植民地において、スペインよりインディアン奴隷化政策をひきついだ。その間の目立った相違といえば、スペイン王のほうは、ともかくも、キリスト教への改宗を拒否したインディアンおよび尚武の民・カリブ族にかぎり奴隷化を認めるというたてまえをとっていた点にわずかに認められるにすぎない。カリブ族については、食人種であるという俗耳に入りやすい口実が用いられていた。イギリス政府の立場からすれば、インディアン奴隷制は、イギリス帝国の死活的利害がからんでいた後の黒人奴隷制とは異なり、もっぱら現地の処理に委《まか》せておけばよい事項にすぎなかった。ローバーが記しているように、「本国政府は、アフリカ人奴隷の貿易にかかわる場合にかぎり、植民地における奴隷事情および関係立法措置に関心を示した。……インディアン奴隷制は、黒人奴隷制および奴隷貿易に支障をきたすほどには発展せず、それゆえ本国政府の関心をひいたことはまったくなかった。こうして、かつて違法と宣告されたことがないという理由で、それは適法に存在した」[20]。

しかしながら、英領においては、インディアン奴隷制はまったく発展しなかった。バラは、ヴァージニアにかんする記述のなかでこう述べている。世論が、「一六六一年の最初の奴隷条例の規定する黒人の場合に準じ、インディアン人種全体の奴隷化を要求したことはない。たんにインディアンの一部、それもごく僅かな一部の奴隷化を要求しただけである。……インディアンの場合……奴隷の身分は、正規かつ恒久的なものではなく、一時的性質のものであり、みせしめのための懲罰とみなされた」[21]。ニュー・イングランドの植民地においては、インディアン奴隷制は利潤をうまなかった。いかなる種類の奴隷制も、ニュー・イングランドにみられるような多角的農業には適さないからである。かてて加えて、インディアン奴隷の能率は低かった。スペイン人の観察によれば、一人の黒人は四人のインディアンに匹敵した[22]。一五一八年、イスパニオラ島のある高官はこう主張している。「苦役に耐えうる人種・黒人の輸入を認可し、原住民に代えるべきであろう。原住民はいちじるしく虚弱であり、トウモロコシ畑ないし農場の手入れのごときなんら体力を要しない仕事に使役するほかはない」[23]。きたるべき新世界の主要商品作物、すなわち砂糖および綿花の生産には体力が要求された。インディアンには、そうした体力はなかった。ルイジアナ産の頑健な騾馬《らば》、いわゆる「砂糖曳騾馬《シュガー・ミュール》」が砂糖生産に必要不可欠とされたのと同じく、屈強の「綿《コットン》つみくろんぼ《・ニガー》」を欠くわけにいかなかった。ローバーによれば、「インディアン奴隷の価格は、時・場所が同じ場合、黒人購入価格に比しかなり低廉であると認められる」[24]。

さらに、インディアン奴隷の供給源は限られていたのにたいし、アフリカ人奴隷の供給源は無尽蔵だった。このようなわけで、アフリカから強奪された黒人が、インディアンから強奪されたアメリカの土地を耕すことになったのである。航海者エンリケ公の航海が、コロンブスの航海を補足したように、西アフリカの歴史は西インド諸島史の補遺となった。

しかしながら、インディアンの後を継いだものは、直接には黒人ではない。白人貧困層《プア・ホワイト》だった。この白人奉公人にはさまざまなタイプが区別される。まず、年季契約奉公人と称されるものがあった。この名称は、出国に際し法律に基づき作成された契約書に署名し、約定の期間、渡航の見返りとしての奉公を行なう義務を負ったところからきている。また、移民船の船長と契約し、到着時またはその後の一定期間内に、渡航費の弁済を行なう「無賃渡航移住民《リデンプショナー》」もあった。弁済不能の場合は、船長の手により競売に付せられた。さらに、本国政府の政策的配慮により一定期間の労役に服するため送られた流刑囚もあった。こうした移住は、重商主義理論の当時説いたところと軌を一にしている。重商主義理論は、貧困層をして、有用な労働に精励せしめ、自発的意志の有無を問わず移民を奨励し、もって救貧税の削減、懶惰《らんだ》・浮浪の徒輩のため海外における有益な職業の斡旋をはかることを強く主張するものだった。「年季契約奉公制度は」とC・M・ハールは述べている。「二つの相補的ではあるが相異なる要因のために、実施をみるにいたった。すなわち、一つは新世界のもつ積極的吸引力、一つは旧世界のもつ消極的排斥力、これである」[25]。一六〇六年、ジェームズ一世宛公文書において、ベーコンはこう強調している、移民により、イギリスは「当地での口減らし、彼地での移住民の活用という一石二鳥の効果[26]」をあげることができるであろうと。

年季契約奉公は、当初においてはなんら劣悪なものではなく、退廃もしていなかった。奉公人の多くは厄介な封建的束縛から脱した借地農、領主・主教の抑圧からの自由を求めるアイルランド人、三〇年戦争の災厄を逃れたドイツ人などだった。かれらの胸中には、土地への渇望、独立自主の情熱がはぐくまれていた。自由な人間となるためにこそ、かれらは故国での結構ずくめの噂に夢をふくらませて約束の土地に渡っていったのである[27]。年季契約奉公制のなかにいかがわしい要素がはいりこみ、支配的になっていったのは、ウィリアムソン博士の言を借りれば、「立派な植民地社会という理想、偉大にしてすぐれた英国海外領という理想が、露骨な利益追求のかげに埋没してしまった[28]」とき以降のことに属する。

年季契約奉公人の定期的輸送が盛んになった。一六五四年から一六八五年にいたる期間に、ブリストル一港から主として西インド諸島およびヴァージニア向けに輸送された人数だけでも一万に達する。[29] 一六八三年、ヴァージニアにおける白人奉公人は総人口の六分の一を占めていた。一八世紀のペンシルヴァニア移住民の三分の二は年季奉公人だった。フィラデルフィアのみをとっても、四年間に二万五〇〇〇の移住民を数えた。植民地時代を通じ、この階層に属する移民は二五万強を数え、[30] イギリス人移民総数の半ばを占めたと推定される。その大多数は、中部の植民地に赴いたものだろう。[31]

商業的投機の対象になるにつれて、弊害が目立ちはじめた。誘拐が横行し、ロンドン、ブリストル等の都市では商売として立派に成りたつようになった。大人は酒でだまされ、子供は甘い菓子で釣られた。誘拐業者は、「男・女・子供をさらい、海路はるばる異国に売りとばすもの」として「鬼《スピリット》」と呼ばれた。ジャマイカ航路貿易船の船長は、しばしばクラーケンウェル懲治監を訪れ、不行跡《ふぎょうせき》のかどをもって収容されている少女たちを酔い潰しては西インド諸島へ「招待」した。[32] 信じやすく欺されやすいものを狙ったこのような誘惑の効果は絶大だった。ブリストル市長の嘆息からも如実にうかがわれるように、餌につられた亭主どもは女房を棄て、女房は亭主を袖にし、徒弟は親方のもとを飛びだすといった事態が現出した。警察のお尋ね者も、移民船に乗りこんでしまえばしめたもの、そこは法の手も及ばぬ安全地帯だった。[33] ドイツでは、移民の波が高まるにつれて、「新開地屋」が活躍した。これは当時の桂庵《けいあん》であって、ラインの谷を上り下りしながら、封建制度に縛られた農民を口説き、持ち物を売り払ってアメリカに移住するよう勧めては頭割りで手数料をまきあげていた。[34]

こうした「新開地屋ども」の鉄面皮な手練手管の数々については、多くの記録が残っている。[35]しかし、どんなインチキがまかり通っていたにせよ、フリードリッヒ・カップが述べているように、「かかる移民熱が、根本的には、不健全な政治的・経済的情況に由来するものであった」ことは、やはり確かである。「……諸侯国（ドイツ）が抑圧をこととする悲惨な状態にあったからこそ移民熱も燃えあがったのであって、それにくらべれば悪徳〈新開地屋〉の影響力はそれほど危険なものではなく、持続的なものでもなかった」[36]。

囚人は、白人労働のもう一つの安定した供給源だった。イギリス封建法には、苛酷にも三〇〇の死罪が定められている。絞首刑相当の犯罪としてありふれたものをあげれば、一シリングを超える掏摸《すり》、五シリング相当額を超える万引き、馬または羊の窃盗、貴紳所有地におけるうさぎの密猟等がある。[37]法の定めるところによれば、反物の窃盗、穀物堆の放火、家畜の殺傷、徴税吏にたいする公務執行妨害、贈収賄等は流刑に処せられた。[38]一六六四年には、浮浪者、乞食、ルンペン、こそ泥、ジプシーおよび私娼窟の常連等をすべて植民地に追放することがはかられた。[39]一六六七年、三シリング四ペンス相当額の窃盗を犯して死刑を宣告された人妻のために、死一等を減じて流刑にかえるよう願い出た哀れな請願書も残っている。[40]一七四五年には銀製のスプーンおよび金時計の窃盗は、流刑罪に相当した[41]。黒人奴隷解放の一年後には、労働組合活動が流刑相当の罪とされた。法律とプランテーションにおける労働需要とのあいだにはなんらかの関連が認められる、という結論は動かし難い。海外植民地に流れこんだ人々の数がかくも僅少であったことこそ不思議といわねばなるまい。

ベンジャミン・フランクリンは、「新世界を、旧世界の厄介者どものはけぐちとする」ことに反対して、一国にたいするかくもはなはだしい侮辱は過去にその例をみないと断じ、植民地への囚人送致という行為が是認されるものならば、それと引きかえに植民地からガラガラ蛇をイギリスに送りこむことも是認されよう、と詰問した[42]。フランクリンがなぜ、これほどに癇《かん》をたてなければならなかったのか、理由は明らかでない。流刑囚が手のつけられぬ犯罪者であったとしても、年季契約奉公人や自由な移民が大幅に増え、そのため流刑囚の影響などとるに足りないものになっていたのである。それは、毒の入った器に大量の水を注ぎこむようなものだった。一九世紀におけるオーストラリア植民地の開拓は、初期にあっては囚人の力がなければ不可能だった。しかし、これほど偏頗《へんぱ》な意見をもつ植民者は、ごく限られていた。当時の一人物の言を借りれば、「初期の移住地においては、流刑囚労働は弊害よりも、利益をもたらした[43]」とするのが一般的な見解である。こうした意見は少しも異とするにあたらない。開拓地においては労働力の需給問題が関心の的だった。流刑囚労働は、メリヴェールが指摘しているように、移住民にたいする本国政府からの関税免除の贈り物であったといってよい。移住民は、その輸入に必要な経費さえ負担せずに済んだのである。[44] 一六一一年、ヴァージニア総督は、「われらに働き手を、それも最悪とは必ずしもいえない働き手を供給する便法[45]」として、死一等を減じられた流刑囚を喜んで迎え入れた。西インド諸島は、猫の手も借りたがっていた。ニューゲイト監獄やブライドウェル懲治監に、うようよしているやからでも結構だった。「牢屋の常連みたいな札付でも更生できないようなことはありません。そのうえ、当地にまいればやはり郷に従うことが期待できますし、出世する望みだってもてます。実際、そういう幸運をつかんだ者もいるのです[46]」という次第だった。

イギリスにおいては、一六四〇年から一七四〇年にわたり、政治的・社会的騒動が続いたため、白人奉公人の供給量は増大した。非国教徒は、政治的・宗教的異端の罪の報いとして流罪に処せられ、その多くは、砂糖島嶼に送られた。これが、クロムウェルによって投獄されたアイルランド人の大方の運命だった。西インド諸島がかれらの運命の地となった。[47] この政策は徹底的に遂行された。あまりの徹底ぶりに、〈バルバドス《バルバードズ》に流す〉という他動詞が造り出されたほどである。[48] モントセラトが主要なアイルランド人入植地となった。[49] 英領西インド諸島においては、今日でもなおたいていのところでアイルランド訛りがきかれる。ところで、アイルランド人は貧困な奉公人層に属していた。かれらはイギリス人を憎悪し、いつでもイギリスの敵に味方したがった。リーワード列島に勃発した一六八九年の暴動[50]には後にワシントンに最良の精兵を提供する力となったあの烈火の怒り——とレッキーはいう[51]——のしるしがすでにはっきりと認められる。クロムウェルのスコットランド戦役に敗れたスコットランド人も、アイルランドの先蹤《せんしよう》にならった。スコットランド人は、「僻遠《へきえん》の外地における人夫・兵卒むき」[52]であるとみなされるようになった。宗教上の不寛容も、労働者をプランテーションに送りこむのに一役かった。一六六一年、三度宣誓を拒絶したクエーカー教徒が流刑に処せられた。一六六四年には、五名を超える宗教関係集会に三度にわたり参加した一六歳以上の者はすべて、ヴァージニアおよびニュー・イングランドを除くプランテーションへの流刑または一〇〇ポンドの罰金に処せられることが定められた。[53]モンマスの乱の一党は、多くバルバドスに送られ、奉公人として一〇年間身柄を拘束されるむね宣告された。これらの罪人は、寵愛の廷臣に一括下付された。廷臣はかれらを売買し巨利をはくしたが、女王自身もその分け前にあずかったといわれる。[54]一八世紀における、ステュアート王朝派の蜂起の際、同派にたいしてとられた措置もまた同じである。

白人奉公人はどのように輸送されたか。それを見れば、例の中間航路の恐怖といわれるものは、たんなる非人間的例外ではなく、まさしく時代そのものの一面を表わしているものであることがわかる。移民は、すし詰めに詰めこまれた。ミッテルベルガーによれば、移民一人につきほぼ幅二フィート、長さ六フィートの場所があたえられた。[55]船は小さく、航海は長く、冷蔵設備がないため食物はいたみ、疾病の蔓延は避け難かった。一六五九年、議会に提出された一請願書には、七二名の奉公人がほぼ四〇日におよぶ航海期間中、デッキの下に監禁され「馬と雑居し、熱帯の暑・湿気に生ける屍となり果てた[56]」状態が描かれている。こうしたやり方では、弊害の発生を防ぐわけにはいかない。フィーロンは、フィラデルフィアに入港した移民船という「動く墓場」にくりひろげられる「惨憺《さんたん》たる地獄絵図[57]」を見て驚愕した。しかし、当時においては、自由な移民とても大同小異の扱いを受けていたのである。年季契約奉公人を満載した船に同乗してスコットランドから西インド諸島に渡った一貴婦人の記述を読むがよい。いわゆる奴隷船の惨事は、被害者が黒人なるがゆえに、起こるべくして起こったなどという考えは、一顧だにされなくなることだろう。「人間の品性がこれほどにもいやしくなれようとは、思いのほかのことでございます。同胞をこんな風に扱って、いったいなんになるというのでしょうか[58]」と右の婦人は書いている。

奉公人と囚人の輸送をめぐり、イギリスには強力な利権勢力が生まれた。一六六一年、植民庁が設置されたとき、その所管事項のうちでも年季契約奉公人貿易の監督は少なからぬ比重を占めていた。一六六四年、王弟を長とする委員会がつくられ、奉公人輸送問題の検討および報告書の作成にあたった。一六七〇年、イギリスの囚人の国外輸送を禁止した条例は廃止となり、他方、児童誘拐防止法案はつぶされた。重罪犯の輸送にあたっては、上は上流出身の書記官、荘重な判事から下は獄吏、獄卒にいたるまで各自が役得の分け前を争った。[59]プランターが黒人奴隷を好んで使役するのは、皮膚の同じ男女同朋にたいする人情からである、などという説がささやかれていたのだが、[60]そんな人情など当時の記録のどこを調べても片鱗だにない。少なくとも、プランテーション植民地と営利が関係しているかぎりは、そうである。移住奉公人を登録し、その輸送手続きを規制しようとする試み——それによって、完全な法的承認があたえられるわけであるが——は、巧妙に回避された。有力な商人・官公吏は例外なく、この商売で手を汚していた。誘拐罪は、晒刑《さらしけい》をもって処罰されることになっていたが、見物人が石でも投げようものなら厳罰に処せられた。そのような抵抗は、あるにはあったが、大衆の側からのものである。ロンドン市街である女を指さして一言〈鬼《スピリット》〉と叫びさえすれば大衆の怒りを激発させるに十分だった。

ジェフリーズがモンマスの乱の残党を一掃し、西部地方の旅からブリストルに帰還したときのイギリスの状況は、以上のようなものだった。ジェフリーズは、後世には、放恣《ほうし》専断なる国王の暴虐な代理人、〈屠殺者〉としてつたえられている。かれの巡察は、教科書などには〈血の巡回裁判〉として記述されているが、この血の巡回裁判にも、まったく見るべき点がなかったわけではない。ジェフリーズは、箒《ほうき》を手にブリストル市の清掃に参ったのであると、言明した。かれの怒りは、市当局上層部にはびこる人攫《ひとさら》いどもの頭上にくだった。商人や裁判官は、重罪犯を濫造し、西インド諸島に所有する自分の砂糖プランテーションに送りこむべく、法規の拡大解釈という手を愛用していた。かれらは絞首刑をちらつかせてはとるに足らぬ微罪犯をおどしあげ、すすんで流刑を嘆願するようにしむけるのだった。ジェフリーズは、毛皮つきの緋の衣に威儀を正した市長がいまや、一人の掏摸にジャマイカへの流刑を申し渡そうとしているところに乗りこみ、呆然自失しているブリストルのお歴々をしりめに、くだんの市長を重罪犯なみの被告席におしこみ、おのれの罪の認否を行なうよう迫った。それから、独得の調子でこうきめつけたのである。「市長殿——誘拐犯とは貴下のごときをいうのだ。臨席の治安判事殿……この男、このおいぼれの悪党は何者であるか。こやつは酒場にくりこみ、一パイントの白葡萄酒を餌に、その場で西インド諸島行き奉公人の契約を押しつける、そういう男なのである。人攫いの悪党め！当市を去る前にこやつの耳をそぎ落したいと思うておる。……人攫いとは、余人ならぬ貴下、貴下を指していうておるのだ……いや、それも、ふりかざしたこの剣の汚れになると申すなら、ニューゲイト監獄に抛《ほう》りこむところだ。人攫いの悪党め、貴下は、そこに立っておる掏摸にさえ劣ること数等である。……人攫い商売は、引張りだこの人気ときく。重罪犯や逆賊どもも、西インド諸島にある市参事会員殿のプランテーションに行くと誓いさえすれば、なんのお咎《とが》めもないそうだな」。市長は一〇〇〇ポンドの罰金を科された。しかし、威信を失墜し、恐怖に胆を冷やしたにしても、商人たちはなに一つ失いはしなかった。その利得は手つかずのまま残された。61

ジェフリーズのこうした嘲罵を、酩酊ないし狂気のなせるわざとみる説もある。[62] しかしながら、それを、移民問題にかんする重商主義の態度が、イギリス自体の内的発展を反映して一八〇度方向転換した事実に関連させてみることも、あながち、誤りとはいえない。一七世紀末までには、経済政策の重点は、貴金属の蓄積から、国内における産業の育成、雇用の促進および輸出の奨励に移っていた。重商主義者の説くところによれば、コストを引きさげ、国際競争に勝ち抜くには、低賃金政策をとることをもって最上とする。低賃金政策は、なかんずく人口圧力が存在する場合に可能となろう。一七世紀初頭においては、人口過剰の危惧があったが、中葉には、逆に人口過少のおそれに転じた。植民の基本的条件――本国からの移住――は、本国人口の増加をもって国益にかなうとする原則といまや真っ向から衝突するにいたった。ジョサイア・チャイルド卿は、アメリカ移民がイギリスの弱化を招いたということを否定した。しかし、こうした否定的見解は、一〇〇〇人に一人あるかなしの少数意見にすぎないことを認めざるをえず、結局、「王国の人口減少の因をなすものはすべて、王国の貧困化を招く」[63]という一般的見解を裏書きすることになった。ジェフリーズの人道主義は、なみはずれたものだったとはいえ、まったく訳がわからないというほどのものでもないようである。それは、心理・性格といったことよりも、経済的事情から説明されるべきだろう。ジェフリーズの保護者すなわち王室は、すでに王立アフリカ会社と黒人奴隷貿易を保護していた。英国民は、新世界の諸植民地に必要な余剰人口を求めて、すでにアフリカを利用しにかかっていた。アフリカ人のほうがヨーロッパ人よりもはるかによく生産上の要請にこたえることができるという事実は、一六八〇年までにはバルバドスにおいてはっきり立証されていたのである。

プランテーション植民地における奉公人の状態は、悪化の一途をたどった。元来、この奉公関係は、運賃その他所要経費の代わりに一定期間奉公するという任意の契約に基づく人格的関係にすぎなかったが、次第に所有関係に変質し、奉公期間中は奉公人をあたかも一個の物として、その身体および人格的諸権利を、程度の差はさまざまであれ、束縛・支配する権利を意味するにいたったものである。[64] エディスは、「エジプトの農奴よりも劣悪なる状態にある」[65] 奉公人のうめき声を、名誉革命前夜に書きとどめている。メリーランドにおいては、この奉公関係は、二、三の点で動産奴隷制に近い制度に発展した。[66] ペンシルヴァニアについては、「年季契約奉公人は、個人的にはよい待遇をあたえられている場合があるにせよ、また、自由意志をもって契約を結んだにせよ、こうした契約に縛られているかぎり、階層としては、一定の期間、動産であるにすぎない」[67] と述べられている。バルバドスの砂糖プランテーションでは、奉公人は、「砂糖キビを粉砕したり、窯の仕事をしたり、太陽に焼かれる島の土地を耕したり、飲食物としては（苛酷な労働にもかかわらず）パンと苦しみの涙のほかは、たかだか、いも類とそのいもを洗った汚水ぐらいしかあたえられず、プランターからプランターへと転売され、あるいは主人の借金のかたとして牛馬なみに差し押えられ、主人の気晴らしのため泥棒のように笞《ち》刑《けい》柱につながれて笞打たれ、イギリスの豚小屋よりもなお惨めなほったて小屋で眠る」[68]のだった。ハーロー教授が結論しているように、バルバドスにおける白人労働力の調達・消費の実状は、「常に残酷であり、時に卑劣であり、いずれにせよイギリスという名に泥を塗るもの」[69]だったことについては、確かな証拠があり、異論をはさむ余地はない。

　イギリスの官辺筋は、奉公制度はそう悪いものではなく、ジャマイカの奉公人はイギリスの百姓よりずっと暮し向きがよいとみていた。「ジャマイカは、貿易の面でも恵まれた土地であり、世界のどこにもひけをとらない。世間でいわれているほど、忌わしいところではない」[70]。しかし、この問題については、語るに落ちるというべき事例がいくつもある。一六七六年、商務・植民相は〈奉公《サーヴィテユード》〉という語には、農奴・奴隷の境遇を意味する面もあるとしてその使用に反対し、代わりに〈奉仕《サーヴイス》〉という語を用いるよう示唆した[71]。こんなふうに言いかえるだけで制度が変わるわけはない。白人奉公人は、仲間の黒人がたっぷり頂戴している笞打ちの懲罰は免除されるといわれていたが、それもたんなる希望というにすぎなかった[72]。白人奉公人がそのような恩恵に浴したことはない。白人奉公人は一定期間をかぎり拘束されていたにすぎないから、プランターは、終身の奉公人であり、それゆえ、プランテーションの「最も有用な付属物」[73]であった黒人の福祉のほうに気を配ったのである。エディスは、黒人が「たいていの場合、奉公人よりも恵まれた状態にあり、頑迷なプランターは、これらのあわれむべきヨーロッパ人に寸毫《すんごう》の仮借《かしゃく》をも認めない」[74]ことを観察している。奉公人は、プランターの目からみれば「白い屑」にほかならず、人夫として黒人と十把一からげに扱われていた。「白人奉公人および黒人の供給なくしては、いずれの植民地も存在しえず、なんら見るべき発展を期待しえない」とモントセラト議会は述べた。[75]一六八〇年のことである。支配服従の関係を基本とみるヨーロッパ社会においては、バークは労働階級をさして「あわれむべき羊ども」といい、ヴォルテールは「ひとでなし」と呼ぶことができた。ランゲは、「労働者がひとたびおのれも精神をもつことを自覚するにいたるや万事休する」がゆえに、身体的能力のみを使用せよと労働者に申し渡すことができた。[76]こうした言辞がまかり通る社会において、植民地くんだりの白人奉公人の境遇をうんぬんすることは、まことに無用のわざであった。

デフォーは、ずばり、白人奉公人は奴隷であるといった。[77]そうではない。白人奉公人の自由の喪失は、一定期間にかぎられている。黒人は終身の奴隷である。白人奉公人の身分は、その子孫には及ばない。黒人の子供は、その母親の身分を受けつぐ。主人が奉公人の人格と自由を、黒人奴隷にたいするのと同じ意味で完全に支配したことは一度もない。奉公人は、限定されてはいるけれども、法により認められ契約書に明記された権利を行使できた。たとえば、条件付き所有権を認められた。当時の法解釈によれば、一個の財産としての奉公人は、奴隷ないし物的財産となることはなく、あくまで人的財産の範囲にとどまるものとされた。この区別は、植民地の諸法規に厳然ともりこまれており、異人種との同棲はきびしく処罰された。奉公人は、契約期間が満了すると、ささやかな土地の所有者となる期待をもつことができた。もっとも、ウァーテンベーカーがヴァージニアにかんし指摘しているように、それはべつに法定の権利ではなく[78]、事情は植民地ごとに異なっていた。ともあれ、ヨーロッパの農奴は、農奴としてとどまるかぎり高嶺《たかね》の花だった自由を、まだ未熟な自由だったにせよ、アメリカにおいては期待することができた。契約を満了した奉公人は小独立自営農民となり、奥地に定住し、貴族的な巨大プランターの支配する社会のなかで民主主義勢力を代表していた。西部開拓のパイオニアとなったのも、かれらである。ジェファーソンが、キューバのサコと同じく、アフリカ人奴隷よりも白人奉公人をアメリカに導入するほうをよしとしたのも、これが理由だった。白人奉公人は、貴族政治よりも民主主義に向かう傾向をもっていた[79]。

白人奉公人制度は、しかしながら、重大な難点をもっていた。こちこちの重商主義者ポスレスウェイトは、植民地における白人労働者が、本国のマニュファクチャーにたいする脅威となるおそれが強いと主張した。プランテーションの黒人奴隷のほうが、産業に従事する白人奉公人よりもましである。後者は、独立への希望を燃えたたせるおそれがある[80]。そのうえ、労働力の供給は漸次困難となりつつあった。プランテーションの労働需要は、イギリス本国の予想を上まわった。おまけに、積極的に移住の希望を表明し、食糧と衣服の前渡しを受けながら、後になって不当に監禁されたのどうのなどと訴え出る奉公人も多く、関係商人は、金のかかる裁判沙汰その他のさまざまな問題に頭を悩ましていた。[81]年季をつとめあげた奉公人の後釜は、かんたんには見つからなかった。白人奉公人は、プランテーションから逃亡しようと思えば、たやすく逃亡することができた。黒人にとっては、そうはいかない。黒人は、かりに自由の身になったとしても、身の安全をはかって、顔なじみが多く、浮浪ないし逃亡奴隷として逮捕される恐れの少ないもとの居住地に留まろうとするだろう。奉公人は、契約が満了すると、土地をほしがった。黒人は、場違いな環境にあって皮膚の色、容貌ともに著しく目立ち、白人の言葉も慣習も知らないため、いつまでも土地から切り離しておくことができた。人種の相違という口実を錦の御旗にかかげれば、黒人奴隷制を正当化する理屈はかんたんについた。犂《すき》を牽《ひ》く牛、車を曳く馬のようにただただ従順であることを強要し、奴隷労働になくてはならぬ、あの忍従と無条件の道徳的・知的服従とを求めることもまた、易々たるものだった。最後に、これが決定的な要因となったのであるが、黒人奴隷はより安価だった。白人と一〇年間の奉公を契約するのに要する金でもって、黒人を終身買いとることができた。[82]バルバドス総督が述べているように、バルバドスのプランターは、経験から「黒人三人は一人の白人労働者よりもはたらきがよく、かつ安い」[83]ことを知っていた。

とはいえ、白人奉公人制度を経験したことの意義は、はなはだ大きかった。アフリカで人攫いをはたらいても、イギリスでのように物議をかもすことはなかった。白人奉公人貿易に従事した船舶・船長は、その経験を奴隷貿易にいかすことができた。ブリストルは、奉公人貿易の中心地から奴隷貿易の中心地に変わった。奉公人貿易により蓄積された資本は、奴隷貿易の資金需要をまかなった。白人奉公人制度は、黒人奴隷制構築の歴史的土台だったのである。プランテーションにおける重罪人監督は、そのまま奴隷監督になり代わった。「アフリカ人は、後から大量にやってきて、既存の制度にはめこまれてしまったのである[84]」。フィリップ教授は、そう述べている。

ここで、黒人奴隷制の起源をまとめておこう。黒人奴隷制の起源は経済的なものである。人種的なものではない。それは労働者の皮膚の色ではなく、安価な労働力ということにかかわっている。黒人奴隷にくらべれば、インディアンと白人の労働は、はるかに劣っていた。ノース・カロライナについて論じながら、バセットは書いている、「いずれの場合にも、問題は適者生存ということにあった。インディアン奴隷制も白人奉公人制度もともに、黒人の優秀な耐久力、温順さ、労働能力のまえに脱落しなければならなかったのである[85]」。容貌、頭髪、皮膚の色、歯ならび、その他ひろく口実として用いられている「人間以下」の諸特徴といった事柄は、たんなる経済的事実を、もっともらしく歪曲するために後からもち出されたものにすぎない。たんなる経済的事実とは、すなわち、植民地は労働力を必要とし、もっとも優秀かつ低廉であったがゆえに黒人労働に頼ったということである。これは理論ではなかった。プランターの体験からひき出された実際的な措置だった。プランターは、必要とあれば、労働力を求めて月にまで出かけて行ったかもしれない。月よりもアフリカのほうが近かった。人口稠密なインド・中国よりもなお近かったのである。しかし、インドと中国の順番も、いずれはまわってくることになるだろう。

白人奉公人制度は、新世界の発展およびその発展途上に占めた黒人の位置を理解するうえに、根本的な重要性をもっている。それは古ぼけた神話、すなわち、新世界の風土における肉体労働の厳しさに白人は耐ええないということ、および、この理由により、この理由のみに基づき、ヨーロッパ諸列強はアフリカ人に依存したという神話の誤魔化しを完膚ないまでに暴露している。このような議論は、とうてい支持しえない。ミシシッピーのことわざを借りれば、この議論はこんな風に表わされよう。「七月の太陽にも負けないものはくろんぼと騾馬」。しかし、バルバドスの白人は一〇〇年以上にわたり太陽に照りつけられていても平気だったではないか。ジョージアのザルツバーガー家は、米作は白人の健康に悪いという意見を憤然として否定したではないか[86]。カリブ海諸島は、たしかに熱帯に位置しているが、気候は熱帯よりも温和である。気温は年間を通じほぼ華氏八〇度内外を保ち、八〇度を超えることはめったにない。海からの風は穏かである。アメリカ合衆国の一部にみられるような八月の耐え難い湿気は、カリブ海諸島にはない。まだある。アメリカ合衆国において実際に熱帯に属するのはフロリダの南端だけである。ところが、黒人労働はヴァージニアおよびカロライナにおいて盛んであった。アメリカ合衆国の南部地方は、イタリア南部またはスペインよりも暑くはない。なぜ、ヨーロッパ人は、この二国におけるのと同様に、アメリカでは労働することができないのか？　とトックヴィルも疑問を発している。[87] ホイットニーにより綿繰機《わたくりき》が発明された当時、綿花は自由民労働により小農場において生産されるものと誰もが考えており、また、事実、そのとおりに生産されていた。[88] 白人農を駆逐した仇敵は、気候ではなく、奴隷制プランテーションだった。白人農は、プランテーションが膨張につぐ膨張を重ねるあいだ、そのあおりをまともにくって西へ西へと移動していったのである。ウェストンは、一八五七年に書いた文章のなかで、最南部の野良仕事およびニューオーリンズの屋外重労働はすべて、白人によって行なわれたが、なんらの支障をも生じていないと指摘した。「大陸のメキシコ湾沿岸一帯」とかれは書いている、「およびメキシコ湾と大西洋とを画する島嶼を、野蛮な黒人奴隷制の手にゆだねる必要はない」[89]。われわれは、南部の白人分益小作農による黒人の駆逐、南部からより寒冷なデトロイト、ニューヨーク、ピッツバーグおよびその他の北部工業中心地への黒人の大量移住を現に目撃しているのであって、黒人労働が奴隷制プランテーションで使用されたのは、その気候風土が白人の体質には厳しすぎたからであるなどという身勝手な理屈を受け入れることはとうていできない。

スペインからキューバへの白人貧困層の移住は、スペイン支配の終わるその瞬間まで規則正しく続いたが、この点にスペインの植民地政策の特徴がよく出ている。フェルナンド・オルチスは、キューバ史におけるタバコおよび砂糖の意義の驚くべき対照を描き出している。タバコは、自由な白人小農が生産にあたり、集約的に栽培された。砂糖は、黒人奴隷が生産にあたり、巨大プランテーションにおいて粗放的に栽培された。オルチスは、さらに、キューバにおける自由民のタバコ栽培とその対極としてのヴァージニアにおける奴隷のタバコ栽培とを比較している。[90] 両者の相違を決定した要因は、気候風土ではなく、それぞれの経済構造にあった。白人は、キューバの熱帯性の暑気に耐えることができたし、バルバドスの熱帯性の暑気にも負けなかった。プエルト・リコにおいては、ヒバロといわれる白人貧農が、現在もなお基本階層となっているが、グレンフェル・プライスのいうとおり、これこそ白人は熱帯地方では三代目でおしまいという俗信が噴飯ものであることを証明する事実であろう。[91] カリブ海にあるサバ、セント・マルチン等のオランダ領西インド諸島では、ほぼ同質の白人社会が、初期移民の時代から現代にいたるまで存続している。六〇年ほど前、フランス人がセント・トマス島に入植し、漁業のみならず農業に従事しているが、現在、同島における「唯一最大の農民層」を形成している。[92] プライス博士が結論しているように、「貿易風帯においても、居住地域が悪性の熱帯性疾病におびやかされる恐れがなく、経済上の収益が十分にあり、さらに辛い肉体労働をもいとわない気風が地域社会にみられるならば、北国出身の白人でも子々孫々まで立派に暮しをたててゆくことができるであろう」[93]。百余年前、多数のドイツ移民がシーフォード、ジャマイカに入植した。その子孫は、今日もなお存続しており、いささかも衰退の徴候をみせていない。この事実もまた、北国の白人は熱帯地方に定着しえないという俗見を真っ向から打ち消すものである[94]。要するに、熱帯農業の基礎を小農場経営においたところではどこでも、白人は定着することができた。のみならず、繁栄したのである。白人が定着しなかったところについてみれば、その原因は気候風土ではなく、一定かつ大量の労働力を必然的に需要する巨大プランテーションの形成による小農の衰亡にあった。

プランテーションにかんする風土原因論は、結局のところ、一個の理屈というにすぎない。この問題を扱った好個の一論文において、エドガー・トムプソンは書いている。「プランテーションの淵源を気候風土にもとめてはならない。プランテーションは一個の政治的制度である」。それは同時に、一個の経済的制度でもある。そう、つけくわえてよいだろう。風土原因論は、「現存するある種の社会的、経済的秩序を自然なものとして、その合理化をはかるイデオロギーの一部をなしている。そうした社会的・経済的秩序には、例外なく、人種問題がからんでいるようである」[95]。

オーストラリアの歴史は、このような見解を裏づけている。この島大陸のほぼ半分は、熱帯に属する。その熱帯地方、すなわちクイーンズランド州における主要作物は砂糖キビである。砂糖産業が発展しはじめたとき、オーストラリアは、黒人労働をとるか、白人労働をとるか、という二者択一の問題にぶつかった。同国は、はじめ、砂糖キビの栽培に太平洋の諸島嶼から輸入した黒人労働を用いるという通常の方法をとった。けれども、白豪主義熱がしだいに高まり、二〇世紀にはいると非白人の移民は禁止された。その結果、オーストラリアの砂糖生産コストが禁圧的に高くなったとか、人為的に構築されたオーストラリアの砂糖産業は、万里の長城のように強固な障壁に守られた、独特の自給自足政策《アウタルキー》のバックがなければ生き残れなかったなどという議論は、ここではさておくとしよう。ともあれオーストラリアは、白豪主義を維持するために喜んで高い代価を支払うことにした。ここでは、この代価が、オーストラリアの消費者のふところから支払われたのであって、オーストラリア人労働者の肉体を犠牲にして支払われたのではないということ、これだけを指摘すれば足りる。

クイーンズランド糖業における労働は、今日、完全に白人によって行なわれている。「熱帯における「クイーンズランドの示すこの範例は」とH・L・ウィルキンソンは書いている、「熱帯におけるヨーロッパ人植民地にその比をみない壮大なものである。それぱかりではない。クイーンズランドには多数の白人が居住し、つまらない下働きや苛烈な肉体労働から最高の知的研究にいたる文明の全領域にわたって活動している」[96]。今日、オーストラリアの科学者は、白人男女が熱帯で健康に生活するには、烈しい筋肉労働に従事すること、それ以外に方法はないと主張している。その程度にまで、科学は迷信を追放したわけである。クイーンズランドのように、白人男女が筋肉労働に従事しているところにおいて「いかに厳密な科学的調査を行なっても、白人住民が温帯地方の住民にはみられない器質的変化を起こした事実は、まったく認められない」[97]。一九二〇年に、オーストラリア医学会はこのように述べている。

前述のように、黒人奴隷制は、気候風土とはなんの関係もない。黒人奴隷制の起源は、カリブ海諸島においては砂糖、大陸においてはタバコおよび綿花という三語をもって示すことができる。労働力の需給関係は、経済構造の変化に応じて変化する。だから、「搾取関係の基礎となるある種の社会的・経済的下部構造の発生」[98]という事実が根本的に重要だった。砂糖・タバコ・綿花は巨大プランテーションおよび大量の低廉な労働力を必須のものとした。元年季契約奉公人の経営する小農場はどうしても生き残ることができなかった。バルバドスにおいては、小農場のタバコは、巨大プランテーションの砂糖にとってかわられた。カリブ海諸島における糖業の勃興は、広汎な小農の没落の合図にほかならなかった。一六四五年、バルバドスには一万一二〇〇人の白人小農および五六八〇人の黒人奴隷がいた。それが、一六六七年には、七四五人の大プランターおよび八万二〇二三人の奴隷にかわっている。一六四五年、同島には兵役適齢期の白人が一万八三〇〇人いたが、一六六七年にはわずか八三〇〇人を数えるにすぎなかった。[99] 白人農は締め出された。プランターは、たえず、新来者に誘いの手をのばしていたが、もはや主要な餌、すなわち土地を提供することはできなかった。白人奉公人は、バルバドスよりも、土地への願望がかなえられそうな他の島に向かった。[100] バルバドスには、もはや土地のないことは明らかだったからである。死に物狂いになったプランターは、立法措置に訴えて、地主にたいする土地取得の禁止をはかった。また、白人貧困層に職をあてがうため、黒人および奉公人にバルバドス産浮縞綿布の着用を強制し（イギリスの重商主義者は、なんというであろうか？）、さらに黒人に商売を学ぶことを禁止しようとした。[101] 一六九五年、時のバルバドス総督は、元奉公人たちの地獄絵図をこう描いた。新鮮な肉もラム酒もない「かれらを、有無をいわさず押えつけ、犬畜生のようにこきつかう。これでは、白人庶民階級が、早晩、駆逐され終わることは疑いない」。この総督も、二エーカー以上の土地を所有する全白人に植民地議会議員の選挙権を与えるよう示唆するくらいの手しかうてなかった。立候補者は、「貧しい哀れな連中に、ときどき、わずかばかりのラムや新鮮な食料品、その他こんな連中の口にあいそうなものをあたえて[102]」票をかき集めるのがふつうだった。そのような選挙が毎年行なわれたのである。労働力の流出が止まなかったのも驚くにはあたらない。

白人貧困層は流浪し始めた。カリブ海全域にわたり、先を争ってバルバドスからネヴィス、アンティグアへ、さらにガイナ、トリニダード、最後にはカロライナへと流れ出た。

どこに行っても同じ砂糖という無慈悲な経済的暴力に狩りたてられ、丸裸にされるのだった。カロライナに落ち着いてからも、安穏だったのはわずか一〇〇年ほどにすぎず、次には綿花の暴力を受けるようになるのである。一六七二年から一七〇八年のあいだに、ネヴィスの白人人口は、五分の三以上減少した。黒人人口は、二倍以上に増加した。一六七二年から一七二七年のあいだに、モントセラトの白人男子は、三分の二以上減少した。同期間に、黒人人口は一一倍を超えた。[103] バルバドス人は、その奴隷に言及して、こう述べている。「買えば買うほど、買う力が増す。神のみめぐみにより、一年有半の内に、かけた費用と同額の儲けを得ることができるからである」[104]。王なる砂糖は掠奪を開始していた。繁栄していた小農の世界は、ひとにぎりの有力な不在資本家の所有する巨大な砂糖工場に変わり、よそ者の労働者がそこで働くようになった。プランテーション経済には、白人貧困層をいれる余地はない。プランテーションの所有者または監督、景気のいいプランテーションではさらに医師を一人、これだけで十分である。なおそれに、かれらの家族ぐらいは加えてもよいだろう。ウェストンは書いている、「かりにプランテーションのみの集合体からなる国家が存在するとすれば、かかる国の白人は貧窮のどん底に陥るのみならず、文字通り締め出されるはめになるであろう」[105]。在地プランターは、白黒人口比の差が拡大の一途をたどっている事態を憂慮し、不足法を定めて不在プランターに白人奉公人の雇用を強制し、違反者には罰金を科した。不在プランターは、罰金を納めるほうを選んだ。西インド諸島においては、現在、バルバドスに〝レッドレッグズ〟といわれる白人貧困層の残存しているのがみられるが、血族結婚、強いラム酒、栄養失調、肉体労働の厭悪《えんお》などにより、顔色も悪く虚弱であり、道徳的にも堕落している。それも道理で、メリヴェールも述べているように、「黒人奴隷制がひろく行なわれている国では、勤勉な白人は存在しない」[106]からである。

勝利したのは、経済的条件であり、ハーローが主張したような地理的条件ではなかった[107]。アフリカの黒人および白人小農層がその犠牲となった。少数の白人にとっての致富の増大は、多数の黒人にとっての困窮の増大と同じく、驚くべきものだった。一六五〇年、バルバドスにおいては、二〇カ月間に三〇〇万ポンドを超える商品作物が生産された[108]。これは現代の一五〇〇万ポンドに相当する。一六六六年、バルバドスの富は、砂糖キビ栽培前に比し一七倍に達したと算定される。「一六四三年当時の建物は粗末なもので、必要最小限の設備しかなかった。しかし、一六六六年には、金・銀製食器類、宝石類、家財道具類は、五〇万ポンド相当と評価され、建物は壮麗をきわめ、住宅はどこの館かとみまがうばかり、砂糖倉庫や黒人の小舎《こや》は、海上から眺めると、それぞれの城に守られた小都市のようにみえた」[109]。土地の価格は暴騰した。一六四〇年には、五〇〇エーカーの面積をもつ一プランテーションの価格は四〇〇ポンドであったが、一六四八年には、その半分が七〇〇〇ポンドで売れた[110]。ウォーターマン船長なる男の所有する八〇〇エーカーほどの土地は、一時は、四〇人を下らない所有者が分けもっていた。[111]砂糖は、本質的に、資本家の事業であり、あったからである。それは農耕過程のみならず、簡単な製糖工程をもふくんでいた。仏領砂糖島嶼にかんする一報告によれば、一〇樽の砂糖を生産するには、駄馬、工場施設、用具等に一〇〇樽分に相当する投資が必要だった。[112]ジャマイカのジェームズ・ナイトは、砂糖プランテーションをはじめるには四〇〇エーカーの土地が必要であると見積った。[113]同島のやはりプランターであり歴史家でもあったエドワード・ロングによれば、三〇〇エーカーの小プランテーションをはじめるには、砂糖年産高が三〇ないし五〇樽である場合、五〇〇〇ポンド、年産高一〇〇樽の場合は一万四〇〇〇ポンドを必要とした。[114]このような社会には、ただ二つの階級、すなわち富めるプランターと抑圧された奴隷しか存在しえない。

このような教訓を裏づけるものとしてヴァージニアの歴史を考察しよう。ヴァージニアにおけるプランテーション制経済の基礎は砂糖ではなくタバコである。ヴァージニアには入植当初から貴族制的支配が行なわれていたという流説は、ウァーテンベーカー教授の研究により打破された。一七世紀初期においては、土地所有者のほぼ三分の二が奴隷も年季奉公人も所有していない。ヴァージニア植民地の力は多数の白人独立自営農民にあったのである。スペインとの競争によりタバコ市場が供給過剰となるにつれ情況は悪化の一途をたどった。腹にすえかねたヴァージニア人は、「西インド諸島の未開の島嶼に散在するイギリス人の眇《びょう》たるプランテーション」を通じて大量のスペイン・タバコがイギリスに流入している事実に[115]たいし、善処かたを申し入れた。それにもかかわらず、タバコの価格は依然として低下しつづけたけれども、ヴァージニアとメリーランドの輸出は一六六三年から一六九九年のあいだに六倍の伸びをみせた。その理由は、一語で表わすことができる——黒人奴隷制、これである。黒人奴隷制により生産費を切り下げることができたのである。黒人の奴隷は一六七〇年には総人口の二〇分の一にすぎなかったが、一七三〇年にはその四分の一を占めていた。「奴隷制は、植民地経済におけるとるに足らぬ一要素から、植民地経済を支える基礎そのものとなるにいたった」。バルバドスには小農をいれる余地はなかったが、ヴァージニアにはなお残っていた。とはいえ、小農にとっては、奴隷労働に対抗しえないかぎり、土地そのものが無益だった。まさしくこのために、バルバドスの場合と同様、ヴァージニアの小農も締め出されるはめになった。「往時は小農の一大楽土であったヴァージニアも、主人と奴隷の土地に変わりはて蟻の這いこむ余地さえなかった」[116]。

カリブ海の全未来史は、右に述べたことをさらに敷衍《ふえん》したものにすぎない。それは、スペイン領の諸島よりも英・仏領島嶼において早く展開した。スペイン領においては、その過程は、現代ドル外交の降臨をみるまで延期されたのである。キューバ、プエルト・リコおよびドミニカ共和国を、英領西インド諸島型の巨大な砂糖工場に変えたのは、アメリカ資本である（とはいえ、スペイン統治時代にも、巨大プランテーションが知られていなかったわけではない。キューバにおいては、とりわけ、そうである）。ここでも、資本家は海外にあり、働くのはよそものの労働者だった。われわれは、こうした変化を目のあたりに見てきた。この過程が自由労働により、かつ名目的には独立の国において（プリエルト・リコは例外である）遂行されたということ、このことは、ひるがえって、英領カリブ海諸島における黒人奴隷労働の輸入の意義を――プランテーション制度の歴史の一側面として――正しく考察するうえの一助となるものだろう。フィリップ教授の言葉にしたがえば、プランテーション制度は「奴隷制に依存していたというより、奴隷制がプランテーション制度に依存していた……。プランテーション制度は、いわば、統治の産業的・社会的枠組を構成していた……それにたいし、奴隷制は、この目的のために制定された成文法典なのであった」[117]。キューバにおけるタバコ産業のように、プランテーション制度が発展しなかったところでは、黒人労働はまれであり、白人労働がひろく行なわれた。キューバの自由主義派は、一貫して黒人奴隷貿易の廃止と白人移民の導入を唱えた。自由主義派の代弁者サコは、「白い顔をもち、真面目に労働する能力をもつかぎり人種のいかんを問わず、世界各地の白くかつ自由な」[118]労働者の移民を要請した。サコは砂糖に敗れた。一九世紀にキューバへの白人の移民を妨害したのは、奴隷制を基礎とする砂糖プランテーションだった。この事情は、一七世紀のバルバドス、および一八世紀のサント・ドミンゴと軌を一にしている。砂糖のないところには黒人もいない。プエルト・リコにおいては、純粋のプランテーション制度は比較的に遅れて発展し、アメリカの統治下におかれるまでは、他と異なり、砂糖が住民の思想・生活を支配したことはなく、白人貧農は生き残ることができた。また、黒人奴隷が全人口の一四パーセントを上まわることはなかった。[119] サコはキューバの社会構造を〈白くする〉ことを望んだ。[120] 黒人奴隷制は、カリブ海全域にわたり、その社会構造を黒くしたが、その間、黒人奴隷の血は、大西洋およびその両岸を赤く染めたのである。砂糖のようにかくも甘く、人間の生活にかくも必要なものが、これほどの罪悪と流血の因となったとは、まことに奇怪なことである。

奴隷解放ののち、英領プランターは囚人をふくむ白人の移民について熟考を重ねた。一八四五年、ガイアナ総督は、マデイラからのポルトガル人移民について熱弁をふるった。[121] トリニダードとガイアナにおける現存のポルトガル系住民の勢力をみても明らかなように、ポルトガル人は大挙して渡来した。渡来したにはしたけれども、プランテーションの労働よりも、小売商売のほうにむかってしまったのである。イギリス人およびアイルランド人の移民誘致にかんするジャマイカ総督の見解にはそれよりも多少慎重なところがみられる。疾病が蔓延し、賃金は低すぎるといった状態では、こうした移民導入の試みも、労働人口の増加という点ではたいして役に立たなかった。それゆえ、人を選ばぬ式の移民導入は不得策だった。[122] セント・クリストファーに移住したヨーロッパ人は、おのが運命を嘆き悲しみ、帰国の許可を願い出た。「私どもといたしましては、気候温順であるかぎり、本島におきまして雇用主の意にかなうよう勤勉にはたらき、正直に暮しをたててゆくことに、もとよりなんの異存もございません。ところが、不幸にも、肝腎の気候に恵まれないのであります。この酷熱瘴癘《こくねつしょうれい》の地（西インド諸島）においてなおも憂き目をなめるならば、私どもはおおかた死に絶えることでありましょう。これを衷心より恐れるのであります。[123]……」。

こうした白人移民導入の試みの前に立ちふさがった障害は、気候風土ではなかった。奴隷制によって、すでに、肉体労働は奴隷のしるしであり、奴隷の活動領域に属するという悪しき慣習が形成されていた。黒人奴隷が解放後まず第一に考えたことは、できるならプランテーションから絶縁し、土地を自由にできるところで独立独歩するということであったに違いない。白人のプランテーション労働者が黒人小農と一つの社会のなかで共存することは、まずできない相談だった。小農奨励策がとられたならば、白人小農の発展がみられたかもしれない。しかし、奴隷制の廃止は、砂糖プランテーション制の崩壊を意味しなかった。黒人の解放と白人労働者の不足という事態に直面した砂糖プランターは、一七世紀の当時に舞いもどることになった。プランターというものは、たえず労働者を必要とする。一七世紀のプランターは、インディアンから白人へ、ついで黒人へと移っていった。いまや黒人を取りあげられたプランターは、今度は逆に、白人に、ついでインディアンに頼るようになったのである。インディアンはインディアンでも、今度は東のインディアンだった。インドがアフリカにとってかわった。一八三三年から一九一七年のあいだに、トリニダードは一四万五〇〇〇、ガイアナは二三万八〇〇〇のイースト・インディアン（原注）を輸入している。この型は、他のカリブ海植民地においても同様だった。一八五四年から一八八三年のあいだに、三万九〇〇〇のインディアンがグアドループに輸入された。一八五三年から一九二四年のあいだに、蘭領東インドから二万二〇〇〇以上、英領東インドから三万四〇〇〇がスリナムに送られた。[124] 黒人奴隷の不足という事態に直面したキューバは、黒人奴隷とともに中国人の年季契約苦力《クーリー》を使用するという興味ある試みを行なった。[125] 黒人奴隷の解放後には、ハイチおよび英領西インド諸島の豊富な労働力に頼った。一九一三年から一九二四年のあいだに、キューバは、ハイチ、ジャマイカおよびプエルト・リコから二一万七〇〇〇人の労働者を輸入した。[126] 一〇〇年前にサコが書いたことは、キューバの奴隷制廃止後六〇年をへても、いぜんとして正しかったのである。

原注　これが、西インド諸島における標準的な表記法である。トリニダードでは、かれらは「ヒンズー」と呼ばれているが、これはまったく正しくない。インド人がすべてヒンズーであるとはかぎらない。西インド諸島には、多くのモスレムがみられる。

かくして、ただ黒人奴隷制のみが、一定の歴史的条件のもとに、カリブ海における労働問題を解決したのである。砂糖は労働を意味した――時には、その労働は奴隷であり、時には、名目的に自由だった。時には黒であり、時には白あるいは褐色だった。奴隷制は、いかなる科学的意味においても黒人の劣等性を意味しない。奴隷制がなければ、一六五〇年から一八五〇年にわたるカリブ海砂糖プランテーションのめざましい発展は、不可能であったろう。

第二章　黒人奴隷貿易の発展

黒人奴隷は、「西欧の力であり、筋肉であった」[1]。黒人奴隷制は、黒人奴隷貿易を必要とした。それゆえ、アフリカ貿易を維持改善することは、「王国ならびに王国の領するプランテーションにとっての死活問題」[2]だった。こうして、アフリカ貿易は、一七八三年にいたるまでイギリス外交政策の主たる対象となったのである。

イギリスの最初の奴隷貿易航海は、一五六二年、サー・ジョン・ホーキンズによって行なわれた。エリザベス朝の冒険行というものの例にもれず、ホーキンズの航海も海賊行であり、アフリカにたいするポルトガルの独占を認めた一四九三年の教皇裁定を侵すものだった。入手した奴隷は、西インド諸島のスペイン人に売却された。イギリスの奴隷貿易は、カリブ海にイギリスの植民地がつくられ、糖業の導入をみるまでは散発的なその場かぎりの性格のものにとどまっていた。内乱期の政治的、社会的激動が鎮まる一六六〇年ごろまでには、この通商部門が新世界の英領砂糖・タバコ植民地にたいし重要な意味をもっていることは誰の目にも明らかとなってきており、イギリスはこれに全力をあげて取りくむ用意を整えていた。

ステュワート朝の経済政策に従って、奴隷貿易は独占会社・王立アフリカ貿易商組合に委託された。組合は、一六六三年に設立され、特許期間は一〇〇〇年だった。クラレンドン伯は、熱にうかされたような当時の風潮を語っている。同組合は「イギリスの貿易を促進するための模範として、他の諸会社、かの東インド会社にすら匹敵するものであることが明らかとなるであろう」[3]。この楽天的な予言は、あたらなかった。オランダとの戦争による損失および混乱が、その主たる原因である。一六七二年に新会社、王立アフリカ会社が設立された。

とはいえ、独占政策そのものは変更されなかった。このため、二方面からの断乎たる抵抗をひき起こした。一つは、地方の海港の商人層であって、首都の独占の打破を叫んでたたかった。もう一つは、植民地のプランター層であって、騒々しく黒人貿易の自由を要求した。そのえげつない態度たるや、一五〇〇年後に砂糖貿易の自由に反対する側にまわった際の態度に彷彿《ほうふつ》たるものがあった。この問題をめぐり、重商主義インテリゲンチャの見解は区々にわかれた。健筆をもって鳴る重商主義著述家ポスレスウェイトは、特許会社を、全き特許会社を、特許会社のみを求めた[4]。ジョシュア・ジーは、民間貿易業者を制限・統制すべきであると強調した[5]。財政の権威で、当時のもっとも有能なエコノミストと目されるダヴェナントは、初め独占に反対したが[6]、のちに見解を改め、特許会社組織を必要と認めている諸外国の事例をあげ、特許会社を「アフリカ貿易の二、三の部門にかんする必要事項を正しく修得せしめる一種の専門学校となす」[7]ことを主張した。

一七一一年、自由貿易業者——当時はもぐり業者《インターローパー》と呼ばれていた——は商務院にたいし簡潔に独占反対論を述べた。独占とは、アフリカ沿岸向け英国製品の購入、奴隷貿易用船舶の統制、プランテーションへの黒人の販売、プランテーション生産物の輸入——「かくのごとき貿易および海運の一大円環」がただ一つの特許会社の支配下におかれることを意味した。[8]この一大円環には、また、数万におよぶ人々の生計が直接、間接にかかっていたのである。プランター側は、品質、価格、不規則な運航・取引の点で難色を示し、会社にたいする負債の返却を拒否した。[9]

奴隷貿易の独占にたいするこうした反対論には、なんら異とするに足るものはなかった。独占という語は、いかにも醜悪であり、チャールズ一世の専制政治を想起させるものだった。もちろん、当時の「自由貿易業者」は、一五〇〇年の後、この語が西インド諸島砂糖プランターの経済的専制に結びついたとき連想されるようになったあれほどの醜悪な像には、夢にも想到しえなかったに違いない。しかし、一七世紀の最後の一〇年間に、経済的潮流は決定的に反独占の方向に転じていた。一六七二年、バルト海貿易が開放され、イーストランド会社の独占権は廃棄された。一六八八年の名誉革命およびステュワート朝の放逐により自由貿易政策は一段と促進されることになったが、これは名誉革命のもたらしたもののなかで特筆すべきことの一つである。一六九八年、王立アフリカ会社は、独占権を失い、奴隷貿易の自由の権利は、英国民の基本的かつ生得の権利であることが承認された。同年、ロンドン冒険商人組合《マーチャント・アドヴェンチュアラーズ》は、織物の輸出独占権を剝奪された。翌年、モスコー(ロシア)会社の独占権が廃棄され、ロシア貿易も自由化された。奴隷貿易にたいし認められた自由は、取扱う商品が人間であるというただ一つの点で、他の貿易の自由と相違しているだけだった。

王立アフリカ会社は、自由貿易業者との競争にたえる力がなかった。会社は、たちまち破産に瀕し、議会の特別補助金に頼るはめとなった。一七三一年、同社は奴隷貿易から手をひき、象牙と砂金のみに業務をかぎることになった。一七五〇年、アフリカ貿易商会社という名称の新会社が設立され、ロンドン、ブリストル、リヴァプールの商人各三名、計九名からなる理事会がその運営にあたった。一七五五年の奴隷貿易登録商についてみれば、ブリストルの登録商二三七人、ロンドンの登録商一四七人、リヴァプールの登録商八九人となっている。[10]

貿易が自由化されると、砂糖プランテーションの奴隷需要は増大の一途をたどったこととあいまって、イギリスの奴隷貿易量は急増した。王立アフリカ会社は、一六八〇年から一六八六年のあいだに、年平均五〇〇〇人の奴隷を輸送した。[11] 貿易の自由化後、最初の九年間に、ブリストルのみで一六万九五〇人の黒人が船積みされ、砂糖プランテーションに送られた。[12]一七六〇年には、イギリスの諸港から一四六隻の船舶がアフリカに向け出港したが、その奴隷積載能力は計三万六〇〇〇人に達している。[13]一七七一年には船舶数は一九〇に、輸送した奴隷は四万七〇〇〇人に増加した。[14]一七〇〇年から一七八六年のあいだにジャマイカに送られた奴隷は六一万人を数えた。一六八〇年から一七八六年にいたるあいだに、全英領植民地の輸入した奴隷は合計二〇〇万を上まわったとみられる。[15]

ところで、奴隷貿易は、目的のためのたんなる手段以上のものだった。奴隷貿易は、それ自体、一個の目的だった。イギリスの奴隷貿易商は、自己の所有にかかるプランテーションに必要な労働を供給したばかりではない。競争相手にもそれを供給したのである。他国人にたいするこうした協力は、良識のみならず厳密な意味での重商主義に反するものだった。しかし、外国奴隷貿易にも、ことスペイン領植民地にかんするかぎり、口実がなかったわけではない。スペインは、一九世紀にいたるまで、奴隷の供給を他国人に仰いでいた。スペインは教皇の裁定を遵守してアフリカには手を出さなかったからである。また、奴隷貿易に必要な商品および資本が不足していたこともその一半の理由である。アシエントと呼ばれたスペイン領植民地にたいする奴隷供給権は、ドル箱として渇望の的となり、国際外交の舞台でしのぎを削って争われた。イギリスの重商主義者は、合法、非合法を問わず、スペイン領植民地にたいする黒人および自国製品の貿易を擁護した。スペイン人は、直接、貨幣で支払ったから、イギリスに流入する金銀はますます増大することが期待され、この点で対スペイン貿易は、独自の価値をもっていた。仏領植民地にたいする奴隷の供給については、このような口実を設けることはできなかった。ここでは、同じイギリス人同士でありながら、奴隷貿易商と砂糖プランターとの利害が真っ向から対立していた。これは、一八二五年以降、機械製品類の輸出をめぐり、海運業者と製造業者との利害の対立がみられた事情と比較されよう。

砂糖プランターは正しく、奴隷貿易商は間違っていた。しかし、一八世紀前半においては、一部の具眼の士のみがわずかにこの点に気づいていたにすぎない。ポスレスウェイトは、一七一三年のアシエントを、まったくひき合わぬ言語道断なしろものであり、財産をどぶに捨てるようなものときめつけ、こう述べた。「国益に資することかくも僅少なる協定は、まずもって空前と評すべきであろう」[16]。七年戦争に際し、イギリスは九カ月にわたりキューバを占領したが、その間、一万七〇〇〇人の奴隷を送りこんだ。この数は、一五一二年から一七六三年のあいだの輸入数の六分の一強、一七六三年から一七八九年のあいだの輸入数の三分の一強に相当する[17]。七年戦争期の三年間に、イギリスがグアドループに送りこんだ黒人は四万に達した[18]。一七八八年、枢密院調査委員会は、イギリスのアフリカ奴隷年間輸出総数の三分の二は他国人に売却されているという事実について特別の注意をはらっている[19]。ブリアン・エドワーズによれば、一八世紀全体を通じ、イギリスの奴隷貿易商は、フランスおよびスペインの砂糖プランターにたいし、五〇万の黒人を供給した。この事実は、「アフリカ貿易のこの面にかんする政策の妥当性」をめぐるブリアンの疑いを確証するものだった。[20]イギリスは、世界一流の奴隷貿易国であったばかりではない。ラムジの言葉を用いれば、競争相手にたいする「律義なる奴隷運送業者」となっていたのである。[21]

このような奴隷貿易隆盛の歴史はそのままリヴァプール興隆の歴史とみてよい。リヴァプールの最初の奴隷貿易船は、一七〇九年にアフリカに向け出航した。それは、わずか三〇トンの小船にすぎなかった。これを皮切りに一八世紀末までには、リヴァプールは旧世界における最大の奴隷貿易港という栄誉を担うにいたったのである。すべり出しはゆるやかだった。リヴァプールは、はじめ、スペイン領植民地を舞台とする密輸およびタバコ貿易のほうに熱を入れていた。しかし、あるリヴァプール史家によれば、経費の節減を旨とし、同国人あるいは大陸の競争相手より安値で取引できるようになったため、みるみるうちに頭角をあらわした。一七三〇年、同市の奴隷貿易船は一五隻にすぎなかった。一七七一年にはそれが七倍になった。リヴァプール港所属船舶数にたいする奴隷船の割合は、一七〇九年には一〇〇分の一をやや上まわる程度であったが、一七三〇年には一一分の一、一七六三年には四分の一、一七七一年には三分の一を占めるにいたった。[22]一七九五年、リヴァプールはイギリスの奴隷貿易総額の八分の五、ヨーロッパ全体の奴隷貿易額の七分の三を扱った。[23]

中間航路の「恐怖」は、誇張されている。これについては、イギリスの奴隷貿易廃止論者の責任が大きい。奴隷貿易廃止論者たちがいやがうえにも積み上げた非難の山には、どことなく無知あるいは偽善ないしその両方の臭いがまつわりついている。そのころまでにはすでに、問題の航路はイギリスにとっての死活問題ではなくなり、利益も減少していた。ある西インド諸島のプランターが、議会にたいしこう指摘したことがある。奴隷貿易のあがりを頂戴してきた国の議員選良が、その奴隷貿易に犯罪という烙印を押せた義理ではあるまいと。[24] 年季契約奉公人の大量死亡を見過ごしてきた時代に、奴隷の大量死亡にだけ神経質になる理由はなかった。プランテーションにおける奴隷の搾取と、封建農奴の搾取またはヨーロッパの都市における貧民層にたいする仕打ちとが、本質的に異なっているとする理由もなかった。

反乱や自殺は、奴隷船におけるほうが他種船舶におけるよりもはるかに多くみられたことは明らかである。また、運動のきびしい制限や残酷な取扱い等は、おそらく、奴隷の死亡率を高める一因となっていたであろう。しかし、そうした高死亡率は奴隷船にかぎらず、年季契約奉公人の輸送船、さらには自由な乗客を運ぶ船においてさえみられるのであって、その根本的原因は、第一に流行病に求められなければならない。航海は長く、食物・飲料水を保蔵することは困難であり、流行病の蔓延は避け難かった。第二に、積み過ぎの慣行化という事実に求められなければならない。奴隷商の唯一の目的は、買い切ったデッキを、「くろんぼですっかり覆う」[25]ことにほかならなかった。九〇トンの船で三九〇人の奴隷を運ぶとか、一〇〇トンの船に四一四人の奴隷を詰めこむといった記述にお目にかかることは、そう珍しくない。[26]ブリストルについてのクラークソンの調査によれば、二五トンのスループ型帆船に七〇人も積み、ただの一一トンしかない船に三〇人の奴隷を積んだ例があった。[27]大西洋横断に際し、奴隷一人に割り当てられた空間は、長さ五フィート半、幅一六インチほどのものだった。クラークソンの述べているように、「本棚に並べた本」よろしく詰めこまれ、二人ずつ左右の手足を鎖でつながれた奴隷は、棺桶に納まっているより窮屈だった。それは、黒い家畜の輸送といったほうがあたっている。実際、黒人の数が足りず、余裕のあるときには適宜家畜が積みこまれたのである。[28]奴隷貿易商は、利潤を目的とした。奴隷の慰安を目的としたのではなかった。一七八八年に船の積載量を基準として奴隷の積込み人数を規制しようとしたごく控え目な法案が出されたとき、奴隷貿易商の側は耳を聾するばかりわめきたてた。「こんな改革が実施されるなら」とある奴隷商は代理人宛の手紙に書いている、「商売はあがったりになります。ですから、機を逸せず、今のうちに精励これつとめられんことを希望します」[29]。

一奴隷商は、アフリカ滞在中の日記に、こう書きつけている。「かつて滞在したイギリス、アイルランド、アメリカ、ポルトガル、カリブ海諸島、カーボベルデ、アゾレス群島等のいずれをとっても……濡れ手に粟の金儲けができる点で当地に匹敵するところはない」。金を握れば男になれた。嚢中《のうちゅう》無一物で帰国した極道者は十把ひとからげに「ギニア帰りのあいの子《ムラート》」と呼ばれることに甘んじなければならなかった。たんまり黄金をためこんで帰国すれば、「金の御威光の前にはいかなる欠点も影をひそめる道理であるから、ありがたきしあわせにも、ありとあらゆる種類の朋友が蝟集《いしゅう》し、鞠躬如《きつきゅうじょ》として貴殿の意をうかがうだろう。貴殿は貴顕紳士の客間にも〈アフリカ紳士〉として迎えられる。貴殿の談話は麗々しく書きたてられる。まことにコロンブスのアメリカ遠征もかくやと思われる次第であろう[30]」。

一七三〇年ごろ、ブリストルにおいて、二七〇人の奴隷を積み、つつがなく終了した一航海の利益は、七〇〇〇ないし八〇〇〇ポンドと評価された。これには、象牙からの収益はふくまれていない。同年、ひどい状態で到着した〈並級〉の積荷からあがった純益は五七〇〇ポンドを上まわった[31]。リヴァプールでは、利益率一〇〇パーセントというのは珍しくなかった。どう低くふんでも三〇〇パーセントの利益をあげた航海もあった。一七三七年、一三〇七ポンドの積荷を満載したライヴリィ丸は、合計三〇八〇ポンドに達する植民地の物産と為替手形を積んでリヴァプールに帰港した。この金額には別便で送られた綿花および砂糖はふくまれていない。また、リヴァプール船アン丸は、一七五一年、艤装《ぎそう》・積荷等に合計一六〇四ポンドを投じて出航したが、この航海で三二八七ポンドの純益をあげた。一七五三年の第二の航海においては、艤装・積荷等に要した費用三一五三ポンドにたいし、八〇〇〇ポンドの利益をあげた。[32]

一八世紀の一著述家は、八七八隻のリヴァプール船により一七八三年から一七九三年のあいだに輸送された三〇万三七三七人の奴隷を英貨に換算すれば、一五〇〇万ポンドを上まわると評価した。手数料その他の出費、艤装費および奴隷維持費をさしひいた平均年利益率は三〇パーセントを上まわる、とこの著述家は結論している。[33]当今の学者には、この時代の観察家は不当な誇張をしているとして非難する向きがみられる。しかし、ダムベル教授の控え目な見積りによってみても、エンタープライズ丸は、一八〇三年、艤装・積荷等の経費にたいし三八パーセントの純益をあげた。同年、フォーチューン丸は、奴隷貿易により一六パーセントを上まわる純益をあげた。同じくごく控え目な評価によっても、ロテリィ丸が一八〇二年にあげた利益は、奴隷一人につき三六ポンドであり、エンタープライズ丸は同じく一六ポンド、フォーチューン丸は五ポンドだった。[34]リヴァプールのみについてみても、平均八〇隻の船舶により行なわれた奴隷貿易の年あたり純利益総額は三〇万ポンドに達したと見積られる。これよりはるかに利益の少なかった西インド諸島貿易についてさえ、三隻のうち一隻帰れば損はない、二隻が帰ればぼろ儲け、という文句がリヴァプールの巷間に言いならわされていたのである。平均すれば、五隻のうち一隻が失われたにすぎない。[35]

このような利潤も、ときどきオランダ東インド会社があげた五〇〇〇パーセントという嘘のような利益率に比べれば、とるに足らぬもののように思われる。奴隷貿易の利潤は、イギリス東インド会社のあげる利潤に比べても少なかったかもしれない。しかし、奴隷貿易の重要性は、その他の貿易事業にくらべ桁違いに大きかった。その理由は、重商主義の見地からすれば、インド貿易は悪しき貿易であるという事実に求められよう。インド貿易は、不必要な品物を買うためにイギリスから金銀を流出せしめるものだった。それゆえ、当時、多くの人びとはこう考えたのである。「喜望峰経由の東インド航路が発見されなかったほうが、キリスト教世界にとっては幸いであったであろう」[36]。奴隷貿易は、逆に、理想的な形態だった。奴隷貿易は、英国製品をもって行なわれ、しかも、英領植民地をふくんでいるかぎり、そのプランテーションとの緊密な交易関係を維持できるから、熱帯産物の供給を他国に仰ぐ必要がない、といった点で申し分がなかったのである。さらに、オランダの香料貿易は莫大な利潤をあげるため、高価格の維持を狙いとする厳格な生産制限の実施をはからなければならなかったのにたいし、奴隷貿易は、イギリス本国には工業を、植民地には熱帯農業を、振興させる力となるものだった。

それゆえ、「魅力あふるるアフリカの華」[37]——と当時のリヴァプールの一史家は呼んでいるが——は、人気の的になった。リヴァプールの奴隷貿易は、十指に満たぬ大商会により、ほぼ独占されていたけれども、弁護士、呉服商、食料品雑貨商、床屋、仕立屋等の投資した小型船も多数参加した。こうした投機の株は、各人により八分の一、一五分の一、三二分の一等々というふうに分担された。「リヴァプール人は、たいてい、商人でもある。梱《こり》を発送する資力のないものは紙箱を発送するという次第……ほとんどすべての階層の人士が、ギニアの積荷に関心を抱いている。かくも多数の小型船がひしめいているのは、このインフルエンザによるのである」[38]。

　奴隷の売買には、商売上の勘と鋭い鑑別力とが必要だった。アンゴラの黒人は無価値というのが通り相場となっており、黄金海岸出身のコロマンティン（アシャンティ）は、労働者としては上物であるが、反抗的だった。マンディンゴー（セネガル）は盗みの性癖があった。エボ（ナイジェリア）は臆病で無気力だった[39]。ポーポーあるいはワイダー（ダホメ）は、もっとも従順で、気だてがよかった。奴隷には苦しい畑作仕事が要求された。したがって、女・子供は、屈強の男より価値がなかった。女は、妊娠により、労働を中断しやすいし、子供は、ひとり立ちするまで世話がやけるからである。あるリヴァプールの商人は、脱腸や白痴の奴隷あるいは「足曲りの老ぼれ」[40]を買ってはならぬと番頭をいましめた。西インド諸島のある詩人は、奴隷について、舌は赤いか、胸は厚いか、腹は突き出ていないかを吟味するよう、奴隷商人に忠告した[41]。若者を買え、とネヴィス島の一奴隷監督は勧告した。「いい年をした奴らには労働がこたえるんだ。労働するようにしつけられていないからな。いやだいやだと泣きわめいたあげくにくたばっちまう。およそ役には立たないんだ……」[42]。

しかし、奴隷貿易は、たえず危険にさらされている商売だった。一七九五年に書かれた文章を引用しよう。「アフリカ交易は、いつでもお先真暗である。奴隷の買付けは、行きあたりばったりだし、長い中間航路は剣呑《けんのん》である。船は一部あるいは全部やられてしまうかもしれない。死亡率は高い。ほかにも、どんな面倒が起こるか、知れたものではない」[43]。砂糖キビの栽培が、また、富籤《とみくじ》のようなものだった。プランターの負債、破産および長期の信用貸といったことに商人たちはおおいに悩まされた。「御承知のように」と一商人は書いている、「あきないの要諦は、ことをてきぱき運ぶという点にあります。今年は、あれやこれや心配のしどおしでした。たとえ儲けが二倍になっても、このようなことはもうたくさんです」[44]。一七六三年から一七七八年まで、ロンドンの商人は、リヴァプールの奴隷貿易商と一切の関係を断った。奴隷貿易が損失を重ねている事態を警戒したのである。一七七二年から一七七八年のあいだに、リヴァプールの商人は七〇万ポンドの損失を蒙《こうむ》った、と断定するむきもあった[45]。一七七三年以降、奴隷貿易を牛耳ってきた三〇の一流商社のうち、一七八八年までに一二社が破産し、残った商社も、かなりの打撃を受けた[46]。アメリカ革命は、奴隷貿易をはなはだしく阻害した。一七七五年、「かつては隆盛を誇ったわれわれのアフリカ貿易も、いまや行き詰った」と、リヴァプールの一紙は嘆声を洩らしている。リヴァプールの「見事なる船も繋留されては無用の長物と化し」、同港の奴隷貿易商は、私掠船稼業に転じた。[47] そして、一日千秋の思いで平和の到来を待ちこがれた。いまや古き時代が音をたてて崩壊し、新時代の陣痛が始まっているのを目のあたりにしながら、まったくそれとは気づかなかったのである。

とはいえ、一七八三年以前においては、奴隷貿易にたいするイギリスの諸社会階級の態度は一致していた。国王、政府、教会、一般世論は、あげて奴隷貿易を支持した。反対の意見がなかったわけではないが、無力だった。

ヨーロッパ諸王家はスペイン王家が率先垂範した型を忠実に踏襲した。マドリードとトレドの城館は、スペイン王に納入された黒人輸送免許料をもって建てられた。一七〇一年、スペイン、ポルトガル両王は、ポルトガルに認められた一万〈トン〉の黒人にかんする契約の算術的問題を討議するため、会談を行なった。[48] スペイン女王クリスチナは、一九世紀中葉、キューバにたいする奴隷貿易に公然と加わった。ポルトガルの宮廷は、ナポレオンの追捕《ついぶ》の手を逃れてブラジルに逃れたが、その植民地の奴隷的雰囲気を不快とはしなかった。ルイ一四世は、フランスの本国および植民地にたいする奴隷貿易の重要性を、十分に理解していた。大選挙侯によるプロイセンの富国強兵策には、アフリカ奴隷貿易もくみこまれていた。[49]

ホーキンズの奴隷貿易遠征は、エリザベス女王の庇護のもとに始められた。エリザベス女王は、黒人を、自由意志による同意なくして拉致しないよう希望した。そうした行為は、「忌わしきものであり天罰はたちどころに下るであろう」。しかし一括取引という術があるかぎり、黒人を民主的に連れてくることは可能だった。王立アフリカ貿易商組合および王立アフリカ会社はその名称が示唆しているように、王室の庇護を受けていた。王族が直接投資していたことも珍しくなかった。[50] ウィルバーフォースによれば、ジョージ三世は、後に奴隷貿易廃止に反対した。[51] また、クラレンス公すなわちウィリアム四世が奴隷貿易廃止論に「敢然として立ちむかい」[52]、ウィルバーフォースを攻撃して狂信者、偽善者ときめつけたとき、[53] リヴァプールの奴隷貿易商やジャマイカの砂糖プランターは、こおどりして喜んだのである。

イギリス政府は、一七八三年までは、一貫して奴隷貿易奨励策をとっていた。最初の強敵はオランダだった。オランダは、イギリスの植民地にたいする海運を独占していたのである。一七世紀後半におけるイギリスとオランダの火花を散らす商業戦は、イギリスとその植民地をおおうオランダの通商網の破壊を狙うイギリス側の努力をあらわしていた。「我等が望みは」とマンクは軍隊式の武骨さを丸出しにして語っている、「オランダの目下占有せる貿易をもっともっと頂戴することである」。[54] 三〇年にわたり、オランダ西インド会社と王立アフリカ会社とのあいだに、一種の私的な戦闘が続いた。いずれにせよ、名目的には平和であるが、実質的には戦争だった。
イギリスはオランダに勝ち、つづいてフランスに当面することになった。植民地および通商をめぐる英仏戦争は、一八世紀を通ずる中心的な問題である。それは相競う重商主義同士の衝突だった。カリブ海、アフリカ、インド、カナダ、ミシシッピー河沿岸において、インド略奪の権利、および黒人・砂糖・タバコ・魚・毛皮・船舶用品等の死活的戦略物資の支配をめぐり、雌雄が決せられた。[55]これらのなかでもっとも重要な地域はカリブ海とアフリカであり、もっとも重要な戦略物資は、黒人と砂糖だった。アシエントの掌握ということが、ひときわ目立つ争点の一つとなっていた。イギリスは、一七一三年のユトレヒト条約に基づきこの特権を手中に収めたが、これはスペイン継承戦争の戦果の一つだった。国民は湧き立った。チャタムは、フランスと戦い、アフリカ沿岸および奴隷貿易にかんするほぼ全面的な支配権を獲得したことをとくとくと自慢した。

植民地議会は、高率の奴隷輸入税を課することにより、奴隷貿易商の活動をおさえることが多かった。一つには、増収をはかるためであり、一つには、奴隷人口の増加を恐れたためである。こうした法的規制はすべて、本国政府により無効とされた。イギリス商人が、自己の貿易にたいする課税に反対し、政府にせまったからである。商務院は、一七〇八年、次のように規定した。「王国にたいし多大の利益をもたらす貿易にかんしては、及ぶかぎりの便益がはかられねばならない。これを至上の要請とする。十分なる数量の黒人を適正価格をもってプランテーションおよび植民地に適宜供給すること、これこそ、当院の意見によれば、まずもって思量せらるべき点であろう」[56]。一七七三年、ジャマイカ議会は、増収および奴隷反乱の恐れを軽減することを目的として、すべての輸入奴隷に課税した。ロンドン、リヴァプール、ブリストル各市の商人は抗議の声をあげ、商務院は、右の法的措置を根拠なく、妥当性を欠き、かつイギリスの通商の利益を損うものとして非難した。ジャマイカ総督は、「我国に多大の利益をもたらす交易を抑圧阻止せんがため[57]」の策動を押えなかったかどにより、厳しい譴責《けんせき》を受けた。砂糖プランターの法律顧問が、のちに主張したように、「本貿易にかんする政策は、国政のいかんにかかわらず、政党政派のいかんによらず、一貫して不変であった。……いかなる時代・時期においても、党利党略にこそ端倪《たんげい》すべからざるものがあったにせよ、本貿易にかんするかぎり、必ず超党派的に承認され、奨励策がとられてきた。本貿易が国家に裨益《ひえき》するところはなはだ大なることについて、異議をさしはさむものはなかったのである[58]」。

議会は、イギリスの本国と植民地にたいする奴隷制および奴隷貿易の重要性をよく理解していた。一七五〇年、ホレース・ウォルポールは、「かの無惨なる奴隷売買をより利あらしめる方法を熟慮しつつある……イギリス議会、すなわち、かの自由の殿堂、新教の防波堤について[59]」皮肉まじりに書いている。その壮麗な議事堂において、議会は、奴隷貿易の廃止と奴隷の解放にかんする討議を数多く傾聴した。議事録をみれば、強硬な奴隷貿易擁護論者は奴隷貿易商であり、奴隷所有主はたけり狂っていたことがわかる。一団のなかにはエドマンド・バークの姿もみられる。アメリカとの和解を強く主張したこの闘士は、アフリカ磔刑《たつけい》の従犯となった。一七七二年、奴隷貿易に従事していない第三者がアフリカ委員会の管理・運営に参加することを禁止する法案が下院に上程された。バークは反対した。といっても奴隷貿易に反対したのではない。投票権を合法的に獲得したものからその権利を奪うことに反対したのである。そのような制裁に値するものは、いるにしてもごく少数であろう、とバークは論じた。「われわれは、いずれかと申せば、聖書に示されたあの亀鑑《きかん》に盲従してはならないのではあるまいか？　一〇人の正しき人がまじっているならば、全員を赦《ゆる》すべきではなかろうか？　……この問題につき熟慮に熟慮を重ねた父祖の英知に学びたい。独占の足場のうえに自由貿易のためにする何ものをもおいてはなるまい[60]」。ブリストルは、この偉大なる自由主義者にたいする世をあげての賞讃に加わるのにやぶさかではなかった。

教会もまた、奴隷貿易を支持した。スペイン人は、この機をとらえて、異教徒どもの教化改宗にのりだした。こうして、イエズス会士、ドミニコ会士、フランシスコ会士らが、奴隷所有を意味する砂糖キビ栽培にいれあげてしまうことになった。これについては、奴隷商人が海岸からやってくると、日曜日にはきまって「福音のみめぐみに浴する当地に、迷える者どもの貨物が運ばれ来たった[61]」ことを神に感謝したニューポートの教会の一長老の話がつたえられている。しかし、英領プランターは、その所有する奴隷をキリスト教にふれさせることに反対するのがふつうだった。キリスト教は、ただでさえ性悪な奴隷どもをいっそう御し難いものに、したがって、より価値の少ないものに仕立てあげるからである。キリスト教は、また、英語教育を意味した。そこから、雑多な氏族が団結し、暴動をたくらむ素地をあたえるおそれもあった。[62]こうした反対論には、もっとはっきりした物質的根拠がある。一六九五年、バルバドス総督は、プランターが日曜と祝祭日を奴隷の休日とすることを拒否した事実から、それを看破した。[63]一八二三年にいたってもなお、イギリスの世論は、黒人日曜市を廃止するために黒人に週一回の休日を与えるという提案をプランターが拒否したことに衝撃を受けている。[64]教会は、唯々《いい》諾々《だくだく》と従うだけだった。[65]福音普及協会は、バルバドス島における協会所有の奴隷にキリスト教を教えることを禁止し、新規に入手した奴隷には〈協会〉という焼印を押して俗界所有の奴隷と区別した。[66]同会の奴隷所有は、クリストファー・コドリントンの遺贈に始まるものだった。[67]後にロンドン主教となったシャーロックは、プランターに向かい、「キリスト教と福音書を奉じても、俗界の財産になんら差違を生ずるものではない」[68]ことを保証した。また、それは聖職者の活動をすこしも阻害するものではなかった。ブリストルの主教ロビンソンは、イギリス全権委員としてユトレヒトに派遣され、アシエントの獲得に尽瘁《じんすい》した功により、ロンドン主教管区に栄転した。[69]ブリストルの教会は、ウィルバーフォースの奴隷貿易廃止法案が議会で否決されたニュースを祝って、高らかに鐘をつき鳴らした。[70] かの奴隷貿易商、ジョン・ニュートンは、回心する前には、リヴァプールの教会において投機の成功に感謝を捧げ、さらに次の投機に加護を垂れ給うよう神に祈るのだった。ニュートンは、自分の奴隷船のために教会で日に二回の礼拝式を行なうことをきめ、自ら司式にあたり、さらに、一日を断食と祈禱にあてた。むろん、奴隷のためではなく、乗組員のためだった。「過ぐる二回のギニア航海では、ひんぱんに神と交わり、忘我の境を味わった。こんなことはかつてない」とかれは告白している。[71] 一九世紀のかの有名なマニング枢機卿は、奴隷のつくった物産を扱う富裕な西インド諸島商人の息子だった。[72] 多くの宣教師が、毒をもって毒を制することをよしとした。奴隷貿易にかんするイギリスの最新の著作によれば、かれらは、「黒人奴隷の虐待酷使を改めさせるには、自ら奴隷と土地を所有し、実践を通じてプランターの救済とその基礎の向上をはかることにより、プランテーション所有主に率先範を垂れること、これにしくはない」[73] と考えたのである。西インド諸島に赴いたモラヴィア教会の宣教師は、なんのためらいもなく奴隷を所有した。ある歴史家のさりげない記述によれば、バプテスト派においては、就任後まだ日の浅い宣教師が奴隷所有を非難することは許されなかったという。[74] エクセターの主教は、最後の最後まで六五五人の奴隷を手放そうとせず、一八三三年にいたってその補償金一万二七〇〇ポンドを手に入れた。[75]

教会史家は弁護につとめているけれども、しどろもどろである。奴隷制に起因する諸悪を正しく認識しようとする意識の目覚めは、きわめて緩慢であったとか、また、聖職者が奴隷制を擁護したのは、「道徳感覚にどこか欠けたところがあったからにすぎない」[76]などというのであるが、こんな弁護はしないほうがましだろう。宗教界の態度は、そのまま俗界の態度でもあった。どの世紀についてもいえることであるが、一八世紀も、やはりその経済的限界を超えることはできなかった。ホワイトフィールドが、奴隷制を禁止したジョージア特許状《チャーター》の例の条項の削除を唱えて述べているように、「酷熱の地方の耕作は黒人の力をまつ以外にない、ということを証明するのはたやすいのである」[77]。

クエーカー教徒の非国教主義も奴隷貿易にまでは及ばなかった。一七五六年のアフリカ貿易会社社員名簿には八四名のクエーカー教徒が記載されている。バークレー家とベアリング家の名もそのなかにみられる。[78]奴隷売買は、イギリスのクエーカーにとって、もっとも儲かる投資の一つであり、この事情はアメリカのクエーカーにとっても同じだった。一七九三年、ボストンからシエラ・レオネに入港した一奴隷船の船名〈欣然《きんぜん》たるクエーカー〉丸は、クエーカー教徒内で奴隷貿易が承認されていた事実を象徴するものである。[79]奴隷貿易にたいするクエーカーの反対の声は、イギリスではなく、まずアメリカから、それも、奴隷労働に無関係な北部の小村落社会から湧き起こり、ひろがったのである。ゲーリー博士は書いている。「奴隷制反対の声は、最初は、奴隷制から直接利益を受けていないグループ、したがって客観的にふるまえるグループにかぎられていたという仮定を打消すことはむずかしい」[80]。

西インド諸島植民地の価値を、痛感していた海軍は、その安全を損ない脅かすようなことには反対した。西インド諸島の総督府は「輝ける総督府」であり、多くの提督が奴隷所有主の歓待を受けていた。ロドニは奴隷貿易の廃止に反対した[81]。セント・ヴィンセント伯は、「アフリカの暮らしにくらべれば、プランテーションの生活は、黒人にとって正真正銘の天国にほかならぬ」と弁じたてた[82]。奴隷貿易廃止論は、「唾棄《だき》すべき空論であって、偽善者のみがこれを支持している」[83]。この雄々しい提督の意見は、損得ずくの計算とはまったく無縁だったとはいいきれない。かれは、一八三七年、ジャマイカに所有する奴隷四一八名の補償金として六〇〇〇ポンドを得ている[84]。ネルソンの妻は西インド諸島の出身だった。奴隷貿易にかんするネルソンの見解は、明快そのものだった。「余はすぐれた伝統を負う学校で教育を受け、西インド諸島領有の意義をたたきこまれた。この正当なる権利は、朝野をあげて護持せられなければならぬ。余には、これを擁護する腕があり、ウィルバーフォースの言語道断なる主張およびかれに与《くみ》する偽善者どもを懲らしめる舌がある」[85]。

奴隷制の存在は、一八世紀イギリスのいたるところに影をおとしていた。イギリスの貨幣の一つ、ギニ金貨は、当時も今もきわめて珍しいものであるが、そのそもそもの由来はアフリカ貿易にあった[86]。ウェストミンスターのある飾り職は、黒人や小犬のために、銀の錠前を製作した[87]。象やアフリカ黒人の胸像が、奴隷貿易の象徴として、リヴァプール市庁を飾っていた。奴隷商人の記章や装備品が麗々しく店に陳列され、新聞に広告された。奴隷は、おおっぴらにせり売りされた。[88]奴隷は、法の定める権利証書つきの価値ある財産であったから、郵便局長は、ときおり、逃亡奴隷を取り戻す代理人として使われた。その公示は、官報に掲載された。[89]黒人の召使いは、どこでもみられた。黒人少年は、奴隷船船長、上流婦人あるいは浮かれ女の付属品となっていた。ホーガース描くところの『春をひさぐ女の進歩』の女主人公は、黒人少年をはべらせている。マルグリット・スティーンのオラベラ・バーミスターは、黒人少年にたいする一八世紀イギリス社会の嗜好を典型化したものである。黒人少年は、愛玩用の子猫と同じように可愛がられた。[90]解放された黒人は、ロンドンの乞食のなかで異彩をはなち、セント・ジャイルズの黒坊鳥《ブラック・バード》として知られていた。その数はきわめて多く、議会は、一七八六年に特別の委員会を設けて黒人貧民の救済にあたったほどである。[91]

「奴隷は、イギリスでは息をすることもできない」と詩人クーパーは書いた。これは詩人の筆のすべりすぎであるにしても、「奴隷は、通常、商人のあいだで売買され、その意味で商品であり、かつ無信仰であるゆえ、奴隷にはある特殊な性質があるのかもしれない」と信じられたのは一六七七年のことである。一七二九年、時の法務長官は、次のような裁定を行なった。洗礼は、現世における奴隷の身分をなんら変更するものではなく、自由を与えるものでもない。さらに、奴隷は、イギリスに運ばれても解放されるのではなく、イギリスにいるかぎり、所有主は法に基づきプランテーションへの復帰を強制することができる、と。[92]ウィリアム・ブラックストン卿のような一世の泰斗も「主人が某々の人物を終身用役する権利を合法的に得たのであるかぎり、かかる権利は不変であり」、イギリスその他ところのいかんを問わず「終身にわたる隷属関係を保持しうる」[93]としている。

それゆえ、一七七二年、不撓不屈《ふとうふくつ》のグランヴィル・シャープが、所有主によりジャマイカに送還される寸前にあったジェームズ・サマセットなる黒人の事件をマンスフィールド王座裁判所所長に提訴したときには、すでにイギリスの不純な風潮を示す判例が山積みされていたのである。マンスフィールドは、この奴隷の解放を勧告することにより、極力、争点をはぐらかし、たんに、本件は「イギリスの法の適用範囲外にあり」したがって当該奴隷は釈放されるべきであるという控え目な宣告を行なうにとどめた。人道主義の旗幟《きし》を一貫してかかげてきたひとびとは、この事件のために奔走した。クープランド教授は、法律的判断の背後には道徳的判断が横たわっており、サマセット事件は英帝国における奴隷制の終焉を告げる最初の合図となった、と主張したが、[94]これは、近代史の体裁をとったたんなる詩的感傷にすぎない。ベンジャミン・フランクリンは、嘲笑の色もあらわに「この国の偽善」を指摘している。「たった一人の黒人を解放することで、この国は自国の美徳、自由への愛および法廷の公正を自慢しながら、他方かくのごとき憎むべき通商を奨励している」[95]。サマセット事件から二年の後、イギリス政府は、ジャマイカの奴隷貿易禁止条例を否認した。一七八三年のクエーカーの奴隷貿易廃止請願は、議会から正式に却下された。

さらに一七八三年、前出のマンスフィールドは、ゾン丸なる奴隷船事件に判決を下している。同船の船長が飲料水の欠乏を理由に一三二人の奴隷を船外に投棄した事件をめぐり、右奴隷の損失は「海難」保険証書の約款に該当するとして、当該奴隷の所有主達は、規定の保険金支払請求訴訟を起こした。マンスフィールドの見解によれば、「奴隷の場合も、馬匹《ばひつ》等が船外に放棄された場合に準ずるものである」。奴隷一人当たりの損害賠償金は三〇ポンドと査定された。大量殺人のかどにより船長および乗組員を起訴すべきであるという考えは、人道主義者の頭にさえまったく思い浮かばなかった。一七八五年には、英国籍船における奴隷暴動をめぐる損害賠償請求の訴訟があり、やはりマンスフィールドが審理に当たった。名裁判官の名に恥じぬ判決はこうである。「暴動中殺害され、もしくは暴動前、負傷・殴打により死亡した奴隷については、保険業者が保険金を支払う。船外に身を投じ、または波にさらわれ、あるいは「心痛」のあまり死亡した奴隷については、暴動中危害を受けて死亡したものとは認められず、したがって保険金支払いの必要はない。また、保険業者は、残存奴隷の価格の低下にかんしては責任を負わないものとする」[96]。

奴隷貿易は、イギリス社会の屑どもの手によって行なわれたのではなかった。ある奴隷商の娘は、父親が奴隷船船長・私掠船業者であったにもかかわらず、温情と正義感に富み、よき父、よき夫、よき友であったと断言している[97]。おそらく、そのとおりだろう。奴隷の交易にもっとも活躍したのは、立派な人物であり、家庭の父であり、優れた市民だった。奴隷貿易廃止論者のラムジもこの事実を認め、衷心より遺憾の意を表したが、また弁護もしている。「かれらは、この商売の本質をなんら反省せずにこのみちに入り、取り立てていうに足らぬ世間普通のこととして、先人のみちをそのまま踏襲したにすぎなかった」[98]。こうした弁明は蛇足である。奴隷貿易は、通商貿易の一部門だった。しかも、きわめて重要な部門だった。奴隷貿易に従事した一高級船員は、かつて「中間航路における奴隷船船艙を実際にみたり、そこで一分間過ごすほうが、ロバートソンのペンよりも、またイギリス議会の雄弁を束にしたものよりも人道の大義に貢献するところ大であろう」[99]と述べた。これは、疑わしい。後に論議の的となったキューバやブラジルの奴隷貿易のように、それが信仰にもとる、あるいは非キリスト教的な仕事であったことは、わざわざ断わるまでもなかった。それは、ぼろい商売であり、それで十分だった[100]。奴隷貿易は、従来、すぐれた教育事業として美化されてもいる。「奴隷旅行が一〇代で故郷を離れた若者たちに及ぼした影響・効果については感謝しなければならない……農村の青年にとって、こうした旅行はなんというすばらしい教育であったろう。田舎少年の見聞は驚くほど豊かになった。やがて故郷の家に帰る時には、人生観は根底から変わってしまっているだろう。かれは、少年として出発した。が、大人になって帰ってくる」[101]。

奴隷商人は、当時、人道主義者としても指導的な地位を占めていた。奴隷貿易の擁護者ジョン・ケアリーは、その高潔さと慈善行為により著名な人物であり、「救貧社」[102]として知られる結社を設立した。ブリストルの奴隷船サウスウェルは、同市選出の一議会議員を記念して命名された。その顕彰碑には、同議員が国王と祖国に忠誠であり、自ら正しいと信ずるところをつらぬいたことが明記されている[103]。ブリアン・ブランデルは、リヴァプールでも屈指の豪商であり、奴隷貿易および西インド諸島貿易に関係していたが、多年にわたり、一七〇九年創立の慈善学校ブルー・コート・ホスピタルの理事、収入役をつとめ、筆頭後援者としてもっとも積極的な後援活動を行なった[104]。この慈善学校のためには、やはりリヴァプールの奴隷貿易商フォスター・カンリフも尽力している。カンリフは、奴隷貿易の草分けで、一七五二年、二人の息子とともに、アフリカ貿易商リヴァプール委員会の委員として名をつらねている。父子は合わせて四隻の船を所有し、総計一一二〇名の奴隷を輸送することができた。これだけの奴隷から、帰航時には、一二隻分の砂糖とラム酒を仕入れるに十分の利益をあげることができた。セント・ピーター教会に残るその墓碑銘には、こう記されている。「敬虔なる信徒の亀鑑として、公私の義務を果たし、慈悲に味方し、難儀を救い、悪と怠惰にのみ厳しかりし人、生きてはなべての知己に敬せられ、死しては賢者善人に悼まる……[105]」。トマス・レイランドも、やはりリヴァプール港きっての大奴隷貿易商だったが、市長としては、買占めによる独占・市価の吊上げ・吊上げ価格による小売等により不当利得を狙う者には峻厳な態度でのぞみ、悪人どもから恐れはばかられていた。[106]ヘイウッド家は、アメリカ合衆国から奴隷のつくった綿花を最初に輸入した奴隷貿易商だった。アーサー・ヘイウッドは、マンチェスター・アカデミーの収入役をつとめた。アーサーの息子たちは、そこで教育された。その一人ベンジャミンは、マンチェスター文学哲学会の会員に選出され、またビリヤード・クラブに加入を認められた。これは、マンチェスターの歴史を通じ最高の洗練されたクラブで、礼儀作法・地位・学識の点で第一級の人物しか入会を認められないものだった。この魅力ある四〇人の集まりに加えられることは、異論の余地のない紳士として承認されたことを意味した。のちに、ベンジャミン・ヘイウッドは、第一回マンチェスター工芸博覧会を計画・開催した。[107]

これらの奴隷貿易商は、イギリスの高位顕職を占めていた。王立アフリカ貿易商組合の一六六七年度の組合員名簿には、王族を筆頭に、市参事会員二名、公爵三名、伯爵八名、上院議員七名、伯爵夫人一名、ナイト二七名が数えられる。[108]一七三九年、奴隷貿易商の提出した請願状には、リヴァプール、ブリストル両市長の署名がみられる。[109]一七八九年、奴隷貿易の廃止に反対して設置されたブリストル委員会には、五名の市参事会員、一名の前奴隷船船長がふくまれていた。[110]多数の奴隷商がリヴァプール市当局の最高の地位を占めた。[111]奴隷貿易商は、議会議員としても上下両院に確固たる地歩を築いていた。エリス・カンリフは一七五五年から一七六七年のあいだ、議会においてリヴァプール市を代表した。[112]奴隷貿易界に重きをなしたタールトン家は、議会においてリヴァプールの奴隷貿易廃止反対の声を代弁した。[113]上院は、伝統的に保守であり、また貴族に列せられた奴隷貿易商を多数擁していたため、本能的に奴隷貿易廃止反対の意見を堅持した。多くの上院議員はその議席を奴隷貿易に負うていること、[114]奴隷貿易廃止は過激急進主義であることを説く[115]ウエストモアランド伯爵の主張は、上院の傾聴するところだった。ウィルバーフォースが上院を懸念したのも、ゆえなしとしない。[116]一七九二年、ジャマイカ議会は断乎として、「奴隷貿易を堅持継続するのみならず、上院は、速やかに、右貿易の廃止を容認し得ずとの宣言を発すべし。西インド諸島の安全は、かかって、この二点にあり[117]」と声明したが、こうした期待にはそれなりの根拠があったのである。

一八世紀においても、少数の知識人と高位の聖職者から非難の声があげられている。デフォーは、著作『礼節の改革』において、奴隷貿易を弾劾した。詩人トムソンは、「夏」と題する詩篇のなかで、奴隷船のあとを慕い追う不気味な鮫の姿を描きだした。クーパーは、詩集『つとめ』において、多少のためらいをみせながらも、あの忘れ難い詩句をしるしとどめた。ブレイクは、「小さな黒人の少年」について美しい詩を残した。サウジは、「奴隷貿易に従事した船乗り」について、辛辣骨をさす詩を数篇書いた。しかし、サイファー教授がその精緻な研究で示したように、[118]以上のような一八世紀文学は、たいてい「高貴な黒人」に、理不尽にも捕えられ奴隷の境遇におとされてもなお征服者よりはるかにすぐれた貴公子に、もっぱら関心を集中している。このような感傷癖は一八世紀の一般的特徴であるが、そこには往々にして卑賤な黒人なら奴隷にしてもよいという悪しき見解が暗々裏に含意されていた。また一方、ボズウェルのごときは、奴隷貿易の廃止を目して人類への神の慈悲を閉ざすもの、と断言し、ウィルバーフォースを「名前だけが大きくひびくこびと」[119]と呼んでいる。

一八世紀の二人の商人、ベントリーとロスコーは、一七八三年以前に、すでに奴隷貿易に反対している。この二人は、ただ商人であったというだけでは足りない。リヴァプールの商人であったことをことわっておこう。一八世紀の二人の経済学者は、採算がとれず、効率も悪いとして奴隷労働を退けた。すなわち、新時代のラッパ手であり、警鐘となった大聖堂首席司祭のタッカーとアダム・スミスである。こうした不協和音は常に無視された。一八世紀は、テンプル・ラトレルの次のような遁辞《とんじ》を裏書きしている。「一部の紳士方は、奴隷貿易を神を畏《おそ》れざる非人間的な所業として否定するかもしれない。だが、とくと考えてみたい。われわれは植民地の維持発展をはからなければならない。そのためには、アフリカの黒人が必要不可欠である以上、黒人をフランス、オランダもしくはデンマークの仲買人の手を通じて購入するより、自らの手によりイギリス船で供給するにしくはない。これは確かである」[120]。

あるとき、モーリシャス島に住む一紳士が、「黒人は世界一幸福な人びとである」ことを奴隷貿易廃止論者のバクストンに納得させようと躍起になったあまり、妻君をうながして奴隷についての実地見聞談を語らせ、自説を裏付けようとした。「ええ、よろしゅうございますとも」と、この善良な妻君は答えた。「あの人達は、とっても幸せなんですよ。そうですとも。ただ、黒人のコックが竈《かまど》に鎖でつながれていることだけは、いつも、おかしい、おかしいと思っていましたの」[121]。この善良な人妻のように奴隷貿易にかんする道義上の問題に多少とも思いをいたしたイギリス人は、一七八三年以前には、ほんの数えるほどしかいなかった。ポスレスウェイトが説いたような反対論を理解した人は、いたにしても、奴隷貿易からあがる莫大な国の利得に目のくらんだ政治家たちを動かすだけの力はほとんどなかった。「われわれは、事物をあるがままに受け入れる。あるがままの事物からひき出された理由ならば、受け入れる。しかし、かくあれかしと念ずるところよりひき出された理由は受け入れない。……奴隷貿易を廃止したいというよき願いは、私ももっているけれども、だからといってその廃止を勘考するところまではいけないのである」。多分いずれは、二、三の高潔で博愛心に富むキリスト教徒が、このような体制を改革しようと思いつくことであろうが、「かくのごとき現状よりみれば、それは、しかく簡単にはなし能わぬであろう」[122]。アメリカ革命以前には、イギリスの世論は、がいして奴隷貿易商の次のような見解をそのまま受け入れていた。「人身売買は、一見、野蛮、残酷な、人道にももとるものとみえるかもしれない。しかし、関係商人には、それなりの言い分がある。つまり、儲かるということで、この点、他の商売と別段異なるところはない……一言でいえば、この商売からあがる利潤は莫大であり、いかなる損害や迷惑を蒙っても、あるいは蒙むると予想されても、なおかつそれを補ってあまりあるものである」[123]。

第三章　イギリスの商業と三角貿易

A　三角貿易

アダム・スミスによればアメリカおよび喜望峰まわりインド航路の発見は「人類史に残る二つの最大かつ最重要な出来事」である。アメリカの発見が重要であるゆえんは、アメリカが貴金属の供給源となった点にあるのではない。ヨーロッパ製品をいくらでも呑みこむ新たな市場を形成した点にある。「重商主義は、光彩陸離《りくり》たる栄光の座におし上げられたが、それはこの新市場あってはじめて可能であった」[1]。これが、その主要な効果の一つである。また、世界貿易は格段の発展を遂げた。一九世紀が生産の世紀であるとすれば、一七・一八世紀は貿易の世紀である。イギリスにとって、この貿易は、本来的に三角貿易だった。一七一八年、ウィリアム・ウッドは、奴隷貿易は「その他もろもろの取引を流出せしめる泉であり、源である」[2]と述べている。その数年後、ポスレスウェイトは、奴隷貿易を「全商業の根源であり基礎であり、全装置を動かす主ぜんまいに相当する」[3]と書いた。

この三角貿易において、イギリスは——フランスおよび植民地時代のアメリカも同様であるが——輸出品と船舶を供給した。アフリカは商品としての人間を、プランテーションは植民地産原料を供給した。奴隷船は、本国出港時にマニュファクチャー製品を積みこんだ。それをアフリカ沿岸で黒人と交換して利益をあげ、黒人をプランテーションで植民地物産と交換して、さらに利益をあげた。植民地物産は、ついで本国に送られた。貿易量が増大するにつれて、三角貿易は、本国のマニュファクチャー製品と植民地物産を直接交換する本国—西インド諸島間直接貿易によって補足されるようになったけれども、それにとってかわられることは、決してなかった。

三角貿易は、このため、イギリスの産業にとり一石三鳥のはたらきをするものだった。黒人は、イギリスのマニュファクチャー製品と交換に買い取られ、プランテーションに輸送され、砂糖・綿花・インディゴ・糖蜜その他の熱帯産物を生産したが、イギリスにはこうした熱帯産物の加工処理にあたる新しい産業が造出された。他方、黒人と黒人所有主の生活圏たるプランテーションは、イギリスの工業、ニュー・イングランドの農業およびニューファウンドランドの漁業にとって、新たな市場を形成した。一七五〇年までには、三角貿易または植民地との直接貿易になんらかの形で結びついていない商業ないし工業都市は、イギリスにはほとんどなくなった。[4] イギリスに流入した利潤は、産業革命の資金需要をまかなう資本蓄積の主要な源泉の一つとなった。

西インド諸島は、英帝国の中枢となり、イギリスの偉大と繁栄にとってはかりしれない意義をもつにいたった。砂糖植民地を、帝国主義の記録したもののなかでも無比の価値ある植民地につくりあげたものは、黒人奴隷にほかならなかった。ポスレスウェイトにとって、黒人奴隷は植民地の「支柱であり、縁の下の力持ち」である。その労働をもってイギリスにプランテーション生産物を供給する「有益なる人びと」である。英帝国とは、「アフリカを基礎としてそびえ立つアメリカ貿易と海軍力の壮大な上部構造」[5]だった。ジョサイア・チャイルド卿の評価によれば、西インド諸島在住のイギリス人はそれぞれ「一〇名の黒人を使役しているが、かれらの食べ、用い、着るものを計算すれば、イギリスに四名の雇用をつくり出していることになろう」[6]。西インド諸島における一名は、白人と黒人たるとを問わずイギリスにおける七名に匹敵するはたらきをする、とダヴェナントは算定した[7]。ある著述家の推定によれば、西インド諸島に在住する一家族は、五名の船乗り、それを上まわる熟練工、製造業者、および小売商の雇用をつくり出しており、同諸島の白人がイギリスに送金する年間一人あたり一〇ポンドの純益は、本国人の稼ぎの二〇倍に相当した[8]。ウィリアム・ウッドは、一人あたり年間七シリングの利益があれば一国の繁栄をあがなうに十分であるが、植民地在住の白人は、それぞれ七ポンドを超える利益をもたらしている、と計算した[9]。ダルビー・トマス卿の見積りは、それどころではなかった。砂糖プランテーションの被雇用者一名は、本国人一名に比し一三〇倍の利益をイギリスにもたらす、というのである。[10] ピツマン教授の評価によれば、一七七五年当時、英領西インド諸島の諸プランテーションは、五〇〇〇万英ポンドの価値を有した。[11] 一七八八年の砂糖プランター自身の評価によれば、それは七〇〇〇万ポンドに達している。[12] 一七九八年、ピットは、西インド諸島のプランテーションからの税収は、年額四〇〇〇万ポンドであるのにたいし、その他の全地域の税収合計は一〇〇〇万ポンドにすぎない、と査定した。[13] アダム・スミスの述べたように、「我国の西インド諸島植民地における砂糖プランテーションは、全体として、ヨーロッパまたはアメリカのいずれにおける農業生産よりも、はるかに巨大な利潤を生み出している」。[14]

ダヴェナントによれば、一七世紀末、イギリスは貿易により総計二〇〇万ポンドの利潤をあげた。うち、プランテーション貿易は六〇万ポンドを占め、プランテーション商品の再輸出による利潤は一二万ポンドに達した。ヨーロッパ・アフリカ・レバント貿易および東インド貿易の利潤は、それぞれ六〇万ポンドおよび五〇万ポンドであり、東インド商品の再輸出による利潤は、一八万ポンドだった。[15]

チャールズ・ホイットワースは、一七七六年、公文書に基づき、一六九七年から一七七三年にいたるイギリスの輸出入貿易にかんする資料を洩れなく集成した。この書物は、一八世紀英帝国におけるカリブ海域および大陸植民地の相対的重要性を正しく評価している点で大きな意義をもっている。イギリスの一六九七年度輸入総額のうち、西インド諸島植民地からの輸入は、全体の九パーセント、大陸植民地からの輸入は八パーセントを占めた。イギリスの輸出総額のうち、西インド諸島向けは四パーセント、大陸向けは四パーセントをやや下まわった。イギリスの貿易総額のうち、対西インド諸島貿易は七パーセント、対大陸貿易は六パーセントを占めている。一七七三年当時においても、西インド諸島は、まだ首位を保っている。しかし、大陸植民地の白人人口が西インド諸島を上まわったため、輸出市場としての西インド諸島の地位は低下した。同年度におけるイギリスの輸入総額のほぼ四分の一がカリブ海域から、八分の一が大陸から輸入された。また、カリブ海域は、イギリスの輸出総額の八パーセント強を、大陸は一六パーセントを消費した。イギリスの貿易総額のうち、対西インド諸島貿易は一五パーセント、対大陸貿易は一四パーセントを占めている。一七一四〜一七七三年の貿易——これには、新たに獲得した植民地、戦時中一時的に占領した他国領植民地、あるいは一般の他国領植民地との貿易もふくまれる——は次のように総括される。イギリスは輸入総額の五分の一をカリブ海域から、九分の一を大陸から輸入した。イギリスは輸出総額の六パーセントをカリブ海域に、九パーセントを大陸に輸出した。対カリブ海貿易はイギリスの海外貿易総額の一二パーセントを、対大陸貿易は一〇パーセントを占めている。同期間に、イギリスは輸入総額の〇・五パーセントをアフリカから輸入し、輸出総額の二パーセントをアフリカに輸出した。イギリスの貿易総額のうち、対アフリカ貿易は約一・五パーセントを占めている。それゆえ、大陸のヴァージニア、メリーランド、カロライナ、ジョージアにおけるプランテーション植民地を除き、三角貿易と西インド諸島貿易は、一七一四〜一七七三年のあいだイギリスの貿易総額のほぼ七分の一を占めていたのである。

西インド諸島の個々の島嶼と大陸の個々の植民地とを比較してみよう。西インド諸島植民地の驚嘆すべき価値はさながら眼前に彷彿《ほうふつ》たるものがあるだろう。バルバドスからのイギリスの一六九七年度輸入額は、パン植民地からの合計輸入額の五倍だった。バルバドスへの輸出額はパン植民地への輸出額をやや上まわっていた。わずか一六六平方マイルにすぎない小島バルバドスは、ニュー・イングランド、ニューヨークおよびペンシルヴァニアを合わせたよりも、イギリス資本主義にとって価値があった。一七七三年、ジャマイカからのイギリスの輸入額は、パン植民地からの合計輸入額の五倍を上まわった。ジャマイカへの輸出額は、ニュー・イングランドへの輸出額を三分の一かた上まわり、ニューヨークおよびペンシルヴァニアへの輸出額合計をやや下まわった。一七一四〜一七七三年のあいだに、モントセラトからのイギリスの輸入額は、ペンシルヴァニアからの輸入額の三倍に達した。ネヴィスからの輸入額は、ニューヨークからの輸入額のほぼ二倍であり、アンティグアからの輸入額は、ニュー・イングランドからの輸入の三倍を超えた。バルバドスからの輸入は、パン植民地からの輸入総額の二倍を上まわり、ジャマイカからの輸入は、約六倍に達した。同期間内に、輸出市場としてのジャマイカは、ニュー・イングランドに匹敵した。イギリスの輸出業者にとり、バルバドスとアンティグア両島は、合わせて、ニューヨークに相当する大きさをもっていた。モントセラトとネヴィスを合わせれば、ペンシルヴァニアに勝る大市場だった。同期間におけるイギリスの対アフリカ輸出額は、ニュー・イングランド向け輸出額をわずかに一〇分の一下まわった。アフリカからの輸入額は、ニューヨークからの輸入額を四分の一上まわった。ペンシルヴァニアからの輸入額に較べれば、その二倍強だった。[16]

重商主義者達は、夢中になった。三角貿易およびそれにともなう砂糖島嶼との交易は、重商主義者が海運を奨励したこともあって、イギリスにとってはその錫《すず》鉱山または炭坑よりもはるかに価値があった。[17]西インド諸島は、理想的植民地だった。西インド諸島の植民地がなければ、スペイン領植民地と密貿易を行なう以外に金ないし銀を獲得することはできず、イギリスの貿易収支は逆調をまぬがれなかっただろう。[18]西インド諸島の熱帯産物は、本国の生産物と競合関係にはなかった。この点、大陸北部の生産物とは異なる立場にあった。西インド諸島においては、工業の開発はほとんど行なわれなかったが、大陸は、この点で絶えざる脅威となっていたのである。西インド諸島の尨大《ぼうだい》な黒人人口は、独立への動きを妨げる障壁としておおいに役だった。[19]すべては、ただ一つの言葉、砂糖につながっていた。「イギリスの愉悦、栄光、偉大は」とダルビー・トマス卿は書いている。「とりわけ砂糖によって伸長せしめられた。いかなる商品も、砂糖には一籌《いっちゅう》を輸するのである。毛織物ですら、例外でない」[20]。

これには、一つの限定条件があった。すなわち、独占という条件である。当時の経済哲学には、門戸開放をとなえる余地はなく、植民地貿易は、本国の水も洩らさぬ独占のもとにおかれた。この点についての重商主義者の見解は、てこでも動きそうになかった。「植民地は」とダヴェナントは書く、「整然たる規律を維持し、本国の基本法を厳格に遵守し、どこまでも本国に服従して、はじめて母なる王国にとって一個の力たりうるのである。しからざれば、植民地は国家より切り離された四肢のごときもの、というよりなお悪い。じつに、国民の手よりもぎとられ、逆に国民にたいし擬せられる攻撃用の武器に転ずるおそれなしとしない」[21]。植民地は、繁栄にたいする返礼として、本国に感謝すべきであると同時に、欠くべからざる義務――「生みの親を杖柱《つえはしら》とも頼み、おのれの利益は、まず親に捧げなければならない」[22]という義務を負うている。これがポスレスウェイトの意見だった。

重商主義体制は、このような考えのうえに立っていた。植民地はその価値ある生産物をイギリス船舶を用い、イギリスのみに、送ることを義務づけられた。植民地は、イギリス製品しか買うことができなかった。外国製商品はイギリスを通じてはじめて買うことができた。また、従順なる子としての務めを尽くし、もって親たるものの栄誉をいっそう輝かしいものにする義務をもつとされていたから、植民地は、永遠に臣下の地位を強要され、農業資源の開発ということだけをおしつけられた。一本の釘、一個の蹄鉄すらも製造することは許されない、とチャタムは語っている。帽子、鉄等も同断であり、砂糖の精製をも認められなかった。そのかわり、イギリスは、一つだけ譲歩した。すなわち、植民地の生産物は、本国市場における独占権を認められたのである。

こうした重商主義機構の中枢は、「イギリスの目的を達成するための措置」[23]、航海法だった。航海法は、アンドルーズが初期英領植民地の「養父」[24]と呼んだオランダ人を狙い撃つものだった。クレジットを供与し、各種の商品を供給し、植民地物産を買取り、それをヨーロッパに輸送していたのはオランダ人だった。しかも、イギリスが公開市場で提供することのできた歩合よりもはるかに魅力的な歩合で取引を行なっていた。ところで、航海法は、スコットランド人とアイルランド人をも狙っていた。[25] 独自のアフリカ会社の設立を目ざすスコットランドの動きは、[26] イングランドの深刻な不安を呼んでいた。これが一七〇七年の合同法の成立を強くうながす動因ともなった。砂糖島嶼は、このような貿易の独占に抗議した。一八四〇年に自由貿易に反対して誰よりも騒々しくがなり立てた連中は、一六六〇年には誰よりも熱狂的に自由貿易の肩をもっていた連中だった。一六六六年、バルバドス総督は「いまや危急存亡の時にたち至りましたるが故に、衷情の披瀝を嘉されんこと」を乞うて、述べた。「自由貿易こそ、全植民地存立のかなめであります……何人《なんぴと》たるを問わず、陛下にたいし奉り、陛下の植民地を抑圧拘束するがごとき上奏をなす者は、忠誠なる臣下にあらず、商人とみるべきであります」[27]。次の総督もまた、警告を繰り返した。「来る者すべてと交易をなすべくこれら港湾を何人にたいしても開放する要ありと思量いたす次第であります。恐れながら本官の計画いたしましたる新プランテーションにたいする措置は、なんら改善のあとなく、誤りなしとは申せません。イギリスの通産商務当局は、早晩、陛下の海外プランテーションを崩壊せしめること必定であります」[28]。商務院は、「自由貿易にかんするかくのごとき謬見《びゅうけん》を断乎放棄せしめる」[29]ことを決定し、「王国の既定の法ならびに明白なる利益に反し彼の抱懐せる危険なる原則」にかんし、同総督を厳しく譴責《けんせき》した。

そうした不届きな考えが、まがりなりにも通用するような時代ではおよそなかった。なにしろ、航海法を拡大解釈して、「イギリスの建造した」船舶にたいする必需品の供給は、イギリス産木材を用いて建造され、イギリス製帆布を用いている船舶にかぎりこれを認めよなどという要求がまかりとおっていた時代、イギリスの主要産業振興のため、死者の埋葬にあたってはイギリス製毛織物をもって包むべしとか、プランテーションの奉公人および奴隷はすべてイギリス製毛織物を着用すべしとかいう法律を通した時代のことである。アフリカのもっとも重要な輸出品である黒人と西インド諸島のもっとも重要な輸出品である砂糖は、航海法の指定する主要な商品だった。しかし、西インド諸島の砂糖プランターは、おのれの交易にたいするこのような制限を決して認めようとはしなかった。一七三九年、彼らはようやく航海法を修正させるところまでこぎつけたが、修正といっても形式的にはきわめて限定され、かつヨーロッパにおける外国市場としてははなはだ貧弱なフィニステレ岬以南にかぎられていたから、実質的には無意味だった。しかし、その程度の譲歩さえ、やり方は不手際だったにせよ、イギリス商人の激怒を招いた。同法案の成立に先立ち、リヴァプールの一請願書はこう述べている。これは、「多くの場合、広くはイギリスの、狭くは当港の利益および製造工業ならびに貿易、海運にたいし多大の損失をもたらすものとなろう」[30]。一〇〇年ほど後に、同様の闘争が、独占と自由貿易、重商主義と自由放任主義とのあいだで、いっそう激しく行なわれることになるだろう。相拮抗《あいきつこう》する陣営は同じく、イギリス貿易商と工業家、それにたいする西インド諸島の砂糖プランターだった。しかし、かつては挙げて独占を支持したイギリス資本主義は、今度は挙げて自由貿易の側にまわった。他方、西インド諸島の砂糖プランターは、かつての高貴な自由貿易論をことごとく忘却し、かつては自身を〈商人の奴隷[31]〉たらしめるものとして非難してやまなかった独占主義に飽くまで固執したのである。

B　海運と造船

海外貿易の進展につれ、海運および造船が大規模に発展したのはしごく当然だった。三角貿易の利益の少なからぬ部分が、イギリスの船舶の建造にあてられた。当時においては、商船と軍艦との差異は今日ほど大きくなかった。「遠洋航海」は、海員養成のためのこよなき場であったし、商船は、いざ鎌倉という場合、海軍にとってかけがえのない援軍となった。奴隷貿易賛成論者は、奴隷貿易を廃止すれば、海員の大供給源が断ち切られ、海国としての力は潰滅するであろうと主張した。[32] リヴァプールのある奴隷貿易商が書いているように、「それは、我王国にとりきわめて重要なる問題であること、改めて言うを俟《ま》たぬ。それが廃止されるならば、同時に我王国の卓越せる海軍力も廃止される。以後、我国旗を、いくつもの大洋の空高く翩翻《へんぽん》とひるがえすことは漸次不可能となるであろう」。[33]

一六七八年、時の関税局長官は、プランテーション貿易がイギリスの海運業と海員の一大養成所であり、かつイギリスの貿易における最大部門の一つであることを報告している。[34]ここでもまた、砂糖植民地がパン植民地をおさえて優位に立っていた。砂糖植民地に向かうイギリス船舶の数は、大陸植民地向けイギリス船舶の総数を上まわっていた。一六九〇年、砂糖植民地においては、合計一万三六〇〇トンにおよぶ一一四隻の船舶と一二〇三名の海員が使用され、大陸植民地においては、一一一隻・一万四三二〇トンにおよぶ船舶と一二七一名の海員が使用された。[35] 一七一〇年から一七一四年のあいだに、イギリス船舶・計一二万二〇〇〇トンが西インド諸島に航海し、同一一万二〇〇〇トンが大陸向け航海を行なった。[36] 一七〇九年、西インド諸島貿易に使用されたイギリス船舶は、海外貿易に従事した同国船舶の一〇分の一に相当した。[37] 一七〇九年から一七八七年のあいだに、海外貿易に従事するイギリス船舶は四倍になった。[38] アフリカ向け船舶は一二倍に増加し、延べトン数は一一倍に達した。[39]

三角貿易は、イギリスの造船業を直接刺激した。特別な構造をもつ奴隷貿易専用船が建造されたが、この専用船は特に快足という点に工夫をこらして、死亡率の減少をはかるものだった。リヴァプールの造船業者は、多く奴隷貿易商をも兼ねていた。著名な商会をあげるならば、ベーカー・アンド・ドーソンがある。これは西インド諸島向け奴隷の最大の輸出商の一つで、一七八三年以後はスペイン植民地向け奴隷を取り扱った。ジョン・ゴレルは、アフリカ貿易商会社のリヴァプール社員の一人だった。ジョン・オキルもまた、そうである。オキルは、リヴァプールでもっとも成功した造船業者だったが、表面上は、奴隷貿易を慎んでいた。奴隷貿易と深く結びついて繁栄していた港で、奴隷貿易用船舶の建造にたいしては用材の供給を拒絶したウィリアム・ラースボンなどは、変物とされた。[40] リヴァプールの船乗りについていえば、半数が奴隷貿易に従事していた。[41]

海運業界は、奴隷貿易の組織運営の問題をめぐり、業界全体としてのまとまりを欠いていた。王立アフリカ会社をよしとする一派もあれば、自由貿易主義者の肩をもつ一派もあった。[42] しかし、こと奴隷貿易廃止問題にかんするかぎり統一戦線を張り、奴隷貿易を廃止すれば、イギリスの制海権と国威は根底から崩壊することになるだろうと主張した。奴隷貿易商の資格を規定した一七八八年の法令にたいし、リヴァプールは、同法が奴隷船の船長二二人、航海士四七人、水夫三五〇人を失業させ、かれらの家族や小売商等は、アフリカ貿易をあまり当てにはできなくなるということに、まず反撥を示した。[43]

海員のほか、大工、塗装工、ボート専門の船大工、修理・艤装《ぎそう》・梱包関係の熟練工・技工等の付随的職種があり、さらに各種の手数料、賃金、ドック税、保険——これらはすべて、なんらかの形でアフリカとの貿易船に依存していた。一七七四年、リヴァプールには船舶用のロープ製造工場が一五あった。[44]奴隷貿易の廃止によって、直接、間接の影響を受けないようなものは、同市にはほとんどいない。[45]そう主張されていた。

砂糖島嶼は、もう一つの面で海運業の発展に貢献した。西インド諸島の経済においては、輸出用商品作物を中心とし、食糧は輸入に頼るという独得の形態が発展した。輸入食糧のなかでもとりわけ重要であったものは魚である。魚は、重商主義者にはお気に入りの品目だった。それが、船舶の需要を増やし、海員養成の機会にもなったからである。イギリスでは、魚の消費を奨励する立法上の措置も講じられた。金曜日と土曜日が魚の日とされた。魚は、プランテーション奴隷の常食のなかでも重要な品目だった。イギリスの鰊漁業は、砂糖プランテーションを重要な市場としていた。[46]ニューファウンドランドの漁業は、年々、西インド諸島にたいする干魚の輸出、つまり「干鱈《プア・ジョン》」という「ここ以外ではつぶしの利かぬ[47]」屑ものの輸出にかなりの程度依存していた。西インド諸島における慣習の一つは、このようにしてつくられていったのである。今日でもなお、輸入ものの塩鱈が、富裕な階層は別として、ひろく一般に好まれている。それが、いまだになお「ここ以外ではつぶしの利かぬ」しろものであるのかどうかは明らかでない。

一八世紀における船舶の増加にともない、イギリスの埠頭施設は絶対的不足をつげるにいたった。ロンドン港に入港する船舶の数は、一七〇五年から一七九五年のあいだに三倍、トン数になおせば四倍となった。これには、沿岸貿易に従事する小型船舶はふくまれていない。埠頭の倉庫には、輸入品を収容しきれなかった。給炭船の乗組員は上陸するひまもない忙しさだった。石炭の価格は暴騰した。砂糖樽は、埠頭に六ないし八段も積み上げられ、早く盗んでくれといわんばかりだった。火災の危険も大きかった。大掛りな犯罪組織がはびこり、これに関係する者は万をもって数えられた。埠頭における被害総額は、年間五〇万ポンドに達すると評価された。カリブ海からの輸入品がその半分を占めていた。

西インド諸島の商人は、自らこの問題の解決に乗りだした。窃盗対策として特別巡察隊を編成した。また、西インド諸島関係船舶の荷役に従事する仲仕《なかし》について一般登録制度をつくった。さらに議会に圧力をかけ、結局〈西インド埠頭〉の建設権を認める法律を成立させ、西インド諸島貿易に従事する船舶にかんする荷役独占権を獲得した。この独占権は二一年間有効とされた。建設工事は一八〇〇年に着工され、起工式にひきつづいて盛大な招宴が張られた。各界の名士が顔をそろえ、西インド諸島植民地の繁栄をことほいで祝杯をあげた。西インド埠頭は、一八〇二年、営業を開始し、入港第一船には時の首相の名がつけられた。第二船は砂糖六〇〇トンを積んでいた。[48]

C　イギリスにおける大海港都市の発達

三角貿易、海運および造船の発展につれて、海港都市も大きく成長した。ブリストル、リヴァプール、グラスゴーが海港ならびに貿易中心地として、この貿易の時代に占めていた位置は、のちにマンチェスター、バーミンガム、シェフィールドが工業の時代に占めるにいたった位置に相当する。

一六八五年当時のブリストルにおいては、ヴァージニアやアンティル諸島行き船舶になんらかの投機をしていない商店主は稀である、といわれていた。教区牧師でさえ、口をひらけば貿易のことばかり、という有様だった。ブリストルの船荷を所有しているものは商人ではなく職工《メカニクス》たちだ、ということが皮肉まじりにいいはやされていた。[49]一六三四年に一万ポンドだった関税収入は、一七八五年には三三万四〇〇〇ポンドに伸びた。六〇トン以上の船舶に賦課される埠頭使用税収入は一七四五年から一七七五年のあいだに倍増した。[50]一八世紀の第三四半期のはじめにブリストルがイングランド第二の都市にのしあがったのは、奴隷・砂糖貿易のおかげだった。「同市には」とある地方史家は述べている、「奴隷の血糊《ちのり》でもって接合されていないような煉瓦は、ただの一枚もない。贅を尽した邸宅、豪奢な生活、お仕着せに身をかためた召使い達、こうしたものはすべて、ブリストル商人の売買した奴隷の辛苦・呻吟《しんぎん》から生み出された富のたまものなのである……ブリストルの商人は、その扱う商品が儲かるものであることは知っていたけれども、それが正義にもとるものであることには気がつかなかった。その無知たるや、子供じみている」[51]。一七八九年に奴隷貿易廃止運動に対抗するために結成された一委員会の構成をみてみよう。選出委員のうち九名はブリストル市長をつとめた経歴をもつ商人であり、五名は州長官、七名は貿易商協会《マーチャント・ヴェンチュアラーズ》の現または元会長だった[52]。

ブリストルは、奴隷貿易においてリヴァプールに追い抜かれると、三角貿易から砂糖貿易そのものに方向を転じた。アフリカ行きブリストル船はその数を減じ、カリブ海直航船が増加した。一七〇〇年、西インド諸島貿易関係の同港所属船舶は四六隻だった[53]。一七八七年には奴隷貿易に従事するブリストル船三〇隻にたいし、西インド諸島貿易関係の船舶は七二隻を数えている。前者の平均トン数一四〇トンにたいし、後者は二四〇トンだった[54]。一七八八年、リーワード列島貿易に従事するブリストル船の数は、アフリカ貿易関係船舶数に匹敵した。ジャマイカ貿易関係船舶も、同じくそれとほぼ同数だった[55]。同港に入港する船舶総トン数のほぼ三分の一、出港する船舶総トン数の三分の一強が砂糖植民地との貿易に従事していた[56]。毎年ブリストルでは、砂糖の初荷を積んだ船が入港すると、その縁起のよい荷主が葡萄酒を贈って祝うのであったが、まことにさもありなん風習である[57]。ブリストルの西インド諸島貿易高は、他地域との海外貿易高総計の二倍に相当していたのである。

一八三〇年になっても、西インド諸島貿易は、全体の八分の五を占めていた。西インド諸島貿易がなければ、ブリストルはたんなる一漁港であるにすぎないだろう、とは一八三三年にいわれた言葉である。[58]

ブリストルには、市の設立にかかる西インド諸島協会があった。市会は、砂糖島嶼に起こった火災災害救援のため市基金を放出した。西インド諸島関係商会の子弟や青年社員は本国勤務につく前、数年をプランテーションで過ごすことを慣例としていた。一八世紀を通じ、ブリストル選出の議会議員は、砂糖プランテーションとさまざまな経路を通じて密接に結びついていることが多かった。西インド諸島とブリストルとの関係はきわめて緊密であり、一九世紀前半においては常に、ベーリ、プロセロー、マイルズなどという西インド諸島人が議会においてブリストルを代表していたほどである。ジェームズ・エヴァン・ベーリは、市民にたいし、西インド諸島の奴隷制廃止を支持してわれとわが繁栄の根を断ちきるような挙に出ることを戒めた。[59] もちろん、ベーリ自身の繁栄にもかかわっていたのである。同家が、トリニダードとガイアナに所有する多数の奴隷にたいし支払われた奴隷解放補償金は、六万二〇〇〇ポンドを上まわった。[60] ブリストルは、砂糖関税の均等化に真っ向から反対した。この措置は西インド諸島独占にとって止めの一撃となり、以後、ブリストルの西インド諸島貿易は急速に衰微した。一八四七年には、同港出港船舶延ベトン数の四〇パーセントが西インド諸島に向かったが、同諸島から帰港した船舶はわずか一一パーセントにすぎなかった。一八七一年には、ブリストル発ジャマイカ行きの船は一隻もなく、西インド諸島からの帰港船舶延べトン数は、同市入港船舶延べトン数の二パーセントにも達しなかった。ブリストルの西インド諸島貿易は、一九世紀末、バナナの国際市場が出現するまで、ついに復活することができなかった。[61]

このような西インド諸島貿易のブリストルにたいする関係は、そのまま奴隷貿易のリヴァプールにたいする関係になぞらえることができる。一五六五年当時のリヴァプールにおいては、戸主は一三八名、人の居住する街路は七つ、同港所属商船は一二隻、合計トン数二二三を数えるにすぎなかった。一七世紀末にいたるまで同地には、内乱期に包囲されたことをのぞけばいうに足るほどの事件はなに一つ起こっていない。[62] ストラフォードは船舶税の徴収にあたり、リヴァプールの課税額を一五ポンドと査定した。これにたいし、ブリストルは二〇〇〇ポンドを納付している。[63] リヴァプール入港船舶は、一七〇九年から一七七一年のあいだに四倍半の伸びをみせた。出港船舶はトンになおして六倍半に増加した。[64] 同期間に、リヴァプール所属船舶数は四倍、総トン数と船員数は六倍を上まわった。関税収入は、一七五〇年から一七五七年のあいだ、年平均五万一〇〇〇ポンドだったが、一七八五年には六四万八〇〇〇ポンドにはねあがった。[65] ドック税収入は、一七五二年から一七七一年のあいだに、二倍半になった。[66] 人口は、一七〇〇年には五〇〇〇人だったが、一七七三年には三万四〇〇〇人に増加した。一七七〇年までにはリヴァプール港は貿易界で一頭地をぬきん出た存在になっており、アーサー・ヤングもイギリス国内旅行の途次、同市を素通りするわけにはいかなかったのである。[67]

リヴァプールの興隆にはさまざまな原因がある、と奴隷貿易廃止論者クラークソンは主張した。たとえば、塩貿易、ランカシャー人口の驚異的な膨張、マンチェスターにおける急速かつ大規模なマニュファクチャーの発展などをクラークソンは指摘している。[68]本末を転倒した見方の、これはまたとない見本である。リヴァプールの資本蓄積こそが、ランカシャー人口増大の呼び水となり、またマンチェスターのマニュファクチャーを刺激したのである。リヴァプールの資本蓄積は、奴隷貿易により行なわれた。後世の歴史家よりも同時代人のほうが、はるかにこのことの重要性を理解していた。

俚諺《りげん》にも、リヴァプールのいくつかの主要街路は、アフリカ人奴隷の鎖によって区画され、家並の壁はアフリカ人奴隷の血によって固められている、といわれていた。[69]ある街路などは、俗に「黒人通り」と呼び慣わされていた。[70]赤煉瓦の税関は、黒人の頭像で飾られていた。[71]同市には、ある役者についてこんな挿話がつたえられている。その役者は、一再ならず酔っぱらって舞台に出たため、ひっこめとばかり観客に野次られたが、そのとき少しも騒がず威たけだかにやり返した。「リヴァプールくんだりまでやってきて、人でなしどもに野次られるなんて、おたまりこぼしがあるものかい。おまえさん方の町じゃあ、地獄じゃないが、煉瓦は一枚一枚アフリカ人の血で固めてあるんだってね」[72]。

一七九〇年、リヴァプールからアフリカに向かった船舶一三八隻は、一〇〇万ポンド以上の資本に相当すると評価された。奴隷貿易の廃止によってリヴァプールの直接こうむる損失は、おそらく七五〇万ポンドを上まわるものと見積られた[73]。奴隷貿易を廃止すれば、同市は破産するだろう。そういわれていた。同市の経済的基礎が崩壊するばかりではない、国の産業と富を築く原動力もまた崩壊することになるだろう。リヴァプールでは、こうもいわれた、「言論の自由なる美名にかくれて民心を惑わし、永年にわたる慣行ならびに諸種の法令により正式の許可・承認を受けたる貿易が不法である等々のたわけた揚言《ようげん》をなさしめるがごとき、看過するあたわざるものがある」[74]。

こうした奴隷貿易への依存という事実は、鋭敏かつ愛国的な歴史家達にとっては、はなはだ具合の悪いものとなった。エチオピアの併合、中国の非道な分割、チェコスロヴァキアの強奪等を見過ごしてきた世代は、奴隷貿易を非難できない。一歴史家は、一九三九年にそう論じている[75]。あるリヴァプール市書記の意見によれば、たんにリヴァプール市民は奴隷貿易で手を汚したというだけでは済まされない。なるほど、リヴァプールは堅忍不抜《けんにんふばつ》の精神と活動力をもっており、かりに奴隷貿易がなかったとしても、他の分野で、遅速の違いはあるにせよ実質的には同様の繁栄を誇ることができたであろう。しかし、奴隷貿易がなかったならば、同港の成功は、最終的には必ずかち得られたにせよ、延引――といってもその価値が劣る、あるいは損われるものではないだろうが——されたことと思われる。[76]リヴァプールのさらに別の著述家によれば、父祖が「くろんぼども《ニガーズ》」を売買したからといって、なんらやましいところはないのである。奴隷貿易は忌むべきものではあるが、リヴァプールの酒類の売買のほうがずっと忌わしいものだった。とにもかくにも「いくつかのわれわれの埠頭がつくられたのは、アフリカ人奴隷貿易により蓄積された資本があったればこそである。人身売買の儲けがあったればこそ、われわれは第一歩を踏み出すことができたのだ」。奴隷貿易で産をなしたもののなかにも、リヴァプール市の貧民層にたいする情け深い心をチョッキの下にもっているものはいた。しかし、奴隷貿易からあがる儲けは、「濡れ手で粟ともいうべく、およそ商人であるかぎり、手をひくことなどとうていできない相談であったろう[77]」。

一七〇七年、合同法の成立をみるまでは、スコットランドは植民地貿易への参加を認められなかった。それが認められたとき、グラスゴーの台頭がはじまったのである。一八世紀における同市の繁栄の基礎は、砂糖とタバコにある。植民地貿易が呼び水となって新しい産業が成長した。一七六〇年、ポコック主教が、グラスゴーを訪問して書いているように、「この町は、西インド諸島貿易のおかげをこうむるようになり、どこよりもよく連合の有難みを感じている。とりわけ盛大に扱っているものは、タバコ、インディゴ、砂糖でける主要な産業となっていた。

ある」[78]。製糖業は、一九世紀中葉に西インド諸島が衰退に向かうまで、クライド渓谷における主要な産業となっていた。

D 三角貿易の取扱い品目

ここで、三角貿易関係の商品と植民地物産の処理加工等により、直接または間接に促進されたイギリスの産業の発展を跡づけてみなければならない。

奴隷貿易がイギリスの産業の内部にどのように広く根をはっていたかは、一七八七年度のアフリカ向け船荷をみればわかるだろう。それには、綿製品、リンネル製品、絹ハンカチ、安物の赤や青の毛織物、赤染め反物、上製または粗製の帽子、ウーステッドの縁なし帽、銃器、火薬、弾丸、サーベル、鉛地金、鉄地金、白鉛製たらい、銅製のやかんと鍋、鉄製ポット、金物類、陶器およびガラス製品、毛付または金箔をおした革のトランク、各種のビーズ玉、金・銀製の各種のリングおよび装飾品、紙類、上製粗製各種の碁盤縞物、リンネルのひだ付シャツおよび帽子、自国または外国産の酒類各種、タバコ等があった[79]。

このような雑多な品物が、奴隷商の扱った商品として一番ありふれたものだった。アフリカ人用のけばけばしい装飾品、家具什器類、各種の反物類、鉄その他の金属、さらには銃器、手錠、足かせ等、活気づいた資本主義のつくり出したこのような品物が、労働需要をうみ、イギリスに莫大な利潤をもたらしたのである。

1 毛織物

産業革命期に綿織物工業が嵐のような発展を遂げるまでは、毛織物がイギリス・マニュファクチャーの目に入れても痛くない息子となっていた。一六八〇年以降一〇〇年間の奴隷貿易にかんし考察すべき問題は多々あるけれども、なかでもひときわ目につくのがこの毛織物である。奴隷船の積荷に、なんらかの毛織物製品——サージ、セイズ、パーペチュアノス、アレンゴーズ、ベイズ等がなければ、画竜点睛を欠くものだった。反物が、製造された土地の名で呼ばれることもあった。ブライドウォーターと呼ばれる毛織物は、植民地市場においてブライドウォーターの利害を代表していた。ウェールズ平織と呼ばれたものは、もっともかんたんな織り方の毛織物で、ウェールズとイングランド西部でつくられていた。

一六九五年、議会の一委員会は、アフリカ貿易が毛織物製造業を推進するものであると述べたが、これは当時の世論を代弁するものだった。[80] 奴隷貿易の重要性を立証しようとしてさまざまな見解が披瀝されたが、この貿易の助長したものとして毛織物輸出をまず第一に挙げる点では一致していた。アフリカ貿易が公共の役にもたち、利益にもなるゆえんを説いた一六八〇年の一小冊子は、こう始まっている。「従来多くオランダより輸入せる毛織物ならびにその他製品の大量輸出……これにより国産毛織物の消費は従前に比し大幅に増大し、多数貧民の雇用さるるをみる」[81]。王立アフリカ会社も、同じく一六九六年の一請願書のなかで、国産の毛織物ならびにその他工業製品の輸出を促進するがゆえに、イギリスは奴隷貿易を保護してしかるべきである、と申し立てた[82]。

王国の毛織物製造業者は、王立アフリカ会社と非独占貿易商がえんえんと行なった激烈な論争において、一段と重要な役割を演じた。王立アフリカ会社へ製品を供給していた業者は、もぐりの貿易商を貿易を攪乱阻害する元兇となし、同社の独占権に改変を加えるならば貿易の衰微を招くであろう、と主張した。一六九四年、ウィットニーの織元は、議会にたいし同社独占権への特別の配慮を請願した。シュリューズベリーの機屋も、一六九六年、これにならった。さらにキッダーミンスターの織布工も、同年二回にわたり請願を行なった。一七〇九年にはエクセターの織布工とロンドンの毛織物小売商が、一七一三年には毛織物製造に関係をもつ小売商数名が、それぞれ同社のために運動した[83]。

それにたいし、自由貿易業者の側は、概して、毛織物の重要性を認めなかった。王立アフリカ会社が独占権を保持しているかぎり、「小売商は否応なく数量および価格、長さ、幅および重量にかんし制約を受ける」[84]。独占とは、一人の買手と一人の売手だけを意味した。あるひとは、税関を調査し、貿易が開放されているほうが毛織物の輸出は伸びることを立証した。一六九三年、二人のロンドン商人が証明したところによれば、独占のため毛織物輸出高はほぼ三分の一かた減少した。サフォークは、年間二万五〇〇〇反の毛織物を輸出していたが、王立アフリカ会社設立の二年後には、わずか五〇〇反に激減してしまった。[85] 一六九〇年、サフォークとエセックスの織元およびエクセターの製造業者は、同社の独占に反対する請願を行なった。エクセターは、ひきつづき一六九四年、一六九六年、一七〇九年、一七一〇年および一七一一年に自由貿易の請願を行なっている。王国の毛織物商は、一六九四年、独占権による制約のため、売上高が大幅に減少したと苦情を申したてた。独占に反対する同様の請願は、一七一〇年にはロンドンの毛織物貿易商およびプリマスの毛織物商により、一七一一年にはトットネスとアシュバートンの毛織物問屋、キッダーミンスターの毛織物製造業者、毛織物製造にも手を出していたマインヘッドの貿易商等により行なわれた。[86]

毛織物工業にたいする植民地市場の重要性を強調する議会請願もあった。一六九〇年、ジャマイカのプランターは王立アフリカ会社の独占に抗議し、それが貿易、なかんずく毛織物貿易を阻害するものであると述べた。一七〇四年、マンチェスターから提出された一請願書の明らかにしたところによれば、イギリスの毛織物はオランダ、ハンブルク、東洋に送られ、亜麻糸・亜麻布と交換されたが、それらの亜麻は加工された後、プランテーションに送られていた。一七〇九年にはリヴァプールの商人および貿易商が、一七一五年にも同市の商人および住民が、王立アフリカ会社の独占は毛織物工業にとって好ましくない、と強硬に主張した。一七三五年、北部工業地帯から提出された請願書は、ウェークフィールド、ハリファックス、バーンリー、コルネ、ケンドル等の諸都市がすべてアフリカおよび西インド諸島向け毛織物の製造に関心をもっていることを表明した[87]。

毛織物製品が熱帯市場においてこれほど特別な位置を占めたゆえんは、重商主義に拠るイギリスの周到な政策にあった。一七三二年には、ペンシルヴァニアだけで全砂糖島嶼よりも多くのイギリス製毛織物を消費しており、またニューヨークは、ジャマイカを除き、他のいかなる砂糖島嶼よりも多くのイギリス製毛織物を消費しているという大陸植民地擁護論が説かれた[88]。こうした寒冷地には毛織物製品が適していた。逆に、バルバドスのプランターは、手軽に洗濯のきく薄手のキャラコのほうを好んだ[89]。しかし、毛織物は、イギリスの主要商品だった。気候などは、重商主義者の頭には微妙にすぎる問題だったのである。今日の英領西インド諸島の社会事情に精通している人なら誰でも、いまなお生きている伝統の根強さを承知しているだろう。西インド諸島においては、今日でも、下着はウールが普通である。年長の世代では、特にそうである。また、紺サージの三つぞろいというのが、いまだに折り目正しい服装の目やすとされている。カリブ海の有色人中産階級は、植民地在住のイギリス人よろしく——アメリカ人はそんなことはないが——本国の流行を猿真似し、厚ぼったい生地を好んでいる。これは、熱帯地方では愚かしくも滑稽であり、着心地の悪いものだろう。

しかし、植民地市場においても、国内市場におけると同様、やがて綿織物が毛織物を凌駕した。一七七二年度の毛織物製品輸出総額四〇〇万ポンドのうち、西インド諸島向け輸出額とアフリカ向け輸出額の占める割合は、それぞれ三パーセントおよび四パーセントを下まわった。[90] 最上の取引先はヨーロッパとアメリカだった。毛織物工業は、一七八三年、綿織物工業の面目を一新させた技術革新を、緩慢ながらようやくとり入れはじめた。三角貿易と西インド諸島市場は、一七八三年以降の毛織物工業の発展にかんしては、もはやとりたてていうほどの意義をもっていない。

2 綿織物製造業

一八世紀マンチェスターにたいして奴隷購入用綿製品製造のもった意味は、あたかも一八世紀リヴァプールにたいして奴隷輸送用船舶建造のもった意味に相当した。綿の都《コットンポリス》の発展をうながす刺激は、まずアフリカ市場と西インド諸島市場からやってきた。マンチェスターの成長は、同市の海洋と国際市場への出口であるリヴァプールの成長と密接に関連していた。奴隷貿易によりリヴァプールの蓄積した資本は、その後背地《ヒンターランド》に流れこみ、マンチェスターの活動力を培った。マンチェスターのアフリカ向け商品は、リヴァプールの奴隷船に積みこまれてアフリカ海岸に運ばれた。ランカシャー州の海外市場といえば、主として西インド諸島のプランテーションおよびアフリカを意味した。一七三九年の輸出額は一万四〇〇〇ポンドだったが、一七五九年には、そのほぼ八倍に伸び、一七七九年には三〇万三〇〇〇ポンドに達した。一七七〇年までは、輸出の三分の一は奴隷海岸に、二分の一はアメリカおよび西インド諸島植民地に向けられていた[91]。このような三角貿易への極端な依存関係こそマンチェスターをして今日あらしめたものである。

奴隷海岸では、薄物の毛織物製品に人気があった。大柄のけばけばしい花模様などがついていれば、絹織物も喜ばれた。しかし、なんといっても人気の的は綿製品だった。アフリカ人は、すでに自家製の粗末な赤や白の綿布に慣れていたからである。「アナバース」と呼ばれた縞の腰巻きは、当初から奴隷船の積荷としてはばを利かせていた。イギリスでは禁止されていたインドの織物は、たちまち、アフリカ市場を独占した。ブロール、タプセル、ニカネー、カタネー、バックショー、ニリアス、サレムポアといった銘柄のインドの織物には高い値がついた。こうして、もう一つの強力な既得権勢力が奴隷貿易の分野に割りこんできたのである。マンチェスターは、東インド会社との競争に直面した。たとえば、てんじく木綿は東洋から輸出された低廉な綿製品だった。これは、のちにイギリスでもアフリカ市場向けの模倣品がつくられるようになったが、当時、イギリスの染色技術はたち遅れていたため、奴隷海岸で人気のある色の落ちない赤、緑、黄色などを染めつけることができなかった。マンチェスターがどうやっても、インド製綿布の色を模倣できないことははっきりしていた。フランスのノルマンディーにおける綿織物製造業者もまた同様に、東洋の染色法の奥儀を修得できなかったことは明らかである。

一八世紀前半の統計数字にはあまり信をおけないけれども、マンチェスターが木綿・リンネルの碁盤縞物の貿易では成功したことは確かである。一七三九年から一七四八年にわたりヨーロッパと植民地を戦雲がおおった。さらに、王立アフリカ会社の改組が一七五〇年までかかったという事情などもあって、アフリカとの綿織物貿易は不振に陥った。一七五〇年以降、それが回復に向かうと、インドから輸出される綿織物だけでは需要に応じきれなくなった。イギリスの製造業者は、この好機に乗じ、自家製品の販路拡張に懸命になった。一七五二年度にイギリスの輸出した木綿・リンネル碁盤縞物は、五万七〇〇〇ポンドだった。それが、一七六三年すなわち七年戦争終了の年には三〇万二〇〇〇ポンドと異常な好調を記録したが、一七六七年以降は一〇万ないし二〇万ポンドのあいだを上下するにとどまった。インドが、またもや手強い競争相手としての力を示したのである。

信頼のできる統計によっても、イギリスの碁盤縞綿布とインド製綿布の価値を比較評価することはできない。前者は価格で表わされ、後者は数量で表わされているからである。しかし、インドおよびイギリスの対アフリカ綿織物輸出が増大の一途をたどっているところから、アフリカ市場の重要性を読みとることはできるだろう。一七五一年度綿織物輸出総額は、二一万四六〇〇ポンドだった。一七六三年には、その二倍、一七七二年には四倍を超える伸びを示した。しかし、アメリカ革命の影響により、一七八〇年には一九万五九〇〇ポンドと後退した。奴隷市場およびプランテーション市場にたいする独立戦争の影響は即座にあらわれた。一七八〇年までには、はやくも碁盤縞物は綿織物工業における重要な地位を失ってしまった。しかし、それをたんに独立戦争の影響にのみ帰するわけにはいかない。マンチェスターがアフリカ市場で歓迎されたのは、ただインド製綿布が品薄あるいは高値である場合にかぎられていた。プランテーション市場でものをいうのは安価ということだった。ところが、一七八〇年まで原綿の価格は騰貴しつづけていたのである。新技術の導入により、供給が需要に追いつかなかったからである。[92]

枢密院に報告された数字をひいて示せば、一七八八年、マンチェスターはアフリカに年間二〇万ポンドにのぼる商品を輸出した。うち一八万ポンドは黒人専用品だった。右の商品の製造に要した投資額は三〇万ポンド、雇用した男女の労働者・子供は一八万人だった。[93]フランスの製造業者は、マンチェスターで生産されるこれらの特製品、いわゆるギニア綿布の品質と安い価格に強い印象を受け、人を派遣して詳細な調査を行なわせるとともに、マンチェスターの製造業者にたいし、イギリスが奴隷貿易を廃止するならば、ルーアンに工場を設立するためのあらゆる便宜を提供するとの公然たる申し入れを行なった。[94]同年、そのほかにも、マンチェスターは西インド市場に年間三〇万ポンドを超える製品を供給した。これによってもまた多数の労働者が雇用された。[95]

マンチェスターの綿織物製造業者と奴隷貿易商とのあいだには、さきにリヴァプールの造船業者について指摘したような密接な関係はなかった。しかし、例外が二つある。ランカシャーの著名な綿織物製造業者ウィリアム・フェイザッカリ卿とサミュエル・タチェットは、両人ともアフリカ貿易商会社の社員だった。フェイザッカリは、ロンドンのファスチアン織物問屋であったが、一七二六年には、アフリカ会社に反対するブリストルおよびリヴァプールの非独占貿易商の主張を代弁した。[96] タチェットは、マンチェスターのある大きな碁盤縞綿布製造会社の社員であったが、一七五三年から一七五六年のあいだ、同社役員会でリヴァプールを代表していた。タチェットは、一七五八年にセネガルを占領した遠征軍の兵站《へいたん》補給に関係し、糧秣《りょうまつ》契約の認可を得るために奔走した。タチェットは、綿織物工業の革新を狙ったポールの紡糸機――それは失敗に終わったが――の後援者の一人となったり、原綿輸入の独占をはかって世の非難を浴びたり、さまざまな事業に関係した。兄弟と提携し、約二〇隻の船舶をもって西インド諸島貿易をも行なっている。タチェットは莫大な財産を残して死んだ。その死亡記事にはこう記されている。「傑出せる才腕、非の打ちどころなき誠実、あまねき博愛心、人類への貢献により隠れもなきマンチェスター商人・製造業者の雄」。この男については、なお近代の二人の作家が次のような記述を残してくれた。「イカルスのごとくいや高く天翔《あまがけ》った」この人物は、「マンチェスター実業界の生みだした最初のすぐれた財政家」として頭角を現わしたが、「製造業と同時に同市および海外における大規模な金融上商業上の投機にも関係したマンチェスター人としては、最初の代表的人物であることは言うまでもない」[97]。

タチェットの経歴の意味するところを補足する事例はまだある。リヴァプールのアフリカ人奴隷商ロバート・ディッグルズは、マンチェスターのリンネル生地商の息子だった。ロバートの兄弟もリンネル生地商だった。一七四七年にはあるマンチェスター人が二人のリヴァプール人と共同出資してジャマイカに赴いた。マンチェスターの一流商会ヒバートは、ジャマイカに砂糖プランテーションを経営し、ひところは、王立アフリカ会社に奴隷貿易用の碁盤縞綿布とインド綿織物の模造品を提供していた。[98]

マンチェスターは、植民地貿易から二重の刺激を受けた。マンチェスターは奴隷海岸およびプランテーションのもとめる商品を供給すると同時に、原料の供給をそこから仰いでいた。西インド諸島におけるマンチェスターの利害は、二重にからみあっていた。一七・一八世紀を通じ、イギリスに輸入された原料は、主として西インド諸島およびレバントからくるものだった。一八世紀には、奴隷海岸でマンチェスターの強敵としての力を示し、イギリス市場まで席巻する勢いをみせたさしものインド製品も、イギリスにかんするかぎり、禁止的関税を賦課されたため完全に敗退した。一九世紀および二〇世紀を通じ、ランカシャーは綿花の原産地をその主要な市場としたが、その発端はまさしくこの点にもとめられよう。一八世紀に、マンチェスターは国内市場の独占権を法令により保障されていた。そこで、民間のインド貿易商は、ランカシャーの工場向け原綿を輸入しはじめた。西インド諸島の競争者があらわれたのである。後にブラジルがそれに続いた。ブラジルの綿花は、他の品種よりきわめて良質であることが一七八三年までには定評となっていた。

しかし、一八世紀初期には、イギリスは輸入原綿の三分の二ないし四分の三を西インド諸島に依存していた。にもかかわらず、西インド諸島のプランターの目には、綿花は結局のところ第二義的な意味しかもたなかった。全体としてはいかに多くのプランターが、インドあるいはアフリカまたはブラジル等における綿花栽培を嫉視《しっし》しようと、綿花はついに副次的位置にとどめられたのである。一七六三年、西インド諸島勢力は、グアドループの保有に反対して、砂糖という観点から論議をすすめた。同じころ、同島保持の目的はイギリスへ輸出される同島産綿花にあると、意味深長に指摘したパンフレットもあるにはあった。しかし、イギリスのグアドループ原綿の消費量は僅少だった。[99] 西インド諸島の主張が勝ちをしめた。一六七四年度のイギリスの原綿輸入額は約四〇〇万ポンドであり、西インド諸島は、その二分の一を供給した。イギリスの一七八〇年度輸入額は六五〇万ポンドを超えたが、西インド諸島はその三分の二を供給した。[100]

それゆえ、西インド諸島は一七八三年にもなお綿花貿易において優位をしめていたのである。しかし、新時代はすでに明けそめていた。やがて、全世界に衣料を供給することになるはずのこの工業の驚異的な発展に応えて、カリブ海の粟粒のような二、三の島々が必要な原料をまかなうなどということは分にすぎた望みだった。カリブ海諸島の綿花は、長繊維の海島綿種であって、種子と繊維を手で容易にえりわけることができたが、栽培地域が限られており、したがって生産費が高くついた。綿繰機の出現により綿繰作業が能率化されるにともない、短繊維種の綿花の栽培が可能となったが、それと同時に綿花栽培の中心は島嶼から大陸に移行した。それは、イギリスの新生産設備がもたらした巨大な需要に応えるためだった。一七八四年、リヴァプール税関当局は、アメリカ産綿花の船荷を没収した。真正のアメリカ合衆国産綿花でないかぎり、アメリカ船により合法的にイギリスに輸送することはできない、というのがその理由だった。

事態の成りゆきのもう一つの重要な側面と結びつけて考えれば、それは、西インド諸島にとって不吉な前兆だった。そして事実、そうなったのである。アメリカ革命の時期に、マンチェスターのヨーロッパ向け綿織物輸出高は、ほぼ三倍に伸びた。[101] アメリカ革命それ自体も、マンチェスターにとってもう一つの重要な市場、すなわち独立国家アメリカ合衆国を創りだした。綿繰機の出現と、それはあたかも符節を合わせていた。それゆえ、輸入市場としても、輸出市場としても、綿花の世界市場が形成されつつあったのである。晴れやかなカリブ海の空には、かすかな、しかし不吉な暗雲が現われた。西インド諸島には冷やかな風が立ちはじめた。それは来たるべき政治的ハリケーンの前駆だった。西インド諸島によく訪れるこの天の配剤にかんするエドマンド・バークの記述とは違い、このハリケーンは砂糖プランターの悪徳を矯正はしないにせよ、その高慢の鼻をへし折ることになるだろう。

3 製糖

植民地産原料を処理加工すること、ここから、イギリスに新しい工業が勃興した。また海運関係の雇用は増加し、世界市場および国際貿易も拡大した。これらの原料のなかでも砂糖は卓越した地位を占めており、製糖工業の成立をみるにいたった。プランテーションで生産された茶色の粗糖は精製工程を経て白糖となる。白糖は耐久性があり、保存が利くため、扱いやすく、世界のどこにでも容易に供給することができた。

イギリスにおける製糖にかんする文献としては、一六一五年の枢密院令がもっともふるいものである。それは、外国人が製糖工場を建設しまたは製糖業に従事することを禁止するものだった。[102] 製糖工業の重要性は、プランテーションにおける生産に比例して、また、砂糖が紅茶・コーヒーの普及とともに王侯の奢侈《しゃし》品ではなく生活必需品となるにつれて、増大した。

一八世紀中葉のイギリスには一二〇の製糖工場があった。各製糖工場は、平均九名内外を雇用していたと推定される。さらに、精製糖の出荷販売にかんし、二次的に多数の取引関係を生じ、外国および内国貿易のための船舶・車輛が必要となった。[103]

ブリストルの製糖工業は、王国におけるもっとも重要なものの一つだった。一六五四年である。[104]日記作家イーヴリンがはじめてブリストルの棒砂糖の製造工程を目にしたのは、一六五四年である。[104]ブリストル年史中には、砂糖が同市を訪問した貴顕にたいする贈物に使われた例が頻出している。そうした貴顕のなかにはオリヴァー・クロムウェルの息子リチャードやチャールズ二世の名もある。チャールズ二世は、その返礼として同市の四名の商人をナイトに叙した。[105]

一七九九年、ブリストルには二〇の製糖工場があり、市の規模・人口にたいする製糖業の比重はロンドンより大きかった。ブリストルの精製糖の品質については定評があった。また、燃料としての石炭の供給源に近接していたため、ロンドンよりも生産費が安かった。しかし、地理的関係から、アイルランド、南ウェールズおよびイングランド西部に市場を限定されていた。[106]製糖業は、長いあいだブリストルの主要産業の一つとなっていた。ブリストル市の製糖業者は一七八九年、議会にたいし奴隷貿易の廃止に反対する請願書を提出した。奴隷貿易にこそ「西インド諸島の福利と繁栄が、いまだ現実には到達していないにしても、かかっているのであります」[107]。一八一一年、同市の製糖所は一六を数えた。同市と製糖業との縁が切れたのは、ようやく一九世紀も末になってからである。バナナが砂糖にとってかわったのである。[108]

ブリストル市でもっとも声望のある市民が何人も製糖業に関係していた。ロバート・オルドワースは、一七世紀の市参事会員だったが、製糖業に直接関係をもち、船舶の増加に対処するため荷役用埠頭施設を二カ所に建設した商人でもあった。[109]ウィリアム・マイルズは、一八世紀の著名な製糖業者だった。この男の経歴は、この種のものの典型である。マイルズは一ペンス半をふところにブリストルにやってきた。荷運び人足としてはたらき、ついである船大工の下で徒弟奉公をし、一五ポンドを貯え、商船乗組みの船大工としてジャマイカに渡った。一樽か二樽の砂糖を仕入れ、それをブリストルで売って濡れ手で粟のぼろ儲けをした。それから、ジャマイカで需要の多い商品を買い集めるのにその儲けをつぎこんだ。このようにして次々に資本をまわしていったのである。マイルズは、たちまち大金持ちとなり、ブリストルに居を定めて製糖業をはじめた。これが西インド諸島貿易で巨富をつんだ最大の富豪の立身出世物語である。マイルズは共同経営者にした息子を貴族出身の牧師の娘と結婚させるため一〇万ポンドの小切手をぽんと切ってやった。金が唸っていたのである。マイルズは市参事会員となり、富と栄誉に包まれて死んだ。息子は、ひきつづき西インド諸島貿易商として、主に砂糖と奴隷の取引にあたったが、一八四八年、一〇〇万ポンドを超えると評価される資産を残して死んだ。[110]一八三三年、かれはトリニダードおよびジャマイカに所有する奴隷六六三人の補償金として、一万七八五〇ポンドを受け取った。[111]

グラスゴーはタバコ産業にしばしば関係したけれども、それは、事実の一面にすぎない。

一八世紀における同市の繁栄は、少なくとも同程度、製糖業に負うていた。製糖は、一七世紀後半に端を発している。ウェスター製糖所は一六六七年に設立された。ひきつづき一六六九年にはイースター製糖所がつくられ、きびすを接するようにサウス製糖所その他が建設された。一七〇一年にもなお製糖所が建設された。しかし一七〇七年まで、植民地と直接の貿易関係を結ぶことは違法とされていたため、グラスゴーはそのくびきに苦しんだ。グラスゴーの製糖業者は、原料の供給をブリストルに仰ぐほかなかった。しかし、合同法により、また、ある幸運な出来事が重なったこともあって、不満の種であったこのような事情も改善された。旧家の出であるウィリアム・マクドウォール大佐とジェームズ・ミリケン少佐という二人のスコットランド人士官が、セント・キッツ島に駐屯しているあいだに、トヴィーという未亡人とその娘に求婚し、結婚したのである。二人の女は、いくつもの大砂糖プランテーションを相続・所有していた。こうして失われた輪は発見された。二人の女子相続人とその夫達の到着は、グラスゴーが西インド諸島産糖の通関港として一流の地位にのし上がったことを意味した。このおめでたのあった年に、製糖所が一つ設立されている。[112]

製糖所はそのほとんどが首都とその郊外に集中していた。その数は、ブリストルの二〇にたいして八〇を数えた。一七七四年、リヴァプールには八つの製糖所があった。そのうちのブランカーズ製糖所は、奴隷貿易にも手を出していた会社であるが、王国を通じ最大

規模のものだった。マンチェスター、チェスター、ランカシャー、ホワイトヘヴン、ニュ[113]

ーカッスル、ハル、サウサンプトン、ウォーリントン等の諸都市にも製糖所があった。なぜ、原料糖の精製を、その生産地すなわちプランテーションで行なわないのか、という疑問が当然、出てくるだろう。熱帯地方における農業生産ならびに温帯地方における工業生産というこの分業は、今日までひきつづき行なわれている。そのそもそもの原因は、熟練労働とか天然資源の存在などという事情にあるのではない。それは、本国の周到な政策の結果なのである。西インド諸島における製糖の禁止は、アメリカ大陸における製鉄および織物製造の禁止に見合うものだった。製糖は、イギリスで行なうべきか？　それともプランテーションで行なうべきか？　トマス・クリフォード卿は、一六七一年、このような問題を提起し、自らそれに答えていった。「黒奴を積みに五隻の船が行くとする。プランテーションで製糖を行なうようになれば、二隻も行く必要があるかどうか。そうなれば、海運は崩壊し、海運につながるすべてのものが崩壊する。イギリスが、この強みを失うなら、万事休すだ」。この故に、イギリスに輸入される精製糖には高い関税が賦課された。それは、粗糖にたいする関税の四倍にものぼった。この政策により、イギリスは、粗糖用の樽を大量に要求され、石炭および食糧の消費は増大し、国民所得は伸張した。[114] ダヴェナントが、植民地における製糖の認可を訴えたけれども、馬の耳に念仏だった。[115] フランスにおいても同様な争いが起こり、重商主義陣営の同様な勝利に終わったことは、意味深い。コルベールは、仏領西インド諸島における製糖業を認めており、同諸島からの輸入糖については、粗糖、精製糖をとわず同額の関税が賦課されていた。しかし、一六八二年、精製糖にたいする関税は二倍にひき上げられた。その二年後には、同諸島に新規に製糖所を建設することは禁止され、違反者は三〇〇〇リーヴルの罰金を科せられた。一六九八年の勅令は、はるかに思いきったものだった。西インド諸島から輸入される粗糖については関税を一ハンドレッドウェイトにつき四リーヴルから三リーヴルにひき下げると同時に、精製糖については、同じく八リーヴルから二二リーヴル半にひき上げたのである。外国領の西インド諸島から輸入される精製糖についても同額の関税が賦課された。「フランス本国の製糖業者にたいするこの保護政策は、植民地在住の同国人を容赦なく切り捨てるものであって、こうした本質はいまや誰の目にも明らかである」[116]。

イギリスの製糖関係者も、このような立法措置に鼓舞激励された。製糖関係者は、粗糖の供給元であるプランテーション関係者と必ずしも見解を同じくしていたわけではなかった。重商主義体制においては、砂糖プランターは本国市場の独占権をもっており、外国からの輸入は禁止されていた。それゆえ、プランターは高価格維持のための生産制限を方針とした。本国市場における法定独占権は、かれらの手中にする強力な武器だった。プランターはこの武器を無慈悲に行使し、イギリスの全住民を犠牲にしてかえりみなかった。フランス、スペイン、ポルトガルの諸植民地における砂糖生産が伸びるにつれて、当然、砂糖の国際価格は下落の一途をたどったのであるが、そうした趨勢に抗して、イギリスのプランターは本国市場における独占価格の維持に狂奔した。

プランターの友は、かれらの犯しつつある「取り返しのつかぬ拙劣かつ致命的な失策」について警告した。というのは「イギリスのプランテーションが砂糖その他を豊富かつ安価に供給しえないならば、あるいはその意志を欠くならば、フランス、オランダ、ポルトガルのプランテーションがそれをなしうるし、またその意志をもつであろう」[117]からである。一七三〇年当時には、「法の障壁を撤廃し、フランス産糖といえども躊躇なく導入し、少なくとも隣国と同程度に低廉なる価格の採用を余儀なくせしめる」[118]ことを政府にせまる言論人にこと欠かなかった。一七三九年、ジャマイカは、本国に援助を求めた。枢密院通商植民委員会は、誤解の余地のない明確な警告を発した。ジャマイカの耕地面積は、リーワード列島全体の合計面積の二倍であった。しかし、リーワード列島の輸出高はジャマイカを上まわっていた。「この事実よりすれば、貴島耕地の半分は、現在、未耕の状態にあるのわずかに半ばを得ているにすぎない」[119]。従って、イギリスは、貴植民地が有効に利用されている場合に得べき利益と推定される。

プランターは、たいていの場合、聞きいれようとはしなかった。一八世紀においては、かれらは、聞きいれる必要がなかったのである。ロンドン、ウェストミンスター、サザーク、ブリストルの製糖業者は、一七五三年、プランターの利己主義およびイギリス産糖の高価格をもたらしている「最も堪え得られぬ種類の関税」に抗議し、議会に陳情した。製糖業者は、作付面積をひろげ、粗糖を増産することが砂糖プランターの利益となるような措置を講ずるよう議会にせまった。とはいえ、かれらは慎重であって、「数量、富または社会的影響力等について砂糖植民地の住民と張り合う」つもりはなかった。議会は、白人のジャマイカ入植奨励決議を採択し、それにより争点をはぐらかしてしまった。[120]

アメリカ革命期にも生産者と加工業者との対立が深刻になった。砂糖輸入高は、一七七四年から一七八〇年のあいだに三分の一減少した。価格は騰貴した。苦境に追いこまれた製糖業者は、救済策として砂糖奨励金の認可を議会に請願した。この問題にかんし議会の設置した委員会におけるさまざまな証言をたどれば、製糖業者とプランターとの利害の対立が奈辺にあるかが理解される。高価格はプランターを利した。他方、製糖業者は供給量の増大をのぞんだ。しかし、プランターの側はそれをのぞまなかったし、事実上そうすることはできなかった。プランターの側がその気にならないのなら、いやでもその気になるような措置を講ずればよい。ブリストルの製糖業者は「増利法」案を提唱した。同法は「作付面積の拡張による生産の増大ならびにイギリスへの砂糖輸出高の伸長をはかることが英領砂糖植民地の利益となるべく定められるものであり、これにより、植民地は、本国およびその貿易・海運ならびに収入に多大の貢献をなす」ことが期待された。[121]プランターの側が不可能というのであれば、いずれの方面からか——たとえば仏領植民地から——買い付ければよい。「かりに私が製糖業を営んでいるとすれば」とある食品卸売商は証言している、「どこよりもサント・ドミンゴの砂糖を買い付けたいと思います」[122]。砂糖プランターの足下には不気味な亀裂が走りはじめていた。しかし、プランターは、昂然《こうぜん》と頭を上げ、重商主義者から学んだ教訓を反芻しながら我が道を進んだ。プランターは、その教訓を賢明には学ばなかったけれども、十二分にのみこんではいたのである。

4 ラム酒の蒸留

また別の植民地産原料から、イギリスにまた別の工業が生まれた。砂糖の副産物として重要なものに、糖蜜がある。ラム酒はこの糖蜜から蒸留される。しかしラム酒は、イギリス工業にたいする貢献の程度からいえば、木綿ほど重要ではないし、砂糖の足下にも及ばなかった。その一因としては、ラム酒は西インド諸島から完成品として直接輸入される場合が多かったことがあげられよう。同諸島からの輸入は、一七二一年に五万八〇〇〇ガロンであったが、一七三〇年には三二万ガロンに伸びた。一七六三年度の輸入高は、一二五万ガロンに達した。その後も堅実な伸びを示し、一七六五年から一七七九年のあいだに二〇〇万ガロンを超えた[123]。

ラム酒は、漁業および毛皮貿易に欠くことができなかった。海軍用飲料としても必需品だった。しかし三角貿易には、それにもまして直接に結びついていた。ラム酒は、奴隷船の積荷として重要な位置を占めていた。植民地アメリカの奴隷船においては、特にそうだった。ラム酒を船荷に加えないですませられるような奴隷商は、ただの一人もいなかった。奴隷海岸に酒への嗜好をひろくゆきわたらせること、それは儲けになることだった。黒人の仲買人を酒攻めにし、正気を失うまで飲ます。そこで買いたたくという寸法だった。[124]ある奴隷仲買人は、かり集めた奴隷を売った代金で鞄をいっぱいにしたが、奴隷船の船長から食事に招待され、愚かにもそれにのってしまった。かれは酒攻めにされ、翌朝目覚めてみたら、金は行方不明、あまつさえ衣服まではぎとられて焼印をおされ、自分がたたき売った連中といっしょに奴隷にされているのに気がついた。してやったりと水夫たちはご満悦だった。[125]一七六五年、リヴァプールに二つの蒸留酒製造所が設立されたが、それはアフリカ行き奴隷船に製品を供給することを特に目的とするものだった。[126]糖蜜からは、ラム酒のほか、フランスから輸入されていた下等なワインとブランデーをつくることができたが、重商主義者にとっては、これも負けず劣らず重要だった。蒸留酒製造業者は、ブリストルが砂糖プランテーションにたいしてもっていた利害の重要な証人である。かれらは、フランス産ブランデーの輸入に反対して自己の利益を守るべく、議会に多くの泣き言を申し立てた。バークレイ主教が重商主義者そのものの口吻《こうふん》で、「酩酊が必要悪であるかどうかはともかくとして、自国の発展に酔いしれるのはよいことではあるまいか?」と、ずばり言い放ったとき、かれは世間一般の気持を代弁したのである。

一八世紀のイギリスは、アルコール中毒で知られていた。よく飲まれたのはジンであり、ホーガースの『飲屋横丁《ジン・レイン》』で永遠に伝えられることになった。サザークのとあるジン酒店の古典的な広告には、こう書いてあった。「一ペニーにて微醺《びくん》を帯び、二ペンスにて酔歩《すいほ》蹣跚《まんさん》たり。酔臥には清潔なる藁あり。ただし無料」。ジンとラム酒は、たがいにしのぎを削った。

西インド諸島のプランターは、その製造するラム酒がその他の全生産物の価値の四分の一に相当する、と主張した。それゆえ、ラム酒の販売を禁止すれば、プランターは破産し、国民は外国産の代用品に頼らざるをえない。アルコール飲料の過度の飲用により生ずる弊害のみを禁圧するにとどめるならば、砂糖貿易の崩壊をもたらすおそれはないだろう。[127]これが、プランターの表明した希望だった。プランターが見抜いていたように、問題は、飲むべきか否かではなく、なにを飲むか、という点にあった。ある無名の論者の説によれば、ジンの「人体に有害なること」、ラム酒の比ではない。「ジンはあまりに強烈かつ苦きにすぎ、はなはだしき興奮を惹起せしめるが故に、飲用に不適である――しかし……ラム酒は、きわめて口当りよく、芳香あり、かつ穏やかに発するもの故、適度に加減し、正しく飲用するかぎり、慰安ならびに食事のいずれにもひとしくはなはだ有用となりうるであろう」[128]。バルバドス人がいみじくも「鬼殺し《キル・デヴル》」とあだ名していた酒についての記述としては、これは、はなはだ奇怪な言辞である。

西インド諸島産ラム酒貿易は、英国民の健康と道徳を破壊するという歴然たる大悪に目をつぶってすませられるほど重要なものではない[129]。このような反論がプランターにたいしてなされた。そのほかにもさまざまな思惑がからんでいたと思われる。ラム酒は、麦からつくられた酒とも競合した。それゆえ、西インド諸島勢力は、イギリスの農業勢力とも対立していた。砂糖プランターは、麦から蒸留酒をつくるならば、パン価格の騰貴をもたらすであろう、と非難した。貧乏なパンの消費者にたいするこのような懸念の表明は、貧乏人の金を砂糖のほうに使わせようという搾取者の側からのものではあったが、反響を呼んだ。それは、労働者階級に安いパンあるいは安い賃金をという問題をめぐるイギリスの農民と工業家との争いと同断であり、それほど重要ではなかったけれども、一〇〇年もそれにさきがけたものだった。「糖蜜」は西インド諸島の砂糖プランターとイギリスの地主との関係を悪化させた。また、プランターと大陸植民者との関係を悪化させた。西インド諸島勢力は、イギリスに穀物不足が生じたときには必ず、ラム酒に代えるよう、ぬけめなく勧告した。穀物不足、とかれらはいうのだが、その実、それは、砂糖の供給過剰が生じたときにかぎられていた。「善良なる紳士諸君!」と、一八〇七年、大麦生産州側の匿名の闘士は書いている[130]。「かれらは、甘い汁をむさぼらんがため、おためごかしの屁理屈をこねております」。一八三一年、マイケル・サドラーは、「健全なる飲料を、くだんのものからつくろうとすればつくれたであろう。しかし、イギリス国民はそれを望まなかったのである」[131]という意見に反対した。

しかしながら、西インド諸島の蒸留酒製造業者にとって、真の敵はイギリスの農民ではなく、ニュー・イングランドの蒸留酒製造業者だった。ニュー・イングランドの貿易商は、西インド諸島産ラム酒の買付けを拒否し、糖蜜を買った。それを用いて、みずから蒸留し、製品をニューファウンドランド、インディアン諸部族、なかんずくアフリカに送ったのである。奴隷海岸におけるラム酒の取引は、事実上、ニュー・イングランドの独占するところとなった。一七七〇年、ニュー・イングランドのアフリカ向けラム酒の輸出高は、同年度における植民地の総輸出高の五分の四を上まわった[132]。さらに、もう一つ重要な既得権勢力があって三角貿易から甘い汁を吸いあげていた。そこにもまた、将来の紛争の種がひそんでいたのである。仏領西インド諸島の糖蜜は、英領西インド諸島の糖蜜よりも安価だった。仏領における蒸留酒製造は、本国のブランデーと競争することを禁止されていたからである。仏領プランターは、生産した糖蜜を馬に喰わせるよりも、大陸の諸植民地に輸出するほうをよしとした。そこで大陸植民地は、仏領プランターに頼ることにした。こうして、糖蜜は大陸・外国領砂糖植民地間貿易における花形品目の一つとなった。その後の成行きに示されたように、それは、英領砂糖プランターにたいし、広範囲にわたるさまざまな影響を及ぼしたのである。

5　安ぴかもの

奴隷取引用船荷は、「安ぴかもの《バコティル》」すなわち、見てくれだけ立派な雑貨類がなければ画竜点睛を欠くものだった。安ぴかものは、鮮かな色を好むアフリカ人の心をそそった。そのために、アフリカ人は同胞を売りとばし、一九世紀も後半になると、土地を手離し、採鉱権を譲りわたすようになるのである。奴隷海岸では、ガラス製品やビーズ玉にたいする需要がたえなかった。プランテーションでは、びん類がひっぱりだこだった。こうした物品は、ほとんどがブリストルで製造された[133]。ある奴隷仲買人は、さんごの数珠玉一三個、琥珀の数珠を半さし、銀鈴二八個、腕輪三組を妻妾に贈った返礼として、王から立派な黒人一名を受け取った。このような気前のよさにたいする感謝のしるしとして、仲買人はさらに王の寵姫に数連のガラス製ビーズ玉、真紅の毛織物四オンスほどを贈物とした[134]。これらの品目は、個々についてみれば、とりたてていうほどの価値をもたなかったが、全体としてみれば、きわめて重要な商売だった。それらは、奴隷取引部門において特に欠くことのできないものであったから、「安ぴかもの《バコティル》」という言葉は、今日の西インド諸島においてもなお、貴重なものの代償として与えられる安っぽく、けばけばしいかものを指す意味でふつうに用いられている。

6　冶金工業

奴隷貿易には、毛織物および綿織物製品などにくらべれば身の毛もよだつような、しかし有用なことにかけては勝るとも劣らない商品が必要だった。奴隷船内に黒人を安全に固定し、反乱と自殺を防止するため、足かせ、鎖、南京錠が必要とされた。識別のため奴隷には焼印を押したのであるが、それには赤熱した鉄の印が必要だった。アフリカ、東インドまたは西インド諸島向け船舶はすべて法律の規定により、「積載ビールの四分の三を、鉄で巻いた樽、すなわち十分に鍛造した良質の鉄のたがをもって締めた樽に収蔵しなければならなかった」[135]。棒鉄は、アフリカ沿岸一帯における交易の手段であり、棒銅四本に相当した[136]。棒鉄は、一六七九年、スワロー丸の積載貨物総額のほぼ四分の三、一六九〇年、メアリー丸の積載貨物総額のほぼ四分の一、一七三三年、ある奴隷取引用船荷のほぼ五分の一を占めていた[137]。一六八二年、王立アフリカ会社は、年間約一万本の鉄の棒を輸出した[138]。製鉄業者もまた、アフリカに有利な市場を見出したのである。

銃器も、常にアフリカ向け船荷の一部をなしていた。マンチェスターが綿織物貿易の中心となったように、バーミンガムは銃器貿易の中心地となった。銃器貿易をめぐるバーミンガムとロンドンとの確執も、奴隷貿易一般についてすでにみたように、独占か自由貿易かをめぐる首都と地方の諸海港都市との争いの一側面にほかならなかった。一七〇九年および一七一〇年に、ロンドンの銃器製造業者は、王立アフリカ会社の独占を支持する請願を行なった。バーミンガムの銃器製造業者と製鉄業者は、アフリカ会社およびロンドンの連合勢力に反対して圧力をかけ、影響力を行使した。一七〇八年、一七〇九年、一七一一年の三度にわたり、バーミンガムの業者は、一六九八年に修正された同社独占権の更新に抗議する請願を行なった。[139]修正当時にくらべれば、バーミンガムの貿易は伸張しており、独占権の更新は大きな脅威と感じられたのである。同社の独占権が更新されれば、バーミンガムの製品は「一人の買手、または他者をすべて排除するなんらかの独占商社[140]」の意のままにされる恐れがあった。

一九世紀においては、バーミンガム製銃器はアフリカ産ヤシ油と交換された。しかし、一八世紀においては、もっと悪辣な取引がみられた。一八世紀のバーミンガム製銃器は、人間と交換された。黒人一人の値段はバーミンガム銃一丁と言い慣わされていたくらいである。アフリカ・マスケット銃はバーミンガムの重要な輸出品であり、年間の輸出は一〇万ないし一五万丁に及んだ。バーミンガムの銃器製造業者にとって、アフリカは、イギリス政府および東インド会社と並ぶ最大のおとくいだった。[141]

プランテーションにおける需要もまた、無視できなかった。一七世紀後半に、ダービシャーの製鉄業者シットウェルは、従来の品目のほかに砂糖乾燥器および砂糖キビ粉砕機を製造し、バルバドスへ輸出した。バーミンガムもまた、プランテーションに関心を示した。[142]鍛鉄、釘等がプランテーションに輸出された。それらの輸出高は、砂糖貿易の好不調に応じて変動している。一七三七年、ある製鉄業者がのべたように、「若干の砂糖島嶼の景気が悪化すれば……鉄鋼貿易もいささか逆調になる。というのは、砂糖島嶼における鉄製品の消費量は、多少とも、砂糖貿易の好不調の波に支配されるからである」[143]。バーミンガムのある往時の歴史家は、同市と植民地体制との利害関係について、一幅の絵画を描き残してくれた。「インドには斧、北アメリカの原住民にはまさかり、キューバおよびブラジルには憐むべき奴隷のための鎖、手錠、それに鉄製の首輪……アメリカの原生林においては、バーミンガム製の斧が亭々たる老樹を伐り倒す。オーストラリアにおいては、牛の群れつどう牧場にバーミンガム製の鈴の音が鳴りひびく。東西両インドにおいては、バーミンガム製の鍬でもって砂糖キビ畑の手入れをする」[144]。

鉄とともに、しんちゅう、銅、鉛も扱われた。しんちゅう製の鍋・やかん等のアフリカ向け輸出は、一六六〇年以前にも行なわれていたが、発展をみたのは一六九八年以降、貿易が自由化されてからのことである。それ以後、バーミンガムは大量の刃物類、しんちゅう製品を輸出するようになった。一八世紀を通じ、イギリス製品は、外国製品と植民地市場を争い、一歩もひけをとらなかった。一七一九年、スタッフォードシャー北部に設立されたチードル会社は、たちまち、イギリスにおけるしんちゅう・銅関係の一流企業に躍進した。同社は営業の範囲をひろげ、アフリカ貿易用品目として、しんちゅう線、「ギニア・ロッド」および「マネロー」（アフリカの諸部族が身につけた金属製の輪）を取り扱った。

同社の資本は、一七三四年から一七八〇年改組されるまでに一一倍に膨張した。「零細企業として出発した……同社は、一八世紀におけるしんちゅう・銅会社としては、唯一の重要なとはいえないにせよ、もっとも重要な企業の一つとなったのである」。アフリカ行き船舶は、例によって例のごとく、人気商品や「マネロー」を船倉に満載し、船室には宣教師たちをつめこんで出航するのだった——「それは、物質的商品と非物質的商品の競争というまことに含蓄に富むみものであった」[145]。ブリストルのバプチスト製作所は、しんちゅうを量産した。量産されたしんちゅうは、あるいは針金にひきのばされ、あるいはさまざまな「台所用品」に打ち出されてアフリカ貿易に流れこんだ[146]。ハリウェル工場ではリヴァプール船舶の被覆用銅板を生産するかたわら、西インド諸島の砂糖商、東インドの茶商のためのしんちゅう製鍋もの、およびアフリカ貿易専用のけばけばしい安物しんちゅう製品各種を製作していた[147]。しんちゅう製鍋・やかん類は、アフリカとプランテーションに輸出された。試みにある目録をみると、冒頭に「しんちゅう製鍋もの」と記されているのにつづき、「同上大型、人体をいれて洗うに足る」[148]という記載がある。これらの「浴用容器」は、現在ではブリキ製にかわっているが、いまなお西インド諸島では日常生活の景物としてふつうに見られるものである。

造船上の必要に発した刺激は、遠く重工業にまで及んだ。鉄鎖および錨《いかり》の鋳造工場は、造船業の傘下にあり、多くリヴァプールに所在した。同市およびその隣接地区には船舶被覆用銅板の製造に関連した各種の地方産業が起こり、需要にこたえた。ランカシャーとチェシャーで精錬された銅を、ハリウェルの工場からリヴァプールの倉庫に輸送するため、三〇ないし四〇隻にのぼる船舶が使用された[149]。

奴隷貿易にたいする製鉄業者の利害関係は、一八世紀全体を通じ存続した。奴隷貿易廃止問題が議会でとりあげられたとき、リヴァプールにある鉄、銅、しんちゅう、鉛関係の各製造業者および販売業者は、奴隷貿易廃止に反対する請願を行なった。それは、同市における雇用に影響を及ぼし、「知らぬ他国に仕事をもとめ、孤影悄然《こえいしょうぜん》と国外各地を渡り歩く放浪者[150]」を無慮数千となく送り出すことになるだろう。同年、バーミンガムは、同市において生産される各種製品は相当程度奴隷貿易に依存している旨言明した。奴隷貿易が廃止されれば、同市は破産し、住民の多くは貧窮の底におとされることであろう[151]。

このような心配は、杞憂に終わった。一八世紀商業戦争の需要にこたえているうちに、製鉄業者は、アメリカ革命およびナポレオン戦争期におけるはるかに大きな需要にこたえることのできる準備をおのずと整えていた。そのうえ、植民地市場は、技術革新の結果増大した生産を吸収しきれなかった。一七一〇年から一七三五年のあいだに、鉄の輸出高は、ほぼ三倍に伸びた。一七一〇年、英領西インド諸島向け輸出高は、総輸出高の五分の一強を占めたが、一七三五年には、六分の一を下まわった。一七一〇年、プランテーション向け輸出の三分の一強が砂糖島嶼に向けられたが、一七三五年には四分の一をやや超える程度にまで減少した。最盛期は一七二九年だった。この年、総輸出高のほぼ四分の一が西インド諸島に向けられたが、これはプランテーション全体にたいする輸出高のほぼ二分の一に相当していた。[152]本国では伸びたが、砂糖島嶼では減少したのである。一七八三年には製鉄業者もまた、もう一つの途を探しはじめていた。しかし、つかのまとはいいながら美々しい衣裳に身を装ったシンデレラは、舞踏会であまりにも浮かれすぎ、時計の針に目をやるどころではなかった。

第四章　西インド諸島勢力

「われわれのタバコ植民地から帰国するプランターは」とアダム・スミスは書いている。「よく見かける砂糖島嶼からの帰国プランターほど富んではいない」[1]。砂糖プランターは、重商主義時代における最大の資本家層のなかにはいっていた。『西インド諸島の人』という芝居は、一七七一年、ロンドンで上演され、満都の好評を博した。それは、イギリスにやってきたプランターのために準備された途方もない歓迎会、まるでロンドン市長を迎えるような案配の歓迎会を開く場面から始まる。召使いがこんな風に講釈するのだった。「あの方は、たいそうなお金持ちでいらっしゃいまして、お金持ちというだけで、もう後ろ指一本さされるものではございません。世間の噂によりますと、テームズ河の水全部でポンチをつくれるほどラム酒と砂糖をお持ちのようで」[2]。

西インド諸島のプランターは、一八世紀を通じ、イギリスの社交界ではよくお目にかかる存在だった。その理由は、不在地主制から説明できる。不在地主制は、従来、カリブ海の害悪そのものであったし、今日でもなお、カリブ海における大問題の一つである。

かつて、ある不在プランターはこう主張した。「われわれの砂糖植民地は、イギリス人の体質にははなはだ不向きである。だから、少なくとも、イギリスやアメリカ大陸のプランテーションで事業をする場合より、もっと金をためることができるとか、あるいは家族にもっとましな暮しをさせることができるといった希望がもてないかぎり、誰一人、そんなところで暮したいとは思わないだろうし、いわんや定住などとはもってのほかの話である」[3]。西インド諸島の気候は、けっして悪いものではないのであるが、奴隷所有主は、ひとたび財産をこしらえあげるとイギリスに帰っていくのだった。一六八九年、バルバドス島の代理人は、手紙にこう書いている。「イギリスは、一種の磁力のごとき力をもってプランテーションにあるよきもの一切を吸い寄せてしまいます。あらゆるものの向かう中心、それがイギリスなのです。イギリス以外のものに、私どもは喜びを感じない、イギリス以外のものは気にいりません。だから、体はどこにあろうと、心は常にそこにあります。……私どもの経営辛苦の結晶は、残らずイギリスに運ばれます」[4]。一六九八年、西インド諸島から年間約三〇〇人の子供が、教育を受けるため、イギリスに帰された。ダヴェナントによれば、父親は貧乏人として出かけてゆき、子供は金持ちとして帰ってくる点に違いがあった[5]。喜劇『西インド諸島の人』に登場するプランター、ベルクール氏はしゃべる、「さよう、生まれてはじめて、わしは、ここイギリスにやってきた、楽しみ事が湧いてつきぬところ、美しい国、芸術の国、上品な作法の国にな。おかげさまで、とんとん拍子に一身代できた。順風にのって、ここにきたのも、そいつを使うためなんじゃ」[6]。イギリスに帰ってきたプランターは、地所を買い、貴族階級と姻戚関係を結び、おのれの素性の卑しさを抹消したい、と至極虫のいいことを考えた。ブルームの指摘したように、こうしたプランターがイギリスにくると、イギリス人の品性品行に好ましからぬ影響を及ぼすことが多かった。かれらの集まるところ、土地を買いこんだ地域一帯には、いかがわしい風儀がもちこまれるのがふつうだった[7]。莫大な富にものをいわせて湯水のように金を浪費したが、そうしたやり方にはどことなく下卑た臭いがつきまとい、それほど富裕でないイギリス貴族社会の羨望をかうと同時にその指弾の的となった。

経済学者メリヴェールが、一九世紀後半に主張したところによれば、在プランテーション地主から不在地主への変化は、奴隷制植民地に深く根を張ったあの酷薄無残さ、地におちた道義にたいする厭悪《えんお》を示すものであって、それゆえ、イギリス人の品性は、それにより汚されるものではなく、むしろいっそう面目をほどこすものである。しかし、奴隷制からあがる利潤を享受することにはなんら異議を唱えないくせに、奴隷制と直接接触することはいさぎよしとしないこの一風変わった潔癖さを説明するにあたり、メリヴェールは「矛盾撞着《どうちゃく》せる人間性にかんする一般的弁明」[8]を行なうよりほかなかったのである。

不在地主制は、西インド諸島にゆゆしい結果をもたらした。プランテーションは、奴隷監督および代理人の放恣《ほうし》な管理に委ねられた。総督が議会を招集しても、定足数をみたすことがむずかしい場合もまれではなかった。一人の者が、多くの役職を兼任する有様だった。白人と黒人との人口差はひらく一方であり、奴隷反乱の危険は高まった。不足法が制定されたが、不在地主制の禁圧には実効がなかった。そこで各地の地方議会は、不在地主の所有する広大な遊休耕地を没収し、小規模農場に再分配することをはかった。いずれの措置も、不在プランターからつきあげられた本国政府に反対された。[9]

イギリスにある砂糖プランターの邸宅のうちでも、ベックフォード邸はとくに有名だった。ベックフォード家は、一二世紀まで家系をたどることのできるグロスターシャーの旧家だった。先祖の一人は、一四八三年、王命を奉じてボズワースの野に戦い戦死した。また、イギリスのジャマイカ征服に乗じて家運を復興したものもいた。参事会員トマス・ベックフォード卿は、不在地主の草分けの一人だったが、一六七〇年、ジャマイカにあるその資産から、諸経費を控除した年間純収入二〇〇〇ポンドを得ている。ピーター・ベックフォードは、新植民者のなかでももっとも著名な人物となった。ピーターはその生涯を通じ、同島における文武の要職を歴任し、同島議会の議長をつとめ、のちに副総督および総司令官になった。一七一〇年に死んだとき、「動産および不動産を合わせれば、ヨーロッパにおける臣民のうち、最大の財産を所有していた」。一七三七年、孫のウィリアムが家産を相続し、イギリスにおいて最大の勢力をもつ西インド諸島プランターとなった。[10]

ベックフォードは、ウィルトシャーの所有地にフォントヒル・マンションを建てたが、それは、長いあいだ、イングランド西部におけるもっとも壮麗な邸宅として耳目を集めていた。

「それは、良質の石材を用いた端麗宏壮なる四階建ての建物であり、それより渡り廊下をもって結ぶ二階建の両翼を伸ばしている。正面は粗造りの基部の上に聳立《しょうりつ》する豪壮な柱廊玄関がひときわ精彩をはなち、その左右には長く伸びる階段がある。おびただしい部屋部屋は目もあやにしつらえられ、東洋の絢爛たる豪奢ぶりを誇示していた。特別なことでもあると、とりわけ善美をつくしてととのえられ、まばゆいばかりであった。壁は万金を投じてあがなった美術工芸品をもって飾られ、飾り棚・食器棚には名人巧手が粋を凝らして製作した金・銀その他の貴金属・宝石細工がとりどりに燦然たる光を放っていた。こうした壮麗さ、これらのきらびやかな奢侈品は、張りつめた高価な大鏡に映じていやましに妍《けん》を競っていた。そのほか、汗牛充棟《かんぎゅうじゅうとう》もただならぬ貴重本を揃えた図書室もあった……この邸宅の大きさについては、階下にある奥行八五フィート一〇インチ、間口三八フィート八インチの巨大な正面入口ホールの規模から多少とも想像がつくであろう。屋根はアーチ型をなし、大石柱によって支えられていた。ある室は、大鏡、オットマン等を置き、すべてトルコ風に設備され、またある部屋は、見事な彫刻のある大理石のマントルピースでひときわひき立っていた」[11]。

ベックフォード二世も、先代に勝るとも劣らなかった。同家お抱えの歴史家の記すところによれば、並たいていのことではいやされない奔放な空想力と莫大な財産に恵まれていたため、ベックフォード二世は、新奇なるもの、雄大荘厳なるもの、巧緻《こうち》華麗なるものをのぞみ、崇高なるものをさえ求めた。その結果がフォントヒル・アベーである。この建築にあたっては、技術の粋を集め、莫大な数にのぼる労働者を使用した。一部の従業員の宿舎にあてるため、一つの村が新たにつくられたほどだった。アベーの庭園の一画には、アメリカ産の花の咲く灌木、喬木がもれなく集められ、野生のままの景観を呈していた[12]。一八三七年、ベックフォードは、ジャマイカに所有する奴隷七七〇人の補償として一万五一六〇ポンドを得た[13]。

ヒバート家も西インド諸島のプランターであると同時に、例の碁盤縞綿布・リンネルをアフリカおよびプランテーションに供給する商人だった。ロバート・ヒバートは、西インド諸島に所有する財産の収入でベッドフォードシャーに居を構えていた。その所有するプランテーションは、ジャマイカでも屈指のものだった。「温情あふるる主人ではあったが」と、伝記作者は書いている、「この種の財産にたいする道徳上の厭悪はもっていなかった」。その死後に残された信託基金から生ずる年約一〇〇〇ポンドの利子は、キリスト教を単純でわかりやすい形で布教し、またキリスト教にかんする個人的信念の自由な実践を奨励援助するため、三ないし四の神学校の奨学金にあてられた。[14] 親族の一人ジョージは、ロンドンにある優良な貿易商社の共同経営者であり、また多年にわたりジャマイカのイギリス駐在代理人をつとめた。ジョージ・ヒバートは西インド埠頭の建設にあたり采配をふるった。かれは理事会の初代の長に選出された。ローレンスの描いたその肖像画は、いまもポート・オブ・ロンドン・オーソリティの会議室に飾られている。蔵書家としても一流であり、その蔵書の売立ては四二日間におよんだ。[15] ヒバート家は、所有する奴隷一六一八人の補償金として三万一一二〇ポンドを得た。[16] キングストンに現存する同家の邸宅は、ジャマイカにおける最古の建物である。家名もまた、ヒバート・ジャーナルという季刊雑誌のうちになおもとどめられている。これは、宗教、神学、哲学関係の著名な雑誌であり、一九〇二年一〇月に創刊された。同誌にたいし「ヒバート・トラストは賛意を表し、支持をあたえた」が、掲載の論説にかんする責任はこれを放棄した。[17]

ロング家も、ジャマイカに関係をもっていた。チャールズ・ロングは、その死後、サフォークに資産を、ブルームズベリとロンドンにそれぞれ邸宅を、ジャマイカに一万四〇〇〇エーカーの土地をふくむ財産を残した。ロングの収入は莫大であり、当時のジャマイカの資産家のなかでもとびぬけていた。栄耀栄華をほしいままにしたのももっともだった。[18] 孫もジャマイカのプランターであったが、同島の歴史を書いたことで知られている。親族の一人ビーストン・ロング二世は、ロンドン泊渠《はつきよ》会社の社長となり、またある銀行の頭取をもつとめた。ロンドンのビショップゲイト・ストリートにある同家の邸宅も有名だった。[19]同家に属するファーンバラ卿がケントに建てたブロームリ・ヒル荘はイングランド屈指の邸宅として知られ、特にその装飾的な庭園は世人を瞠目させるにたるものだった。[20]

ジョン・グラッドストンは、穀物を取引するリヴァプールの会社、コリー商会の社員となるだけでは満足せず、西インド諸島における奴隷所有主として間接的にではあるが、奴隷貿易に関係した。「世にいわゆる実直者でとおる多くの商人と同じく、グラッドストンもそれを必要不可欠のものとみなすことにより、おのれの良心を満足させることができた」。グラッドストンは、抵当権実行によりガイアナおよびジャマイカに広大なプランテーションを取得すると同時に、西インド諸島貿易に大々的にのり出した。グラッドストンは、自分の所有するプランテーションで生産された砂糖その他の生産物を、自分の所有する船舶で輸送し、それをリヴァプール取引所で売却した。こうしたやり方を通じて蓄積した財産にものをいわせて、さらに、ロシア、インド、中国にも貿易先をひろげた。また、リヴァプールの土地・家屋に人も羨むほどの巨額の投資を行なった。さらに、リヴァプールの慈善事業に多大の貢献をなし、教会を建立寄進した。ギリシアの独立戦争に際しては、ギリシア人街で雄弁をもって鳴らした。ジョンの有名な息子ウィリアム・ユーアトがニューアークから立候補したとき、一八三二年、一新聞は、同候補が「リヴァプールのグラッドストン、すなわち西インド諸島との取引で巨万の富を積んだ人物の息子であること、換言すれば、この男の所有する黄金はほとんど、黒人奴隷の鮮血より生じたものである」[21] ことをわざわざ選挙人に注意してやった。これは、あまり品がよいとはいえないにせよ、的確な指摘だった。ジョン・グラッドストンは、奴隷解放問題をめぐる紛争の時期に西インド諸島協会の会長をつとめ、リヴァプールの一新聞紙上において同市の廃止論者ジェームズ・クロッパーと西インド諸島奴隷制をめぐり論戦をまじえたこともあった。[22] この論争は記憶されてよいものである。一八三三年の法令の定めるところに基づき、一八三七年、グラッドストンにたいし支払われた奴隷二一八三人の補償金は八万五六〇〇ポンドに達した。[23] グコドリントン家も、富と社会的地位を奴隷および砂糖プランテーションに負うている名家だった。クリストファー・コドリントンは、一七世紀のバルバドス島総督だった。バルバドスおよびバーブーダに所有するプランテーションは、現在価格に換算して一〇万ポンドに相当した。クリストファーが同島に設置した大学は、現在もなおその名を冠している。その死後に残された財産は一万ポンド、その大部分は蔵書であった。六〇〇〇ポンド相当の貴重な収集書籍はオックスフォードのオール・ソウルズ・カレッジの手に移り、これを基礎としてかの有名なコドリントン文庫がつくられたのである。その子孫には、一九世紀にギリシア独立のために戦い、ナヴァリノ海戦の勝利の英雄となったものがいる。[24] ワーナー家一族は、リーワード列島に散在していた。あるものはアンティグアに、あるものはドミニカに、あるものはセント・ヴィンセントに、あるものはトリニダードにいた。トマス・ワーナーは、カリブ海におけるイギリス人植民者の草分けだった。同家の一員ジョセフは、当時名医のきこえ高かった三人の外科医のうちの一人であり、ガイ病院の外科医をつとめ、一七六〇年に創立された外科医師会の初代会員となった。サミュエル・メドレーの描いたトマスの肖像画は、英国外科医師会の所蔵するところとなっている。一九世紀には、ワーナー家の一員が、アンティグア議会の議長となり、他の一人はトリニダードの法務長官として東インド人移民の受け入れをひろく唱導した。この西インド諸島の家系において、もっともよく知られているものは、おそらくペラム・ワーナーだろう。ペラムは、イギリスのクリケット選手として鳴らし、おしもおされもせぬこの国技の権威として認められていた。[25]

これほどはなばなしくはないけれども、砂糖の栄光を想い起こさせる名前は、まだある。一八世紀末の英領西インド諸島の歴史家であったブリヤン・エドワーズは、二人の富裕な叔父が西インド諸島で砂糖キビ栽培に従事していなかったならば、ウィルトシャーのうらさびれた町ウェストバリで僅かな父親の遺産を頼りに生き、死に、そして忘れられたことであろう、と告白した。[26] ブリストルの名門ピネイ家は、ネヴィスに砂糖プランテーションを所有していた。[27] ジョゼフ・マリアットの息子、海軍大佐フレデリック・マリアットは著名な海洋作家だった。フレデリックのつくった商船信号法は、一八五七年まで用いられていた。[28]ウィリアム・マクドウォール陸軍大佐は、グラスゴーでも一流の名士だった。「本国には堂々たる邸宅、西インド諸島には広大な土地を所有し、持ち船で砂糖やラム酒をたえず運びこませているこの男は、さらに軍人としての地位と古い家柄のおかげで世間の信望を集めていた。黄金の頭部をつけた長いステッキをついて舗道を歩くときには何人《なんぴと》も丁重な敬意を表したに相違ない」[29]。

ブリヤン・エドワーズは、おのれの属するプランター層が途方もない贅沢三昧にふけり、あるいはそれをことさらにひけらかして世人の顰蹙《ひんしゅく》をかっているという非難を、むきになって否定した。が、その非難の正しいことについては、確かな証拠がある。西インド諸島人の金力については、誰一人知らぬものはなかった。ロンドンとブリストルには富裕な西インド諸島人の社会が見られた。サウサンプトンの万聖教会に残る記念碑は、プランターたちがかつて享受した社会的地位を雄弁に物語っている。[30]イートン、ウェストミンスター、ハロー、ウィンチェスター等のパブリック・スクールには、西インド諸島人の子弟があふれていた。[31]プランターの自家用四輪馬車はひじょうに多く、プランターの集まりなどがあると、相当の距離にわたり道路がふさがってしまう、とロンドン児たちが不平を鳴らすほどだった。ジョージ三世とピットがウェイマスを訪れたとき、供まわりつきの堂々たる馬車に乗り、先駆の騎馬やお仕着せ姿の従僕を従えた一人の富裕なジャマイカ人に出会った。その次第が、いまもなお巷間に語り伝えられている。ジョージ三世は、おおいに御機嫌を損じてこう言った。「砂糖？ 砂糖じゃと？ 砂糖様々か！ 関税はいかほどじゃ、ええ？ ピット。いかほどと訊いているのじゃ、関税は」[32]。西インド諸島のプランターは、エプソムやチェルトナムの盛り場・行楽地の常連であり[33]、その子弟は、ブリストルの舞踏場や温泉で粋な連中と友達づきあいをしていた[34]。西インド諸島の女子相続人は、金のなる木として垂涎の的だった。チャールズ・ジェームズ・フォックスさえ、賭け事で大負けに負けた穴埋めに、フィップス嬢の八万ポンドの財産をあてにして、もう少しのところで結婚にふみきるところまでいったのである[35]。実際に踏みきっていたなら、廃止論者としてのフォックスの人生行路はどうなっていただろうか。思い半ばにすぎるものがある。

思いがけずころがりこんできた西インド諸島のプランテーションという遺産のおかげで、微賤から身を起こし、富みかつ栄えた者がイギリスに数多くみられた。そうした遺産をひどくにがにがしいものとみる風潮がやがて生ずるのであるが[36]、一八世紀においては、けっしてそうではなかった。ジョージ・コールマンの戯曲『アフリカ人たち』においては、肉屋の若旦那マローボーン氏を中心に、当時の観客にはごく身近なものだったに違いない事件が描かれている。西インド諸島のプランテーションを遺産として握ったこの肉屋は、いまや、「去勢牛《ブーラック》などには見向きもせず、黒ん坊《ブラック》を物々交換しているのである」[37]。

プランター層の勢力の増大は、西インド諸島貿易から巨額の利潤をひき出していた西インド諸島関係商人が多数存在していたことにもよるところが大きい。ネイミア教授の指摘によれば、「一七六一年当時のイギリスにおいて、なんらかの取引関係を通じて西インド諸島との貿易を行なっていない大商人は、比較的少数であり、相当数の中流上層家族が砂糖島嶼と利害関係をもっていた。それは、今日、きわめて多くのイギリス人が、アジアのゴムまたは紅茶プランテーション、油田等の株を保有しているのと同様である」[38]。この二つのグループは、必ずしも常に見解を同じくしていたわけではない。プランター層と商人層は、当初においては、それぞれ別個の組織を形づくっており、両者をつなぐ紐帯《ちゅうたい》、すなわち信用も両者の協調関係の強化に必ずしも寄与したとはいえない。しかし、商人側は、いつでも抵当権実行という手段に訴えることができたから、これも、それ自体としては、対立の基本的原因とはなりえなかったとみてよい。債務関係よりもっと重要な要因があった。独占価格の維持というプランター側の決意である。対ヨーロッパ直接貿易の認可をめぐる一七三九年の紛争を通じ両者間の反目は、相当程度、昂進した[39]。しかし、矛盾対立よりも、利害の共通性という面のほうが概して大きく、かつ重要だった。一七八〇年ごろ、自由貿易の潮流が滔々《とうとう》として勢いをますにつれ、独占維持のためには共同して総力を結集しなければならないことが明らかとなるにおよんで、プランター層と商人層は決定的に癒《ゆ》合《ごう》した。

プランターと商人という二大勢力の結合体は、イギリスにいる植民地の代弁人とも手を握り、一八世紀を通じ強力な西インド諸島勢力を形成していた。古典的な腐敗議会と買収選挙の時代においては、かれらの金は十分にものをいった。かれらは投票を買い、腐敗選挙区を買い、こうして議会に乗りこんでいった。買収合戦の結果、議席の値段はせり上げられた。一七六七年、チェスターフィールド伯爵は、ある議席に二五〇〇ポンドを張って、大方の憫笑《びんしょう》をかった。西インド諸島人ならば、同じ議席にその二倍の金を払うに違いなかったからである。[40]イギリスのいかなる個人の世襲財産をもってしても、この奔流する植民地の金と腐敗を防ぎとめることは不可能だった。こうした西インド諸島の徒輩のために、イギリスの土地貴族は選挙のたびに断腸の思いを味わい、「悩みに悩み、多大の出費を余儀なくされ、そのあげく惨敗を喫することさえあったのである」[41]。カンバーランドは、その戯曲のなかで、これ見よがしに金力をひけらかし、鼻高々と使いっぷりを自慢する西インド諸島人にたいし、次のような警告を発しているが、そこにもこの間の事情が、端的にあらわれている。「金とは役立てるものであって濫費するものではないのです。私はそう考えたい。ベルクールさん、あなたが生殺与奪の権を握っている奴僕《ぬぼく》のように、それを扱ってはいけません。そうではなく、節度と抑制とをもって統治すべき義務を負う臣下として扱わなければなりません」[42]。一八三〇年の選挙にブリストルから立候補した西インド諸島のあるプランターは、一万八〇〇〇ポンドを使って当選した。[43]同年、リヴァプールから立候補した西インド諸島人は、約五万ポンドを使ったが、落選した。その費用の五分の一は、奴隷貿易商であり奴隷所有主でもある富裕な西インド諸島商人ジョン・ボルトンが出している。[44]

ベックフォード王朝は、その富にふさわしく、議会に代表を送っていた。王ウィリアムは、一七四七年から一七五四年までシャフツベリー選出議員であり、一七五四年から一七七〇年までは首都選出議員をつとめた。二番目と三番目の弟は、それぞれブリストルおよびソールズベリー選出の議員となり、四番目の弟はウィルトシャー選挙区から出馬を予定されていた。[45] リチャード・ペナントは、一時、リヴァプール選出議員だった。[46] コドリントン家の一員は、一七三七年、議会議員になった。[47] ジョージ・ヒバートは、一八〇六年から一八一二年までシーフォード選出議員をつとめた。[48] 一七世紀のキュナードともいうべきエドワード・コールストンは、一七一〇年から一七一三年まで、ブリストルから選出されて議席にすわった。[49] 西インド諸島勢力は、名はともかく実質的には、ブリストルの一議席を独占するにいたった。ジョン・グラッドストンは、はじめウッドストック選出議員となり、ついでランカスターから選出されて議席を占めた。一八三三年五月、息子がニューアーク選出議員として、ガイアナにある同家の資産を守るため奴隷制擁護の処女演説を行なったが、ジョンにとっては我が意を得たものだった。[50] この偉大な政治家はこと奴隷制の問題となると、この父にしてこの子ありというほかはない感情に駆られた。かれの雄弁は、西インド諸島にある砂糖プランテーションにたいしてグラッドストン家のもつ利害関係から生まれたのである。[51] ラッセル家の一員は、一七五七年に議席を占めた。[52] 敗北に終わったけれども、ヘンリー・グールバーンは西インド諸島をめぐる論戦に加わって奮闘した。一八三三年においてもなお、かれは貿易と農業の奨励について議会の注意を喚起し、諸植民地との関係をもったため小村落が一躍都市に発展した諸例に留意するよう求めている。[53] 議会は一顧だにあたえなかった。グールバーンは、所有する奴隷二四二人の補償金五〇〇〇ポンドを受け取ることで満足するよりほかなかった。[54] トリニダードのジョゼフ・マリアット、ブリストルのヘンリー・ブライト、キース・ダグラス、チャールズ・エリス等は、すべて西インド諸島人だった。プランター・マーチャント協会のもっとも重要な委員会の一つについてみると、委員一五名のうち一〇名がイギリス議会に議席をもっていた。[55]

二重の保障を確保するため、西インド諸島人は、奴隷貿易商と同じく、下院のみならず上院にもたてこもり、プランテーションおよびおのれの存立の基盤である社会構造の保守をはかった。下院から上院へうつることはかんたんだった。貴族の爵位は、政治的援助とひきかえに、たやすく手に入れることができた。イギリスにおける貴族の家門を調べてみると、西インド諸島人との血縁関係をまったくもたない家柄は、あるにせよ、きわめて少ない。ある近代の著述家はそう述べている。[56] リチャード・ペナントはペンリン卿となった。その子孫の一人は、バルバドスの旧家ラッサル家は、貴族に列せられてヘアウッド家となった。その子孫の一人は、現在、イギリス現王の妹と結婚している。一八三二年の選挙法改正法案における

〝チャンドス条項〟の起草者であったチャンドス侯爵は、西インド諸島にプランテーションを所有し、西インド諸島の大義を擁護することにはほとんど希望をもてない時代においてなお、西インド諸島勢力のスポークスマンをもって任じていた。[57] バルカーズ伯爵は、ジャマイカに砂糖プランテーションを所有していた。奴隷解放時における所有奴隷は六四〇人を数え、同伯は一万二三〇〇ポンドにおよぶ補償金を獲得した。[58] イギリスが仏領植民地サント・ドミンゴの奪取を企図して失敗したとき、メートランド将軍は、撤収のため奴隷の指導者トゥサン・ルヴェルチュールと協定を結んだが、ジャマイカ総督であったバルカーズ伯爵は、これに感情むき出しの反対をとなえた。その理由は、右に述べた事情から理解されよう。伯爵は本国にこう書き送っている。「かりにも、ロンドン市が、イギリス侵攻を目的として集合した過激共和主義軍《サン＝キュロット》に大量の軍需資材・被服を提供送付するがごときことをなすならば、いささか異様の感あるをまぬがれないのであります」[59]。ホークスベリ卿は、本名をジェンキンソンといったが、西インド諸島の地主であり、[60] 枢密院貿易審議会議長として、終始一貫、奴隷所有主と奴隷貿易商の立場を支持した。こうした献身を買われて、奴隷貿易擁護のために書かれたパンフレット類がかれに献呈されている。[61] リヴァプールは、議会における奴隷貿易擁護活動により同市に寄与すること多大であった功績をたたえ、名誉市民権を贈った。[62] ホークスベリは、貴族に列せられたときリヴァプール伯という称号を名乗り、また市自治体の紋章を同家の紋章に加えたいというリヴァプールの申し出を受け入れた。これこそ、以上のような結合関係を象徴するものだった。[63]

奴隷所有主は、議会を牛耳ったばかりではない。盟友の砂糖商や奴隷商と同じく、市町村長・議員・参事会員として各地の要職を占めていた。ウィリアム・ベックフォードは、ロンドン市参事会員であり、二度にわたりロンドン市長をつとめた。世人は、ウィリアムのでたらめなラテン語や破《わ》れ鐘のような地声を物笑いの種にしたけれども、その富・地位・政治的勢力などには、一目も二目もおかないわけにはいかなかった。市長としてウィリアムの張る招宴は豪華なものだった。あるときの善美をつくした宴会には、上院議員の六人の公爵、二人の侯爵、二三人の伯爵、四人の子爵、一四人の男爵が、下院議員とともに蝟集《いしゅう》し、行列をつくってシティに赴き、ウィリアムに敬意を表した。この奴隷所有主は、ウィルクス支持と、国王のきこえさえ憚《はば》からぬ遠慮のない舌鋒とでいまもなお知られている。[64] ロンドン市庁にはウィリアムをたたえる見事な頌徳碑《しょうとくひ》がたっているが、その台座には、ジョージ三世をして激怒せしめたかの名高い演説が金文字をもってきざまれている。[65] 弟リチャードもまた、ロンドン市参事会員だった。ウィリアム・マイルズは、ブリストル市参事会員になって死んだ。ジョージ・ヒバートも、ロンドン市参事会員となった。[66]

西インド諸島勢力は強力な友人をもっていた。チャタムはベックフォードの親友であり、ことの是非善悪を問わず西インド諸島の要求を一貫して支持した。「かれは、あくまでも砂糖植民地を王国の地主層の問題であると考えていたに違いない。それ以外の見方はすべて愚劣であった」[67]。ジョン・グラッドストンとジョン・ボルトンは、西インド諸島問題の複雑怪奇さ、「このうえもない重要さ」についてめんめんと訴え続けたカニングの熱狂的な支持者だった[68]。ハスキソンとウェリントンは、プランターのいうことなら親身になって聞くのだった。ウェリントンは「イギリスにおいて多少の人気を博せんがために西インド諸島の地主層をしめあげる」[69]ことを拒否し、ハスキソンは、立法による調停または法的措置による奴隷解放は成就し難いとした[70]。しかし、プランター層はイギリスの奴隷制反対論にいささかも譲歩せず、かたくなに拒否をつづけた。こうした度し難さから、やがて、両者の友情は決裂した。カニングは、西インド諸島の奴隷制を、口にするのも不愉快な問題であると認めた[71]。ハスキソンは、奴隷問題に追いつめられて頭をかかえた。ハスキソンの目には、プランターは狂人と映るようになった[72]。ウェリントンは、イギリスの奴隷制にたいし最後の宣告が下される前に、在京の西インド諸島代表団を冷淡にあしらった[73]。

一八世紀における大独占主義者、すなわち土地貴族および海港都市の商業ブルジョワジーと同盟した強大な西インド諸島勢力は、改革前の議会において、いかなる政治家をもたじろがせるに十分な力をふるい、強固な密集隊形をつくっていた。「歴代の政府はすべて、一朝有事の際に西インド諸島勢力の支持を受けることがどれほどの重みをもっているかを経験してきたのである」[74]。西インド諸島勢力は、奴隷貿易廃止、奴隷解放、独占権の廃棄には断固として反対した。かつてベックフォードが「われわれの砂糖植民地ならびに砂糖貿易にたいする止めの一撃」[75]と評した砂糖関税の引上げにたいしては、引上げ率の多少にかかわらず一戦を辞さぬ構えだった。西インド諸島勢力は、アメリカの独立によって重商主義と独占が最初の痛打をうけるまで、イギリス政界の憎まれっ児だった。

一六八五年、ジャマイカ総督は、砂糖関税の引上げに抗議し、かかる措置はいかなるものであれ、生産意欲の低下および、新開プランテーションの耕作の放棄をもたらし、旧来のプランテーションの拡張を阻害するであろうと述べた。こうした提案により「ヴァージニアは致命的衝撃を受け、バルバドスおよびその周辺島嶼は消耗熱症状を呈し、ジャマイカは肺結核にかかった」[76]。一七四四年、プランターは全議会議員に現状を説明し、砂糖関税引上げ案にたいする反対世論を盛りあげようとはかった。同案は、二三票の差で可決された。「きわめて多数の者が砂糖貿易界になんらかの形で直接または間接に結びついている事実、また下院においてはかかる主張が常に有力であった事実に照らせば、如上の少差はなんら驚くにあたらない」[77]。しかしながら、西インド諸島は、砂糖にたいし予定された特別関税を外国製リンネルにふりむけることに成功した。こうした経過から明らかになったことは、「砂糖関税の引上げは、強大なる砂糖貿易界に直接または間接に関与する者が多数かつ有力であるゆえに、多くの障害に逢着する」[78]ということだった。

七年戦争の戦費の調達が問題となったとき、砂糖関税の引上げがふたたび論議された。

イギリスの土地貴族層は、植民地における同胞の支持にまわるのがふつうであったが、おのれ自身と遠方の親族とのどちらを選ぶかという二者択一を迫られるにおよび、「遠くの身内より近くの身内」という見解を採用した。ベックフォードが、仲間のために熱弁をふるっても、「砂糖」という語を発するたびに哄笑《こうしよう》に迎えられ、立ち往生するのがおちだった。[79] なにか大きな変化が始まっていた。一七六四年、マサチューセッツの代理人の報ずるところによれば、投票権をもつ五〇ないし六〇名の西インド諸島人が、投票を思いのままに左右できた。[80] まさしく、西インド諸島の砂糖勢力が我が世の春を謳歌した時代だった。しかし、世紀があらたまり、議会が改革されるにおよび、五〇ないし六〇名の議員よりなる別種の結社が出現した。ランカシャーの綿業勢力である。独占反対、自由放任がそのスローガンだった。

第五章　イギリスの産業と三角貿易

イギリスは、三角貿易から莫大な富を蓄積した。三角貿易は消費財需要の増大を呼び起こし、それは生産力に波及してその発展をうながした。これは必然である。こうした産業の伸展には、資金の裏づけが必要だった。一八世紀の第一・第二・第三四半期を通じ、資本を即時提供する能力をもつものとしては、西インド諸島の砂糖プランターまたはリヴァプールの奴隷貿易商にまさるものがいたであろうか？　不在プランターが、イギリスにおける土地の取得に際し発揮した資金力については、すでに指摘した。不在地主層は、イギリスにおいて、農業革命と関連した巨大な経済発展のためにその富をまわすことができた。不在地主層は、新たな生産過程および新市場の要求に応え、大規模なプラント類の建設に要する巨額な資金の一部をイギリス産業界に供給した。三角貿易の利潤は、イギリス産業にどのように投資されたか、われわれはいまや、この問題を追究しなければならない。

A　三角貿易の利潤の投資

1　金融業

一八世紀において、それぞれ奴隷貿易都市および綿の都として知られるリヴァプールおよびマンチェスターに設立された銀行は、三角貿易に直接関係しているものが多かった。そこでは、綿織物工場のためにも、また運河を開発して両都市間交通の改善をはかるためにも、巨額の金が必要だった。

小売商から商人となり、商人からさらに銀行家に上昇するというのが、一八世紀における銀行家形成の典型的な経路である。「商人《マーチャント》」という語は、一八世紀の用法では、往々、陸に上がってまともな商取引に従事するようになる前の奴隷船船長、私掠船船長、私掠船業者をもふくめて用いられた。リヴァプールの実業家といわれるものの活動領域は多岐にわたっているが、それには、醸造業者、蒸留酒取扱業者、食料雑貨商、酒類卸商、証券仲買業者、銀行家その他がふくまれる。ある歴史家は書いている。「この〈その他〉は、いったいどこまで及んでいるのであろうか？」[1]かのセイレンのうたう歌のように、この「その他」は推測を超えた彼方にあるわけではない。それは、その時により、三角貿易のある一つの、ないしそれ以上の側面をふくめて用いられたのである。

ヘイウッド銀行は、一七七三年、リヴァプールに設立され、一八八三年、リヴァプール銀行に買収併合されるまで民間銀行として存続した。同行の設立発起人は一身代つくった商人であり、後に選挙されて商業会議所入りをした。私掠船稼業のほかにも「かれらは」と歴史家は述べている、「アフリカ貿易についても年季を入れていた」。一七五二年度アフリカ貿易商名簿にはこの両名の名がみられる。アフリカとの取引関係は一八〇七年まで続いた。同行の一支店の上席共同経営者はトマス・パークといい、ウィリアム・グレグソン・サンズ・パーク・エンド・モーランド銀行にも関係していた。パークの祖父は、西インド諸島貿易船の船長として産をなした。ヘイウッド銀行のある共同経営者の娘は、後にジョン・グラッドストンの息子ロバートソンと結婚し、そのあいだに生まれたロバートソン・グラッドストンも同行の経営に加わった。当時の実業界における閥族関係の見本である。一七八八年、ヘイウッド銀行は、マンチェスターの二、三の指導的商人の示唆にしたがい、同市に支店を開設した。このマンチェスター支店は、「マンチェスター銀行」と呼ばれ、多年にわたり名声を保った。一八一五年までのヘイウッドの子孫一四人のうち一一人は商人または銀行家になった。[2]

トマス・レイランドの名が金融界に現われるのは、ずっと遅く、一九世紀初めころである。しかし、アフリカ奴隷貿易にたいするかれの投資は、すでに一八世紀の第四四半期に開始されている。レイランドとその共同経営者は、リヴァプールにおけるもっとも活動的な奴隷貿易商であり、莫大な利潤をあげていた。一八〇二年、レイランドはクラークス・

エンド・ロスコー銀行の上席共同経営者となった。レイランドとロスコー。奇怪な結合といわざるをえない。産をなした奴隷商と、一貫した奴隷制反対論者の結合とは、はなはだもって異様である！　一八〇七年、レイランドは、すすんで同行から手をひき、奴隷貿易の共同経営者ブリンズとかたく手を結んだ。こうして、レイランド・エンド・ブリンズという名称が誇らしげに産声をあげた。この名称は、一九〇一年、有限会社南北ウェールズ銀行と合併するまで九四年のあいだ、少しも汚されることがなかった。[3]

ヘイウッド家とレイランド家も、一八世紀リヴァプール金融史における顕著ではあるけれどもたんなる一つの例というにすぎない。銀行家ウィリアム・グレグソンもまた、奴隷貿易商、船主、私掠船業者、保険業者、製綱業者だった。フランシス・イングラムは、奴隷貿易商であり、一七七七年にはアフリカ会社の社員となった。また、製綱業にも投資し、さらにトマス・レイランドおよびアール家と共同して私掠船経営に乗り出した。アール家も、奴隷貿易で巨富を積み、一八〇七年まで奴隷貿易に従事した。ハンリー銀行の創立者リチャード・ハンリー船長は、奴隷貿易商であり、その妹も奴隷貿易商と結婚している。ハンリーは、「リヴァプール炉辺会」なる船長、奴隷商、私掠船業者を主な会員とし、それに少数の大小売商をもまじえた協会の重鎮だった。ロバート・フェアウェザーも、ハンリーと同様、奴隷貿易商であり、リヴァプール炉辺会会員であり、商人、銀行家だった。ジョーナス・ボルドは、奴隷貿易と西インド諸島貿易を兼営していた。一七七七年から一八〇七年までアフリカ貿易商会社の一員であり、また製糖業を営むと同時にイングラム銀行の共同経営者にもなった。トマス・フレッチャーは、手広くジャマイカ貿易を営んでいたある商人銀行家の下に奉公することから人生の第一歩を踏み出した。フレッチャーは、その共同経営者に立身し、後にリヴァプール西インド諸島協会の副会長および会長をつとめるまでに出世した。その死後残された資産には、ジャマイカにおける奴隷をふくむコーヒーおよび砂糖プランテーションにたいする抵当権がふくまれていた。チャールズ・コールドウェル銀行のチャールズ・コールドウェルは、砂糖の取引を主な業務とするオールダム・コールドウェル商会の共同経営者だった。アイザック・ハートマンは、銀行家であるが、西インド諸島にプランテーションを所有していた。ジェームズ・モスは、一八世紀に重きをなした市民であり銀行家であるが、ガイアナにいくつかの広大な砂糖プランテーションを所有していた。[4]

リヴァプールについて以上述べたことは、ブリストル、ロンドン、グラスゴーについても同様にあてはまる。奴隷貿易廃止運動に対抗するため、一七八九年、ブリストルに有力な委員会が設けられたが、その会議を主宰したのはウィリアム・マイルズだった。同委員会の委員としては、ほかに、オーダマン・ダウベニー、リチャード・ブライト、リチャード・ヴォーン、ジョン・ケイヴ、フィリップ・プロセローがいた。六名とも、ブリストルの銀行家である。ケイヴ、ブライト、ダウベニーは、一七八六年設立の「新銀行」の共同経営者だった。プロセローは、ブリストル・シティー銀行の共同経営者だった。ウィリアム・マイルズは、暖簾の古さを誇るヴォーン・バーカー銀行の主な共同経営者となった。一七九四年には、マイルズの二人の息子が登場した。世間では「マイルズ銀行」としてとおっていたこの銀行は、長期にわたり、順風満帆の勢いを示した。[5]

ロンドン関係で一つだけ名前を挙げるとすれば、バークレー家であろう。同家はクエーカーである。同家のデーヴィドおよびアレグザンダーは、一七五六年、奴隷貿易に従事した。デーヴィドは、アメリカおよび西インド諸島貿易から商人としての第一歩を踏み出し、当時一流の有力な商人となった。チープサイドにあるかれの父の邸宅は、ロンドン屈指の立派なもので、しばしば国王家の訪問を受けた。デーヴィドは、奴隷貿易商であるだけでなく、実際に大プランテーションをジャマイカにもっていた。同島で、所有する奴隷を解放し、「黒い皮膚も、恩義に感ずる心と、誇り高き白人にも匹敵しうる向上心を包みこんでいる」事実を発見するほど長生きをした、といわれる。バークレー家は、金融界のガーネイ家、フリーム家と姻戚関係を結んだ。実業界一般にみられたこのような閨閥《けいばつ》関係により、クエーカーの財産はクエーカーの手に保持されたのである。こうした関係からバークレー銀行が誕生した。同行の成長発展のあとをたどることは、本研究の埒外に属する。[6]

グラスゴーにおける金融業の興隆は、三角貿易と密接に関連していた。正規の銀行が初めて業務を開始したのは一七五〇年のことである。それは船舶銀行として知られていた。

設立発起人の一人は、グラスゴーのタバコ王といわれたアンドルー・ブキャナンだった。もう一人は、例のウィリアム・マクドウォールという男で、セント・キッツ島の砂糖プランテーションを相続した女と出会ったのをきっかけに産をなし、同時にグラスゴー市にも富をもたらしたのである。三番目は、アレグザンダー・ヒューストンといい、同市きっての西インド諸島貿易商の一人だった。その経営するアレグザンダー・ヒューストン商会は、王国における西インド諸島貿易商社としては一流だった。この商社もまた、そもそもは二人のスコットランド人士官とその島育ちの花嫁がグラスゴーに帰ってきたときに産声をあげたのである。アレグザンダー・ヒューストン商会は、一八世紀の四分の三におよぶ期間を通じ手びろく貿易を営み、多数の船舶と巨大な砂糖プランテーションを所有していた。同商会は、奴隷貿易の廃止を予想し、大規模な奴隷の思惑買いを行なった。しかしながら、廃止にかんする法案は否決された。奴隷には食料・衣服をあてがわねばならぬ。奴隷価格は暴落する。何百人もの奴隷が疾病でたおれる。とどのつまり、商会は破産した。一七九五年のことである。それは、グラスゴーにおける空前の大倒産事件だった。

船舶銀行の成功に刺激され、銀行の新設があいついだ。同年、アームズ銀行が、やはりタバコ王といわれたアンドルー・コクランを主な共同経営者の一人として発足した。一七六一年にはスイスル銀行が設立された。これは貴族主義的な銀行で、富裕な西インド諸島商人層をひろく顧客として営業した。主な共同経営者のうちには、ジョン・グラスフォードの名がみられる。この男は、手びろく事業を営み、一時は、船舶二五隻を所有して海運業も行なった。年間総売上高は、五〇万ポンドを上まわった[7]。

2 重工業

重工業は、産業革命の進行と三角貿易の発展の過程において重要な役割を演じた。冶金工業をまかなった資本の一部は、三角貿易から直接調達された。

ジェームズ・ワットと蒸気機関に融資された金は、西インド諸島貿易により蓄積された資本から出たものである。ボールトンとワットは、ロー・ヴェア・ウィリアムズ・エンド・ジェニングズ、すなわち後のウィリアムズ・ディーコンズ銀行から貸付けを受けた。ワットはアメリカ革命のさなかの一七七八年、西インド諸島船隊がフランスに拿捕《だほ》される恐れが迫ったとき、ひどく心配した。「この危急の際にも」と、ボールトンははげましの手紙をワットに寄せている。「西インド諸島船隊がフランス艦隊の目を逃れて無事到着するなら、ロー・ヴェア会社は安泰でありましょう……会社の存立は、大きくこの点にかかっているのです[8]」。

同行は、首尾よく難場を切り抜けた。貴重な発明は無事だった。砂糖プランターは、蒸気機関の重要性をいちはやく理解した点では人後に落ちなかった。ボールトンは、一七八三年、ワットに書き送っている。「まことに愛想のよい方であられるペナント氏は、一万ポンドないし一万二〇〇〇ポンドの年収があり、ジャマイカ一の資産家であります。ゲール氏とビーストン・ロング氏もジャマイカにいくつかの広大な砂糖プランテーションを所有しておられます。これらの方々は、馬にかわって蒸気がどんな効果をあげるか御覧になりたいとのことです」[9]。

一八世紀における一流の鉄鋼製品販売業者であったアントニー・ベイコンは、三角貿易に深く関係していた。その共同経営者ギルバート・フランクリンは、西インド諸島のプランターで、後に枢密院議長に送った多くの書簡において、革命に湧きたつフランスと戦争状態にあるあいだに仏領砂糖植民地サント・ドミンゴを奪取占領することの重要性を強調した[10]。ベイコンも、多くの人に伍してアフリカ貿易にとびこんだ。アフリカ沿岸の軍隊への糧秣《りょうまつ》供給を皮切りにぼろい商売を始めたこの男は、ついで、政府と契約を結び、よく馴らした有能な黒人を西インド諸島に供給するようになった。この契約で、一七六八年から一七七六年のあいだに、ほぼ六万七〇〇〇ポンドを稼いだ。一七六五年、ベイコンは、マーサ・ティッドフィルに製鉄所を建設した。この製鉄所は、アメリカ独立戦争期に政府との契約をてことして拡張につぐ拡張を重ねた。さらに一七七六年にはサイファーサに溶鉱炉を建設した。原料の鉄鉱石は、ホワイトヘイヴンから輸入された。ベイコンは、一七四〇年にははやくもホワイトヘイヴン港の改修事業に手を打っておいたのである。

ベイコンは、イギリス政府との大砲製造契約で産をなした。一七八二年に引退したときには、文字通りの鉄の王国が築かれていた。サイファーサの製鉄所は、クローシェイに貸与されたが、年間貸与料は一万ポンドにのぼった。クローシェイ自身も、サイファーサから一財産をつくった。ベイコンはペニダーレンを、ホムフレイに売却した。ホムフレイは、パッドル法を完成した男である。ドーレイズはルイスの、プリマス工場はヒルの手にそれぞれ移った。政府との契約権は、すでにロウバックの後継者キャロンに譲渡されていた。ベイコンは、「一段高い軌道をまわるもの」[11]をもって自任していたといわれるが、さもありなんと思われる。

ウィリアム・ベックフォードは、一七五三年、鉄鋼製品販売業者組合の組合長となった。[12]一七九二年創立のソーンクリッフ製鉄所の資本の一部は、かみそり製造業者ヘンリー・ロングデンが引き受けた。ロングデンは、シェフィールドの西インド諸島貿易商であった金持のおじから約一万五〇〇〇ポンドにのぼる遺産をおくられた男である。[13]

3 保険業

一八世紀においては、奴隷貿易がもっとも重要な貿易であり、西インド諸島の資産が英帝国のもっとも価値ある資産の一つだった。したがって、三角貿易は、成長しつつあった保険会社にとり重要な意味をもっていた。ロイズがまだたんなるコーヒー店にすぎなかった時代のロンドン・ガゼットには、逃亡奴隷にかんする広告が数多く掲載された。それらの広告に書かれた逃亡奴隷送還指定地のなかにロイズの名もあげられている。[14]

現存の広告中、ロイズの名がみられる最古のものは、一六九二年の日付をもち、三隻の船の競売にかんするものである。競売に付された船は、バルバドスとヴァージニアの手にわたった。一七二〇年の例の南海泡沫会社騒動のとき、ロイズの乗り気になった計画は、ただ一つ、バーバリおよびアフリカ貿易にかんするものだった。火災保険史家レルトンの記述によれば、西インド諸島における火災保険は「きわめて早い時期から」ロイズにより扱われてきた。ロイズも、他の保険会社と同じく、奴隷および奴隷船にたいする保険を引き受け、「自然死」および「海難」の構成条件にかんする判例に深い関心を示した。世間の話題をさらった人物や商船の船長との保険契約のなかには、アフリカからガイアナに向かう途中、フランスのコルベット艦を撃退し、貴重な船荷を守り抜いたリヴァプールの一商船船長との契約がみられる。第一書記ジョン・ベネットの三男は、一八三三年、ロイズの代理人としてアンティグアに赴いた。最近、西インド諸島でかれの父親の肖像画が発見されたが、これは現在知られている唯一のものである。連綿たるロイズ社史のなかでも社長として傑出していた人物はジョゼフ・マリアットだろう。ジョゼフは西インド諸島のプランターだった。一八一〇年には、ロイズのもつ海上保険の独占権をめぐり、競争会社と下院において論争し、輝かしい成功をおさめた。そのときの論敵は、有名なマニング枢機卿の父親で、やはり西インド諸島人だった。[15] 一八三七年、トリニダードとジャマイカにおけるマリアット所有の奴隷三九一人にたいする補償金は一万五〇〇〇ポンドと査定された。[16]一七八二年、西インド諸島砂糖勢力は、保険会社フェニックスの設立にさいして牛耳をとった。フェニックスは、他に先んじて海外支店——西インド諸島における——を設けた保険会社の一つである。[17]リヴァプール保険業者協会は、一八〇二年に設立された。協会の会長は、有名な西インド諸島商人ジョン・グラッドストンだった。[18]

B　イギリス産業の発展——一七八三年まで

こういうわけで、当時のもっとも進歩的な人士であり、フランス・ブルジョワジーの事情に精通していた博識の人、アベ・レイナルは、西インド諸島における人民の労働こそ「いまや世界を挙げて騒然たらしめている急速なる運動の主因であるとみてよい」[19]と洞察することができた。三角貿易のイギリス工業の発展にたいする寄与は、はなはだ大きかった。三角貿易の利潤は、同国の全生産体制を賦活した。三つの例を挙げるだけで十分だろう。屋根葺き材料を供給するウェールズのスレート工業は、ペンリン卿がカーナヴォンシャーに所有する採石場において採用した新技術により面目を一新した。[20]ペンリン卿は、既述のように、ジャマイカに砂糖プランテーションを所有し、一八世紀末、西インド諸島委員会の委員長をつとめた人物である。リヴァプール—マンチェスター間鉄道敷設計画は、イギリスにおいては初めての大規模な試みであったが、この計画の中心人物は、ジョゼフ・サンダーズといった。この男については、ほとんど知られていない。しかし、一八二四年、リヴァプール奴隷制廃止協会から脱退したことは、はっきりしている。この事実は、少なくとも砂糖プランターの反応にたいする気兼ねを示しているという意味で、きわめて重要である。[21]同計画に特にふかく参画した他の三人の人物は、三角貿易と密接に関係していた。すなわち、リヴァプールのガスコイン将軍は、西インド諸島勢力中でも、最右翼の頑固派として名を売っていたし、他の二名はジョン・グラッドストンとジョン・モスだった。[22]ブリストルの西インド諸島勢力もまた、グレート・ウェスタン・レールウェイの建設にあたって重要な役割を演じた。[23]

しかしながら、三角貿易のみが全面的に経済発展に寄与したと考えてはならない。イギリスにおける国内市場の成長、および資本の蓄積を高め、よりいっそうの発展をはかるための産業利潤の再投資、この二つが大きな役割を果たしたのである。しかし、重商主義の奨励したこのような産業の発展は、やがて重商主義をのり越え、重商主義を破壊するにいたった。

一七八三年には、きたるべきものの輪郭は明瞭になっていた。蒸気機関は、すでに応用・実施の段階に入っていた。すでに六六台の蒸気機関が稼動しており、その三分の二は鉱山と鋳造工場で使用されていた。[24]蒸気力の導入による炭坑の技術革新は、製鉄業に波及し、その躍進をもたらした。生産高は、一七四〇年から一七八八年のあいだに四倍となった。溶鉱炉基数は五割かた増加した。[25]鉄橋と鉄軌道が出現した。キャロン工場が設立された。ウィルキンソンは、すでに「鉄貿易の父」として有名だった。産業革命の女王・木綿は、その道の先蹤《せんしょう》である毛織物のように伝統やギルドに束縛されず、新しい発明をただちにとり入れることができた。自由放任は、正統派経済学説として教科書に記載されるよりもずっと前に、新産業界に事実上行なわれていた。スピンニング・ジェニー、水力紡績機、ミュール精紡機等は、紡績業を革新した。その結果、紡績業は伸長の一途をたどる勢いを示した。一七〇〇年から一七八〇年のあいだに、原綿輸入高は三倍を超え、綿製品輸出高は一五倍に伸びた。[26]マンチェスターの人口は、一七五七年から一七七三年のあいだにほぼ五割かた増加し、[27]綿織物工業に従事するものの数は、一七五〇年から一七八五年のあいだに四倍となった。[28]重工業のみならず、綿織物工業もまた――両者は、一七八三～一八五〇年の期間における基幹産業だった――長いあいだ両者の存在と繁栄のために必要不可欠とみなされていた独占体制にたいする攻撃にそなえて、力を結集しつつあった。

イギリスの全経済は、こうした生産の伸びに鼓舞され、活気づいた。スタッフォードシャーにある諸陶器製造所の生産高は、一七二五年から一七七七年のあいだに価格になおして五倍に増えた。[29]イギリスから出港する船舶の総トン数は、一七〇〇年から一七七五年のあいだに二倍強となった。イギリスの輸入高は、一七一五年から一七七五年のあいだに四倍に伸び、輸出高は、一七〇〇年から一七七一年のあいだに三倍となった。[30]一七八三年当時におけるイギリスの産業は、重商主義というリリパットのいましめに身動きならず地面に縛りつけられたガリヴァーといったところだった。

一八世紀における二人の傑出した人物、すなわちアダム・スミスとトマス・ジェファーソンは、講座の上から、あるいは所有するプランテーションにおいて、とどめるすべもないこの闘争を観察しただけでなく、その意味をも明確に理解していた。アダム・スミスは、新世界における植民地建設計画を当初支配していた愚昧《ぐまい》と不正とを糾弾した。アダム・スミスは、植民地制度のかなめにあたる独占体制に真っ向うから反対した。独占体制は、植民地のみならずイギリスの生産力をも制約するというのが、その論拠だった。イギリスの産業は発展したけれども、独占のゆえにではなく、独占にもかかわらず発展したのである。独占とは、少数者の利益のために多数者の利益を犠牲にすること、にほかならなかった。植民地現地における植民地固有の製造業を禁止したことは、アダム・スミスにとって「人類のもっとも神聖なる権利にたいする明白な侵害であり……本国の商人および製造業者が、いわれなき嫉視《しっし》により、なんら十分なる根拠もなく植民地を勝手に奴隷化したことをあらわすもの」とみえた。イギリス資本は、近隣諸国との貿易からより遠隔の諸国との貿易に移行することを余儀なくされていた。土地の改良、製造業の育成強化、通商の拡大等にふりむけることができたはずの金が、頻々《ひんぴん》たる戦争と損失！をもたらしただけの遠隔地貿易を奨励するために費消されていた。それは、商店主の牛耳る政府をいただく国にはふさわしい体系だった。[31]『諸国民の富』はアメリカ革命を哲学的に先取りしたものである。『諸国民の富』とアメリカ革命は、同一の原因すなわちイギリスとその植民地の生産力の発展を阻害していた重商主義から生まれた双生児だった。ジョージ・ワシントンの軍隊がアメリカの戦場において致命傷をあたえたこの制度の「低劣かつ有害なやり方[32]」を学問的に咎めること、これがアダム・スミスの役割だった。

第六章　アメリカ革命

一七七〇年、大陸植民地が西インド諸島に輸出した干魚は、その全輸出高のほぼ三分の一、塩魚はそのほとんど全部、燕麦は八分の七、とうもろこしは一〇分の七、えんどう・いんげん等の豆類はそのほぼ全部、小麦粉は二分の一、バターおよびチーズはその全部、米は四分の一強、たまねぎはそのほぼ全部、松・樫・杉等の木材は六分の五、桶・樽用材は二分の一強、たが類はほぼ全部、馬・羊・豚・家禽《かきん》はその全部、石けんおよびろうそくはそのほぼ全部を占めていた。[1] ピツマン教授も述べているように、「ニュー・イングランドおよび中部植民地の開化と繁栄の基礎をなしたものとしては、西インド諸島貿易により蓄積された富にまさるものはない」[2]。

しかし、一八世紀英帝国の機構においては、大陸植民地は、大きく水をあけられた二番手にすぎなかった。砂糖が王であり、西インド諸島はヨーロッパの砂糖入れだった。ジャマイカの獲得という吉報を耳にしたとき、クロムウェルは有頂天になり、その日は政務を打ち切ってしまったほどである。イスパニオラを奪取しようものなら、まず一週間の休暇はとったところだろう。イスパニオラの仏領サント・ドミンゴは、のちにアンティル諸島の真珠として、英領プランターの目の上のこぶとなった。バルバドスは、国王陛下の王冠を飾る「美しい宝石」、ヨーロッパの諸王家の所有するいかなる宝石よりも珍奇かつ貴重な小粒の真珠だった。[3] 一六六一年、チャールズ二世は、たった一日のうちにバルバドスのプランターのうちから一三名を選び、准男爵に叙した。[4] これにより、同島の重要さを示したのである。ジャマイカ総督は、植民地任用官の席次としてはアイルランド総督の次に位した。また、これらの島嶼の郵便制度は、大陸にくらべてはるかによく整備されていた。

重商主義者は、とりわけ北部植民地を軽視した。北部植民地には、農民、商人、漁民、船員等は溢れていたけれども、プランターはいなかったのである。それは、まだ未発達の製造工業を別とすれば、字義通り、ニュー・イングランドだった。[5] オールド・イングランドとの競争は不可避だった。北部植民地は、水産部門で本国と競り合ったが、この部門は、ニュー・イングランド出身船員の養成所ともなった。農産物については、地理的条件を利し、西インド諸島の市場において本国の競争相手より廉価に売ることができた。この競争でイギリスは、販売と輸送の両面からみて、年当たり二五〇万ポンドを失っていた。「いったい、この事実から」と匿名の一著述家は問うている、「わが植民地との貿易および海運は、我国にとり三文の価値もないと考えないような者がいるであろうか?」[6] マサチューセッツにいる一〇人の人間は、本国人一名の雇用さえ造出しえない、とジョサイア・チャイルド卿は指摘した。同卿の結論するところによれば、「ニュー・イングランドは、わが王国にとり、もっとも不利な植民地である」[7]。チチェスターならば「ヴァージニアでうたいかつ踊る」[8]よりも、アイルランドで自ら労働するほうをよしとしたに相違ない。ニュー・イングランドの住民は、アイルランドに送還もしくは引揚げさせるべきである。ペティは、ぶっきらぼうに、そういった[9]。ニュー・イングランド人にたいし、バハマ群島、トリニダード、メリーランド、ヴァージニアへの移住をすすめる説得工作が、四回にわたり断続的に行なわれた。クロムウェルは、ニュー・イングランドを「貧困、寒冷かつ無用の土地として、視るにただ憐憫の情をもってした」[10]。一六五五年に出された総督および住民にたいする国務会議令は、「篤信敬虔なる衆庶による教化開発をはからんがため……」ジャマイカへの移住を勧告し、「故国の地を追われ、かかる荒蕪《こうぶ》不毛の土地にあるニュー・イングランドの住民が、安んじてかの肥沃の地に移り住むことを期待する」[11]ものだった。

こうした見解は、極端にすぎる。北部諸植民地は、食品貿易から締め出されるならば、本国の製品を購入することができなくなるだろう。イギリスにとっては、農産物と塩漬肉の輸出より工業製品の輸出のほうが、はるかに有利なはずではないか。追いつめられたあげく、北部の植民者が自ら工業の開発に乗り出すようなことになれば、藪蛇というものだろう。それゆえ、北部植民地に食品貿易を認めることが望ましい。ダヴェナントは、こう結論した[12]。

それに、西インド諸島の植民地は食糧を必要としていた。重商主義時代の経済分化方式にしたがい、砂糖生産に集中しなければならず、しかもこの換金作物はきわめて有利なものであるうえ、砂糖キビ栽培に不適な未開拓地も別にないとすれば土地と労働力を牧畜と穀物の生産にふりむけるようなぜいたくはできない相談だった。一六四七年、ウィンスロップ総督に送られた一通信には、西インド諸島について、こう述べられている。「ひとびとは砂糖キビ栽培に没頭しているため、食糧を手ずから労してつくるよりずっと割高でも他から買い入れるほうをよしとしております。ひとたび軌道にのれば、砂糖生産の利潤はそれほど大きいのです」[13]。こういうわけで、西インド諸島においては砂糖をもって「小麦あるいはパン」となす伝統が形成された[14]。大陸植民地さえおさえておけば、西インド諸島産糖を独占することが可能だった。「アメリカにおける一植民地を養うためには」とアベ・レイナルは書いている、「ヨーロッパの一州を耕作しなければならない」[15]。イギリスは、自発的にこの権利を放棄し、大陸植民地に譲渡した。次善の策に甘んじたわけである。重商主義体制は、紆余曲折を重ねたあげく悪しきものとして破棄されるのであるけれども、それが一個の体制であったことは確かであり、一個の体制として悪しきは悪しきなりに一貫した論理をもつことまで否定するのは愚かであろう。

こうして、北米植民地は、英帝国経済の一角に公認の場をあたえられ、砂糖プランターとその所有する奴隷の需要する食糧の調達御用を承ることになった。ニュー・イングランドは、アメリカのオランダ人とみなされることになった。北部および中部植民地の混合農業は、西インド諸島の単作農業を補足した。それは、一九世紀にいたって、南部の綿花および米作地帯に食糧を供給するようになった事情に類比できよう。はやくも一六五〇年には、ニュー・イングランドの諸植民地は〈姉〉なるヴァージニアとバルバドスに食糧を供給していた[16]。ウィンスロップは、このようなお膳立をととのえた功績を神意に帰した[17]。しかしながら、重商主義の功績もはなはだ大きかったはずである。一六六七年、時のバルバドス総督ウィロビーは書いている。「当地方における陛下の植民地は、ニュー・イングランドとの連絡を欠くかぎり、平和時においても繁栄の余地なく、戦時においては存続することすら不可能であります[18]」。西インド諸島においてもっとも需要のあった商品は、食糧だけではない。製糖用トレッド・ミルの動力源としての馬匹《ばひつ》および建築用木材もそうだった。一七〇八年にサミュエル・ヴェッチの述べているところによれば、「西インド諸島における英領島嶼は、いずれも大陸よりの援助なくしては存続不可能である。けだし、われわれがそれら島嶼にパン・飲料等の生活必需品、プランテーション耕作用牛馬、ラム酒・砂糖・糖蜜樽製造用材——これなくしては、いかんともなし難い——ヨーロッパ市場に生産物を輸送するための船舶等を調達しているがゆえである。それどころではなく、端的にいえば家屋すらその柱・梁《はり》・屋根葺き材料等を輸入に仰いでいる状態では、島嶼の生活は——よい生活はいわずもがな——ほぼ全面的に大陸に依存している、といわざるをえない」[19]。食糧と馬匹の供給にかんする大陸の重要性については、西インド諸島のプランター層はいささかの誤解もしていなかった。一六七四年、ボストンの一仲介人は書いている。「この有難き品じなは、ニュー・イングランド、ヴァージニアのほかには、かね太鼓にても求められませぬ。入手不能となりたるあかつきには、いかほどの損をまねくことやら」バルバドス人には「よっくわかっております」[20]。

これは、イギリスの政治家と植民地のプランター双方の周到な政策だった。ニュー・イングランドから西インド諸島に輸出される物品の多くは、同諸島においても直接生産することが可能だった。しかし、ジャマイカの一プランターが問うているように、「同島が食糧その他の必需品の自給を行なうならば、ニュー・イングランドの貿易はいかがな次第となるか?」[21]砂糖島嶼との関係がなくなれば、大陸植民地は深刻な後退を余儀なくされるだろう。これが、その答えだった。大陸植民地は「西インド諸島の鍵」[22]となった。大陸植民地がなければ、砂糖島嶼は食糧の自給をはからなければならない。そのためには、有利な砂糖キビ畑を穀物畑に転換しなければならないが、そうなれば、ニュー・イングランドの農民のみならず、イギリスの海運、製糖業、関税収入およびイギリスの栄光と偉大にも打撃となるだろう。一六九八年、議会は、砂糖島嶼にたいするイギリスのとうもろこし・食肉・小麦粉・パンおよびビスケットにかんする輸出禁止法案を否決した。このような禁令をさだめれば、「当該島嶼の住民は、食糧の自作自給に転じ、砂糖キビ・綿花・しょうが・インディゴの栽培を中止するであろう。イギリスの海運ならびに富の観点よりして、かかる事態は、イギリスに多大の損失をもたらすことになろう」[23]。

西インド諸島と大陸との経済関係は、個人的関係を通じても強化された。西インド諸島人は大陸に資産をもち、北アメリカ人は西インド諸島にプランテーションを所有した。サウス・カロライナには、バルバドスから植民が行なわれた。サウス・カロライナのミドルトン家、ブル家、コールトン家は、ジャマイカとバルバドスにプランテーションを所有していた。ロードアイランドの奴隷貿易商アーロン・ロペスは、アンティグアで砂糖プランテーションを経営した。アレグザンダー・ハミルトンはネヴィス生まれだった。セイレムのジェドネー・クラーク家は西インド諸島における北アメリカ人成功者として一頭地を抜いた存在である。父は、バルバドスとガイアナに広大なプランテーションを所有していた。息子は、バルバドスの主任関税検査官、同島議会議員となり後に総督府審議会委員をつとめた。北アメリカ人は、たちまち西インド諸島の輝かしい太陽の価値を悟った。西インド諸島人は、不安定な機構をおもんばかり、北アメリカに安全を求めた。「アダム・チャートに勧めたいのですが」とフィラデルフィアの友人に宛ててあるアメリカ人は書いている。「直ちにもう一店はじめるのがよいと思います。それをバルバドス・ホテルと名づけ、すさんだ暮しのため水腫病《すいしゅ》にかかった半死半生の西インド諸島人を看板に出したらいかがでしょう」。西インド諸島の女子相続人は、イギリスで大もてだったが、北アメリカにおいてもやはりそうだった、といわれている。[24]

大陸植民地は、食糧と引きかえに西インドの砂糖、ラム酒および糖蜜を取得した。それは、早くも一六七六年に、イギリスの商人が、ニュー・イングランドを目して植民地物産売買の大中心地・特定市場になりつつある、と苦情を申し立てたほどの規模に達していた。[25]それは、両地域の相互依存関係をあらわしていた。均衡を維持するためには、次の条件が絶対に必要だった。すなわち、砂糖および糖蜜という島嶼側産物が、大陸側の需要を充足しなければならないこと、大陸産穀類の島嶼側消費量が、大陸の生産に見合うものでなければならないこと、これである。

相互依存関係にある両地域の相対的大きさが異なるため、いかにしてもこの条件を満たすことは困難だった。矛盾をはらみながらも、その激発は一、二の方法あるいはその併用により、ひきのばすことができた。第一に、英領砂糖プランターは、耕作規模を拡大することができた。耕地の拡張は奴隷の増強を必要とし、それはさらに砂糖生産の増大をもたらし、食糧供給量の増加を呼ぶ。ジャマイカは、バルバドスよりも容易にこの方法に訴えることができた。バルバドスは、一八世紀にはすでに奴隷労働と掠奪農法のもたらす不可避的帰結に悩まされていた。ジャマイカには広大な未開墾地が残っていたのである。第二の療法は、砂糖植民地の増加をはかることだった。これによれば、部分的には大陸側のしごくもっともな不満をなだめることができよう。しかし、力の行使を必要としない唯一の解決法としての以上の対策にたいし、英領砂糖プランターは断乎として反対した。処女地の開墾および砂糖植民地の増加は、イギリス市場における砂糖供給量の増大、したがって糖価の低落を意味する。バルバドス人は、当初から砂糖にかんするイギリスの版図拡張策がなにをもたらすかをつぶさに味わっていた。かれらは、スリナムへのイギリス移民に反対し[26]、バルバドスの白人奉公人がリーワード列島へ流出することに憤懣《ふんまん》やる方なかった。ジャマイカ総督から、リーワード列島における海賊の鎮圧に派遣された遠征軍への協力を要請されたとき、かれらは、リーワード列島やジャマイカの救援などにはたとえ一ポンドたりとも出す気はない、とにべもなく断わった[27]。一七七二年、七年戦争後に併合された砂糖島嶼の開発に投資する外国人にたいし、しかるべき保証をあたえることを趣旨とする法案が議会に提出された。西インド諸島のプランターは、同法案を「愚劣な新しがり」として猛烈に反対した[28]。ネイミア教授の言によれば、それは、「飽満したプランター」と「これから儲けようとしているプランター」との、お定まりの対立を示すものだった[29]。

外国領砂糖島嶼も、すでに、奴隷生産の法則を実証していた。仏領島嶼は英領島嶼より植民の歴史が浅いため、それほど地力を失っていなかったから、耕作は容易であり、生産費も安くついた。一六六三年というと砂糖産業の勃興以来わずかに二〇年を経たにすぎぬころであるが、バルバドスは早くも「急激な衰退[30]」を示しており、地力の枯渇をめぐる嗟《さ》嘆《たん》の声は、次第に高まり、深刻の度をふかめていた。一七一七年、商務院にたいする陳情書によれば、バルバドスにおける耕作には、仏領島嶼における同一面積の耕作に比しはるかに多くの牛馬、五倍の黒人を必要とした。仏領サント・ドミンゴにおける奴隷一人は、ジャマイカにおける奴隷四人に匹敵した。[31] 一七三七年、バルバドスにおいて一〇〇〇エーカーに五万ポンドを投資したプランターは、二パーセントの利潤をあげた。仏領島嶼における同規模のプランテーションについてみれば、投下資本はその六分の一ですみ、利潤は一八パーセントに達した。[32] 右の数字には多少の誇張がある。しかし、広大な肥沃未痩の土地をもつ仏領砂糖プランターの根本的優位は明らかである。仏領産糖は、イギリスにおける価格の二分の一の価格で販売され、ヨーロッパ市場を席巻しつつあった。[33] 仏領島嶼を奪取すればどうか。しかし、それも旧来の英領諸島プランターの没落をもたらすだろう。それゆえ、英領プランターは仏領島嶼の奪取よりも、それらを破壊することを要求した。一七四八年、ジャマイカ総督は書いている。この戦争中に仏領サント・ドミンゴを破壊しないかぎり、平和の到来とともに、同島はその生産物の品質および低価格により英領砂糖植民地を崩壊せしめるであろうと。[34] 七年戦争のあいだに、イギリスはスペインからキューバを、フランスからグアドループを奪った。両島とも、一七六三年、元所有国に返還され、その代わり、イギリスはフロリダとカナダを取得した。

このような取引を、関係諸地域の今日における重要度に照らして分析するならば、まるまる要点をとり逃がしてしまうことになるだろう。一七六三年当時においては、キューバはまだ醜いアヒルの子だった。しかし、いつかは美しい白鳥になる時がくることは、いかに節穴であろうと目さえあればみることができたのである。グアドループにかんしては弁明の余地がない。ヴォルテールが嘲笑的に述べているように、カナダという「雪におおわれた数エーカーの土地」はわずかに毛皮だけが取り柄だった。グアドループには砂糖があった。「かの素晴らしい品物・砂糖にくらべれば、多少の帽子がいったいどんな意義をもつというのか？」ある匿名子は、一七六三年、こう辛辣な問いを発している。かれは、さらに、フランス人をカナダにとどめておくことこそ、北アメリカを常に従属状態におく方法であると指摘した。[35]

イギリス、フランス、アメリカを問わず周知であった事柄を当時のイギリス内閣が知らなかった、とは考えられない。一七五九年から一七六二年のあいだに〈ケベック〉からのイギリスの輸入高合計は四万八〇〇〇ポンド、ケベックにたいする輸出高合計は四万二四〇〇ポンドだった。グアドループからの輸入高は、一七五九年から一七六五年のあいだに総計二〇〇万四九三三ポンド、グアドループへの輸出高合計は四七万五二三七ポンドにのぼった。一七六二年から一七六六年のあいだに、イギリスはハバナから二六万三〇八四ポンドを輸入し、一二万三四二一ポンドを輸出した。カナダおよびフロリダを、一七六三年に奪取占領した西インド諸島の二つの島グレナダおよびドミニカと比較してみよう。グレナダからのイギリスの輸入高合計は、一七七三年までに、カナダからの輸入高合計の八倍に達した。カナダにたいするイギリスの輸出高はグレナダにたいする輸出高の二倍だった。ドミニカからの輸入高は、フロリダからの輸入高の一八倍を上まわった。対ドミニカ輸出高のみ、対フロリダ輸出高を七分の一かた下まわった[36]。カナダおよびフロリダの保有は、キューバあるいはグアドループよりも価値があるためではなく、まさしく価値がないという理由に基づくものであったことは、明らかである。

かくて、強力な西インド諸島勢力の勝利の結果とみる以外に、一七六三年の平和条約の意味は理解されない。それは、結局、ピラスの勝利にすぎないことが証明されたが、一七六三年当時においては、やはり一個の勝利にほかならなかった。もっとも強硬なグアドループ返還論者は、二人の西インド諸島のプランター、ベックフォードとフラーだった[37]。チャタムにたいするベックフォードの影響力はきわだっていた。「かくて、イギリスにとっては未曽有の掘出物であったグアドループは、私的見地に立つ多数の強力な敵手に当面したが、公共の利益という大義名分以外に自己を擁護するものをもたなかった。このような大義名分は、少数者の私的利益に拮抗するには薄弱にすぎるのがふつうである」[38]。西インド諸島勢力の狙いは二つあった。西インド諸島勢力は、フランスがカナダをフランスの北アメリカ、すなわち、仏領砂糖植民地の食糧供給源たらしめることを妨害しようとした。こうした懸念には根拠がなかった。英領砂糖プランターは、一七八三年以後になってはじめて、カナダが、失った北アメリカ植民地の代わりにはならないことを身をもって知ったのである。西インド諸島勢力は、さらに、この恐るべき競争相手をイギリスの砂糖市場から締め出す決意を固めていた。このほうが、より重要な狙いだった。それゆえに、チャタムは、ヨーロッパ大陸側への併合を予定された島嶼において征服を行なったのである。すなわち、毛皮を併合するために砂糖を征服したのである。この問題をめぐり、イギリス全体にごうごうたる論争がまき起こった。さすがのチャタムも、カナダまたはグアドループのいずれを返還しようと、絞首刑はまぬがれないのではあるまいかといったくらいである。[39]絞首刑が執行されたとすれば、その一番手はベックフォードをおいて他にはなかったであろう。

それは、結局、砂糖プランターに貢物を献上し、国産であるゆえに砂糖の独占価格を認めよと、全英帝国を恫喝するにひとしかった。大陸の植民者は、外国領の砂糖植民地に向かった。それは愛国心に欠けるとはいえ、当然だった。「陛下にたいする義務をことごとく忘却し」と一七五〇年のロンドン商人の一請願状には記されている、「母国の利害、母国の法を無視して」[40]大陸の植民者は、自己の生産の伸びには必ず貿易の伸びがともなわなければならないということだけに注目した。外国領砂糖植民地が新たに英領となり、貿易関係の継続が不可能になれば、かれらは帝国の圏外にある植民地と貿易を行なうだろう。戦時においてさえも、そうであろう。かれらの存立そのものが危急にさらされていたのである。島嶼と大陸とのあいだに決戦が始まった。以来、西インド諸島と北アメリカは絶えざる「衝突紛争」[41]を繰り返した。

大陸の植民者は英領砂糖島嶼をボイコットしたわけではない。当然である。そんなことをすれば、砂糖プランターにあたえる損失もさることながら、自身のこうむる損失も甚大だった。そこで、大陸は英領島嶼にたいする必要品の供給を継続した。その代わり、どこまでも現金取引のたてまえをとった。このため、英領島嶼の正貨は流出枯渇し、インフレーションがうす気味悪い影をおとすようになった。一七五三年度における北部植民地とジャマイカとの貿易総額は、七万五〇〇〇ポンドにのぼると評価された。北部植民者は、そのうち約二万五〇〇〇ポンドを物品で、残りを正貨で受け取った。[42]その現金をもって、かれらは仏領島嶼におもむき、砂糖と糖蜜を安く買い付けた。仏領プランターは、糖蜜をラム酒に蒸溜することを禁止されていた。本国産ブランデーとの競合を防止するためだった。英領砂糖プランターは、砂糖とラム酒の市場を失った。競争相手フランスが、市場をさらっていった。かてて加えて、この相手はより有利な条件でイギリスと競争するのに必要な品々を供給されていたのである。

大陸のこうした複雑な三角貿易は、英帝国のつくりあげた構図をことごとく蹂躙《じゅうりん》するものだった。砂糖プランターにとっては、我慢のならぬことである。イギリスにとって砂糖島嶼は最小のものといえども、ニュー・イングランドより一〇倍の余も値打ちがある。これが、砂糖プランターの見解だった。[43]それは、砂糖貿易の支配権をめぐるイギリスとフランスとのたたかいである、植民地間相互の争いなどといったものではない、とかれらは主張した。[44]

こちこちの重商主義者たちも、この見解を支持した。フランス政府は、問題の貿易を見て見ぬふりをしているばかりか、積極的に奨励し、英領砂糖植民地の弱体化を狙っている。そう主張された。[45] ポスレスウェイトは、こうしたやり方を目して不埒かつ有害な通商であるといい、躊躇なく次のようにいいきっている。それは「われわれの植民地の本国にたいする従属関係を大幅に緩めることに、われわれの植民地と仏領植民地とのあいだに強固な利害関係をつくりあげ、イギリスからその植民地を遠ざけることに、さらに、英または仏政府のいずれにつこうとかまわないといった無関心の風潮をわれわれの植民地に蔓延させることに大きく貢献したのである」。[46] チャタムも、ポスレスウェイトに口裏をあわせた。それは「非合法かつもっとも有害な貿易であり……天人共に許さざる行為であって、ことごとくの法規に違反し、我国の安寧福利に徹頭徹尾背反するものといわねばならない」。[47]

しかしながら、なぜ、このアメリカ貿易のみがひとりひき出されて非難の的になったのか、理由はいっこうに明らかでない。それは、ジャマイカとスペイン領植民地とのあいだに行なわれた貿易といささかも異なる種類のものではなかった。この経路を通じてスペイン領植民地産の砂糖は、おもてむき英領植民地産の砂糖としてイギリスに運びこまれていたのである。仏領プランターにたいする北アメリカの食糧供給政策も、少なくとも、仏領プランターにたいするイギリスの奴隷供給政策より以上に非難さるべき筋合いのものではなかった。

大陸の植民者は反撥した。「砂糖プランターの夢寐《むび》にも忘れぬ一大目標は、国民、なかんずく北アメリカ在住国民の生活必需品価格を将来にわたり思うがままに吊り上げるという点にある」[48]。プランターがイギリスで独占価格を維持しつづけることはできない相談だった。ヨーロッパにたいする砂糖の供給量が伸びた結果、需要供給の法則にしたがい糖価は低落の一途をたどっていたときの話である。プランターにとっては「所有する黒人を洗って白くしうる法律を議会に懇願する」[49]ほうがまだしも気の利いたやり方だったかもしれない。苦境を訴え、ひたすら議会の庇護を嘆願してやまないこれらの「発育しすぎた西インド諸島人」[50]は、けっして困窮していたわけではなかった。この富めるプランターは、北アメリカ人の犠牲において、あいかわらず金ぴかの馬車でロンドンの街路を乗りまわそうと望んでいたにすぎない[51]。「美々しく縫取りをした服を着こんだ男に慈善をこわれた場合、いったいどう答えればよいのであろうか?」[52]渺《びょう》たる孤島バルバドスの一握りの甘やかされた砂糖貴族のために、大陸植民地の利益とイギリスの消費者の利益がともに犠牲にされねばならないのなら、いっそこの小島を海中に沈めてしまうほうがましというものだろう[53]。ジョン・ディッキンソンは書いている、「当地（西インド諸島）における資産が中正を得ており、現下院議員たる西インド諸島の紳士諸氏のうち、頻繁に金銭を蕩尽《とうじん》することをもって世評に高い者がせめてその一割にも満たぬ程度であるならば、世間一般を利することは必ずや大なるものがありましょう。こう申しても決して詭弁を弄することにはならないと存じます」[54]。ペンシルヴァニアにおいては、かわった議論が行なわれていた。西インド諸島は、イギリスにとり大陸より有用ではない。そこの奴隷は素裸であり、白人の居留民はほとんどいない。酷熱の気候は、多数の有能なイギリス船員の生命を奪った[55]。北部植民地が不当な扱いを受けるかぎり、イギリスの輸出、とりわけ毛織物の輸出もまた損失をまぬがれない[56]。英領西インド諸島は、ニュー・イングランドの生産物を消費するには力不足であり、また北部植民地に十分低廉な価格で糖蜜を供給する力もない。「おのれが提供しえないゆえに、同胞は他国から買い付けることをはかるのであって、それをしも妨害する」[57]とは、かいば桶の中の犬のごとき態度というほかはない。一七六三年度におけるマサチューセッツの糖蜜輸入は、三パーセントを除き、仏領西インド諸島からのものだった。英領西インド諸島は、ロードアイランドおよびマサチューセッツの合計輸入高のわずかに一〇分の一を供給したにすぎない。植民地経済に占める蒸溜酒製造業の位置は大きかった。一七六三年、マサチューセッツには六〇、ロードアイランドには三〇の蒸溜酒製造所があった。さらに、仏領西インド諸島とのこのような貿易があったからこそ、ロードアイランドは年当たり四万ポンドをイギリスに送金することができたのである。「この貿易がなければ」と、同植民地は抗議している、「当地の住民は生計を維持しえず、僅かなイギリス製品にたいする支払いさえまったく不可能であったし、今後も不可能であろう」[58]。外国領植民地との貿易が盛んになればなるほど、とコールデンは論陣を張った、同植民地におけるイギリス製品の消費量は増大するであろう。[59]

重商主義者の心をやわらげるような主張は、おそらく一つしかなかった。それは、重商主義陣営の一方の重鎮ウィリアム・ウッドの説である。ウッドは、はやくも一七一八年に、西インド諸島の外国領プランテーションおよび大陸とのあいだの貿易を認める態度を明らかにした。この貿易により、イギリス製品は仏領島嶼に密輸され、北アメリカの側は、それと引きかえに金銀ではなく、価値ある当のもの、すなわち当該島嶼の生産物を受け取ることになろう、とウッドは主張した。「我国のプランターは、おそらく如上の策を歓迎すまい。しかしながら、自己の利害に固執するあまり、これを承認しないとすれば、プランターは、おのれの利害がイギリス一般の利害に合致するなどと論ずる資格を失うことは確かであろう。この方策は、外国領植民地およびプランテーションを、イギリスの事実上の植民地およびプランテーションたらしめることを狙いとしているからである」。この貿易により、船舶・船員は増加し、イギリスによる再輸出のための植民地物産の供給量は伸びるであろう。ただし、北アメリカが、その輸出と引きかえに、外国製品を受け取ることは許されない。これが唯一の必要条件である。[60]

以上は、重商主義者の説としては異例に属するものであるが、多くの点で一九世紀における政策を先取りしていた。それは、砂糖プランター層の反撥をかったにしても、大陸植民地の忠誠をつなぎとめることはできたかもしれない。しかし、この主張は、重商主義者の信条に反する異端邪説と目された。大陸の友人たちも、かえって、警戒すべしと説いた。「ある植民地の破壊または犠牲のうえに、他の植民地の奨励または発展をはかる」[61]ようなことはなすべきでない。そう、オーグルソープは述べている。プランターの要請する救済ないし援助が英帝国全体にとって有害である場合には、あるいは、救済策を講じた場合に、西インド諸島の受ける利益よりも帝国の他の地域の蒙《こうむ》る損害のほうが大きいと推定される場合には、かかる救済策は否定されなければならない。[62]ジョン・バーナード卿は、税務担当官の総力を結集しても、大陸の繁栄にとって必要不可欠な商品の密輸を防止することはできない、と警告した。[63]ヒースコートは、貿易を禁圧すればフランス人はカナダ開発に力をそそぐことになろう、と注意を喚起した。[64]

議会は、あいかわらず王なる砂糖と西インド諸島勢力に忠実だった。「西インド諸島は我国の領有にかかる唯一の有用なる島嶼であり、大陸はむしろ厄介ものであるというのが、まず基礎的前提となっていた」[65]。一七三三年の糖蜜法は、砂糖プランターの勝利を意味した。同法により、外国領島嶼にたいするアメリカの輸出は禁止され、外国産の砂糖と糖蜜には高率の関税が賦課された。ピッツマンの記述によれば、同法は「ポートランドからボルチモアにおよぶ地域全体の進歩を将来にわたり阻害するもの[66]」だった。

しかしながら、糖蜜法の可決成立とその施行とは、まったく別の事柄だった。ジェームズ・オーティスが揚言《ようげん》しているように、たとえイギリスの王が二万の軍勢を率いてボストン・コモンに布陣したところで、糖蜜法の遵守を強制することはできなかっただろう。[67]アメリカの経済活動においては、法律無視ということが基本道徳の一つに格上げされた。税吏は目を閉じることをもって、あるいは、少なくともおのれの私的利害のおよぶ範囲内においてのみ目を開くことをもって、実入りの多い手間仕事とこころえていた。一七五一年、ペンシルヴァニアの請願状に述べられているように、「いかなる社会においても、多少の悪人は、必要とされよう」[68]。一七六四年の砂糖関税法は、先行法による禁止措置を、あらためて規定したものである。ただし、密輸の絶滅をはかるため、関税は引き下げられた。しかしながら、関税というものは徴収されないかぎり意味はない。バーナード総督の言を借りれば、同法のアメリカにあたえた衝撃は、一七五七年のウィリアム・ヘンリー砦の陥落のときよりもはるかに大きいものだった[69]。植民地の自覚をたかめたという点では印紙法も同法にはおよばないといわれているのももっともである。北アメリカ人は、イギリスの臣民であるがゆえに束縛されることにいらだちはじめた。同法を厳格に施行し、密輸を根絶しようとする試みから、直接にアメリカ革命が導かれた。アメリカ人が「糖蜜はアメリカの独立における本質的要素の一つであることを自認するのに赤面しなければならぬ[70]」いわれはないといいきったとき、ジョン・アダムズの胸中に去来したものは、まさしくこのことだった。

「事と次第によっては国民が否応なく他国とのあいだの政治的紐帯《ちゅうたい》を廃棄せねばならぬ場合があり……」とジェファーソンは書いたが、これは真理の半面を示したにすぎない。廃棄が問題となっていたのは、政治的紐帯ではなく、経済的紐帯だった。新たな時代は、すでに始まっていた。一七七六年は、独立宣言の、同時にまた『諸国民の富』刊行の年である。砂糖島嶼の価値を強調するどころの話ではなかった。アメリカの独立は、砂糖島嶼のとどまるところを知らぬ転落の開始を告げる合図だった。イギリス政府は一三の植民地を失ったばかりでなく、八つの島嶼をも失ったとは、当時、ひろく巷間に流布した説である。

アメリカの独立は、重商主義体制を破壊し、旧制度の信用を失墜せしめた。アメリカの独立は、たまたま産業革命の初期段階に行なわれた。そうした符合もあって燃えあがりつつあった植民地体制にたいする嫌悪感を、いっそう煽り立てることになった。この嫌悪感こそ、アダム・スミスが公然と語っていたものであり、自由貿易の全盛期には厳しい告発となるまでに高まったものである。アダム・スミスと同じ学校で薫陶を受けたアーサー・ヤングは、イギリスにおける農業革命の旗頭であったが、アメリカの反逆から、いくつもの重要な教訓を学び、植民地を害悪の根元とみるにいたった。「現代政治のかの偉大な教訓、すなわち」とかれは歯に衣着せず書いている。「北アメリカの独立が、われわれの通商政策の視野を拡大せしめたのは当然である」。それは、砂糖島嶼がなんら重要ではなかったという意味ではない。「砂糖島嶼はきわめて重要視されていたが、そこに禍根があった。それらの島々は、擁護論者が出まかせをいっているような意味で重要であるのではない[71]」。

砂糖プランターは、アメリカの分離の意味するところを十二分に悟っていた。印紙法は、大陸におけると同様、島嶼の商人にも評判が悪かった。印紙は、自由をもとめる歓声の渦のなかで公然と焼き捨てられた[72]。抗議の嵐がわき起こったとき、ピネイはネヴィス島からこう書き送った。「この先、私共がどうなるのか、神のみぞ知り給う、と申すほかはありません。私共は餓死するか破産するか、どちらかでしょう[73]」。事実は、もっと悪かった。どちらもが、現実のものとなった。ジャマイカにおいては、わずか一七八〇年から一七八七年のあいだに一万五〇〇〇人の奴隷が餓死した[74]。アメリカの独立は、砂糖島嶼凋落《ちょうらく》の第一歩をしるしたのである。

大陸の独立が承認されたのち、砂糖プランターは、経済的利害につきうごかされて、画期的な提議を行なった。航海法は「経済的情況の重大なる変化にすべからく順応せしめられねばならない。しからざれば、その条項は、不要無益のものと化す[75]」というのである。アメリカ人もまた、こうした相互依存関係には敏感だった。「西インド諸島貿易は」とアダムズは書いている、「アメリカの通商体系の一部をなしている。西インド諸島はアメリカなしには済まず、アメリカは西インド諸島なくしては済まない。創造主は、この地上に互いに互いを必要とするような具合にわれわれの位置をお定めになったのである」[76]。イギリスにおいては、アダム・スミスとピットが、ひきつづき旧経済関係の存続をはかるべきことを論じたが、容れられなかった。チャマーズが述べたように、七万二〇〇〇の奴隷主および四〇万の奴隷よりなる一社会は、イギリスの切実な利害を犠牲とするに足るほど重要ではなかった[77]。シェフィールド卿は書いている、「航海法は、強大なる我国海上権の基礎であって、われわれは、これにより全世界との貿易を行なうことができる。我国島嶼との貿易を他国に認めるがごとき改刪《かいさん》をなすならば、航海法は有名無実となり、イギリスの海上勢力は見殺しとなるであろう」[78]。「アメリカ人はイギリスとの貿易を拒否していた。かれらが他のいかなる国との貿易をも承認されないのは、当然すぎるほど当然であった」[79]というノース卿の見解には、イギリス帝国主義の面目躍如たるものがある。

アメリカは外国となり、航海法の全条項の適用を受けることになった。西インド諸島は、当時の世界史的状況からすればごく自然な市場からひきはなされた。ノヴァ・スコシアを、なんとしても、もう一つのニュー・イングランドたらしめる必要があった。しかし、ノヴァ・スコシアは一夜にしてならず、かといって、アメリカ喪失の痛手を償う手だては他になかった。アメリカが独立しても、その生産物にたいする需要は、減少しなかった。ただ、その輸入が困難になっただけのことにすぎない。西インド諸島は自由港の創設を嘆願した[80]。

アメリカの生産物はひきつづき輸入されていたが、それは闇の経路を通じてであり、このため英領プランターにとり、価格は騰貴の一途をたどった。とはいえ、戦争中には、島嶼における物質の欠乏・窮迫を救うため、アメリカ貿易にたいする禁止措置は、大幅にゆるめられざるをえなかった。アメリカの英領西インド諸島向け一七九六年度輸出高は、一七九三年度輸出高の三倍だった。イギリスの輸出高は、二分の一に落ちた[81]。アメリカの西インド諸島向け一八〇一年度輸出高は、一七九二年度輸出高のほぼ五倍に伸びた。一八一九年度輸出高の六分の五はカナダおよびスウェーデン領、デンマーク領の島嶼を通じて送られた[82]。

西インド諸島市場から締め出されたアメリカは、英領以外の島嶼との取引を漸次拡大する方向に向かった。英仏間に戦争が勃発し、フランスの海軍および商船が破壊されると、合衆国が仏領およびスペイン領島嶼の生産物の輸送を引き受けた。アメリカによる非英領島嶼物産のヨーロッパ向け輸送取扱品目についてみれば、一七九一年にはコーヒーが一〇〇万ポンド足らず、砂糖が七万五〇〇〇ポンドであったのにたいし、一八〇六年にはコーヒー四七〇〇万ポンド、砂糖一億四五〇〇万ポンドに伸びた[83]。一八世紀末における戦乱にもかかわらず、非英領プランテーションの生産物は、ヨーロッパ市場で英領の生産物と競争をつづけていた。

ところで、英領砂糖プランターは、アメリカの反乱により否応なくフランスの競争相手と直面することになった。これが最大の災厄だった。英領プランターにとって、アメリカ革命というパンドーラの箱から飛び出してきた諸悪のなかでも最たるものは、仏領砂糖植民地の優越ということだった。一七八三年から一七八九年にいたる期間の仏領砂糖島嶼、とりわけサント・ドミンゴの発展は、植民地開発史上もっとも瞠目《どうもく》にあたいするものだった。仏領島嶼の土地は肥沃であり、これがものをいった。仏領産糖の原価は、イギリスの砂糖原価を五分の一かた下まわり、またサント・ドミンゴとジャマイカの平均生産高を比較すれば五対一だった。[84] 一七七一年から一七八一年のあいだ、ジャマイカのロング家のプランテーションは、平均して九・五パーセントの利潤をあげた。一七七四年度の利潤は一六パーセントと高かった。[85] 一七七八年、ジャマイカにおける純利益は四パーセントだった。これにたいしサント・ドミンゴにおける平均純利益は八ないし一二パーセントにのぼっていた。[86] 一七七五年、ジャマイカには七七五のプランテーションが存在したが、一七九一年までにはそれぞれ一〇〇のプランテーションにつき二三が負債のために売却され、一二が管財人の手に移され、七つが放棄された。[87] 西インド諸島のプランターは二〇〇〇万ポンドに達する巨額の負債に喘《あえ》いでおり、求められるならば「いかなる体制にきりかえようとも、現体制のもたらせるかかる窮状以上に悪化することはないと、主義主張をこえて証明する」[88] ことができただろう。一七八八年、サント・ドミンゴは、ジャマイカの二倍を輸出した。サント・ドミンゴの一七八九年度輸出高は、全英領西インド諸島の輸出高合計を三分の一かた上まわると評価された。一七八九年を下限とする一〇年間に、サント・ドミンゴの黒人人口と総生産高は、ほぼ倍加した。[89]英領砂糖植民地を全部あわせても仏領サント・ドミンゴに匹敵しえない、とイリヤール・ドーベルトゥイユは自讃した。[90]英領プランターの側も「ヨーロッパ市場の支配権を保持」しつづけることは、もはや不可能であることを認めた。「この支配権はイギリスの手から失われ、もはや取りもどすことはできないのではないかと、われわれは恐れている」。[91]仏領植民地の輸出は、八〇〇〇万ポンドを超え、輸入は四〇〇〇万ポンドを超えた。これに関係する船舶は総計一六万四〇〇〇トン、船員は三万三〇〇〇名に達した。英領植民地の輸出は五〇〇〇万ポンド、輸入は二〇〇〇万ポンドを下まわり、使用される船舶の総トン数は一四万八〇〇〇トン、海員は一万四〇〇〇名だった。[92]いかなる点からみても、砂糖植民地は、イギリスにとってよりもフランスにとってはるかに重要な意味をもつようになっていた。

アメリカの諸植民地が独立をかちとったとき、カリブ海はイギリスの内海ではなくなった。英帝国の重心は、カリブ海からインド洋に、西インド諸島からインドに移動した。一七八三年といえばきわめて重要な年であるが、宰相ピットが東洋におけるイギリスの統治権になみなみならぬ関心を寄せはじめたのは、この年である。[93]一七八七年、ウィルバーフォースは、ピットに鼓舞されて奴隷貿易廃止にかんする案を提唱した。[94]同年、東インド会社は、インドにおける砂糖キビ栽培に関心を示した。[95]一七八九年、同社の一委員会は理事会にたいし砂糖キビの栽培を正式に勧告した[96]。

奴隷貿易にかんするイギリス政府の方針は、一七八三年以前にすでにかたまっていた。一三植民地州を喪失したことにより、帝国内の奴隷数はいちじるしく減少しており、奴隷貿易の廃止はやりやすくなっていたのである。綿繰機のおかげで瀕死の奴隷制経済が南部に蘇生したとき一三州がまだイギリスのものであったならば、そうはいかなかったに違いない。「アメリカが我国のものであるかぎり」とクラークソンは一七八八年に書いている、「アフリカの息子や娘の苦悩に気づいていたにせよ、その呻き声に心を動かすような閣僚は一人としてなかったことであろう。かつてはこれら虐げられた人びとの救済を頑として阻む仲立ちをつとめたあの汚れた土地から、われわれが影響されることはなくなった。歴史の進展は、まことに驚嘆にあたいする。かの虐げられた人びとの苦痛を除去すること、それを政策となしうる見通しが開けてきたのである[97]」。

旧植民地制度は、植民地市場を独占しないかぎりイギリス製品のはけ口がない、という前提のうえに立っていた。独占体制のもう一つの側面、すなわち植民地による本国市場の独占も、同じ仮定のうえに立っていた。換言すれば、旧植民地制度は、販路というものはおのずと定まるという貿易原理を否定するものだった。アメリカの独立により、このような妄信は粉砕された。一七八三年六月、枢密院令によりイギリスおよび合衆国間の自由貿易が定められた。旧植民地州からのイギリスの輸入は、一七八四年から一七九〇年のあいだに五〇パーセント伸びた。綿繰機の登場するにおよび、イギリスの輸入額は一七九二年の九〇〇万ドルから一八〇一年のほぼ三一〇〇万ドルへと増大した[98]。メリヴェールが一八三九年に述べているように、「本国とアメリカ植民地との交易は、現在の大規模な二国間通商に比較すればとるに足らぬ取引にすぎなかった。本国とアメリカ植民地が支配服従の関係を清算し平等の立場に立つにおよび、二国間の通商は拡大し、いまや空前の規模に達している」[99]。資本家階級はこのような事実に目を洗われ、利潤と損失という観点から帝国の在り方の再検討にとりかかった。重商主義哲学の基礎を掘り崩しつつあったアダム・スミスの書物の成功も、このような事実に負うところが大きい。一八二五年、自由貿易論者の第一人者ハスキソンは、ずばりと問うている。「英帝国からの合衆国の分離は、通商問題にのみかぎってみた場合、我国にとって損失であったのであろうか？　通商上の奴隷身分を意味するかの植民地制度から合衆国が解放されたことによって、イギリスの貿易および産業は実際に損害を蒙ったのであろうか？　……かくの如き実例には、なんら学ぶべき教訓はないといえるであろうか？」[100]いや、重商主義に一服もられ、砂糖プランテーションで一〇〇年のあいだ眠りこけたリップ・ヴァン・ウィンクルどもはさておき、誰もが有益な教訓をひき出すことができたのである。

第七章　イギリス資本主義の発展——一七八三〜一八三三

アメリカの独立は、当時、イギリスのみならず全ヨーロッパを通じ国民的不幸とみられたが、事実はそうであるどころか、古色蒼然たる時代の終焉と新時代の開幕を画するものだった。この新時代に、西インド諸島独占の存続する余地はなかった。われわれは、いまや、植民地制度に鼓舞され成熟の一歩手前まではぐくまれたイギリスの生産諸力の発展をあとづけなければならない。また、この植民地制度が、新時代においてはいかにして除去すべき桎梏《しっこく》に変じたかをあとづけなければならない。

一七八三年六月、時の宰相ノース卿は、人道主義の立場から奴隷貿易に反対するクエーカー教徒を賞めあげてはみたものの、奴隷貿易は大多数のヨーロッパ諸国にとり必要不可欠となったがゆえに、その廃止は不可能であるとして遺憾の意を表明した。奴隷貿易商と砂糖プランターは、掌をうって喜んだ。[1] 西インド諸島の諸植民地は、いまだになお帝国の寵児であり、イギリスの王冠を飾る高貴このうえない宝石だった。

しかしながら、好むと好まざるとにかかわらず、迫りくる嵐の気配は、心あるものの耳にはきこえていた。ヨークタウンの年には、ワットが二番目の特許をとっている。この特許は回転運動にかんするもので、これにより、蒸気機関は原動機として実用化され、イギリス工業は、マシュー・ボールトンの言葉にしたがえば、「蒸気でなくては夜も日も明けぬ」[2]次第となった。ロドニはフランスを破って砂糖植民地を救ったが、この勝利は、ワットが蒸気の膨張力を利用して二行程のピストンを製作したときと時期を同じくしている。一七八三年の平和条約が締結されたころ、ヘンリー・コートは鉄鋼業に革新をもたらしたパッドル法にとりくんでいた。イギリス資本主義の壮大な発展の場は着々と整えられており、これがやがて、一八三二年、政治構造の変革をもたらし、ひろくは独占一般、せまくは西インド諸島の独占にたいする攻撃を可能とするのである。

一八三三年までに技術革新を完遂した工業部門は一つもなかった。どの部門にも、ふるい型の組織が残存していた。残存といっても、たんなる珍奇な化石めいたかたちで残っていたわけではない。いまだになお、羊毛は各戸に割りあてられて紡がれ、紡績糸は各戸に割りあてられて織られ、釘材は各戸に割りあてられて釘につくられ、皮革は各戸に割りあてられて靴につくられていた。織機は手動がふつうであり、紡機はほとんど木製だった。「紡ぎ女《スピンスター》」という語は、生産にかんする一職分を意味し、まだ未婚の女という意味をもってはいなかった。[3]

しかし、家内生産方式は、なお残存していたにしても、すでに典型の座からはすべり落ちていた。産業革命の初期には水力が、後期には蒸気力が結びついている。しかしながら蒸気力の応用は、漸進的に行なわれた。一九世紀初頭においても蒸気力は、なお全般的に使用されていたとはいえない。相当程度使用されていたともいえない。連合王国内で稼動していた蒸気機関は、計三二一台、その合計出力は五二一〇馬力にすぎない。[4]二〇台で本を書いたクラパムにしたがえば、一八三一年、グラスゴーおよびクライド河畔において使用された総馬力は現代の巡洋艦一隻を走らせるに足る程度といわれる。[5]しかし、マントゥーの述べるところによれば、「一七八〇年から一八〇〇年のあいだに並立していた紡績工場と家内作業場を比較してみれば、その間の差異は、当時の工場と現代の工場との差異よりもはなはだしいものがあった[6]」。

綿織物工業は、すぐれて資本主義的な工業だった。一八三五年に推定された数字によると綿紡織関係の一工場あたり平均従業員数は一七五人、絹関係は一二五人、リンネル関係は九三人、羊毛関係は四四人となっている。平均的な綿紡織工場をとってみても、その大きさはイギリス経済史上類をみない態《てい》のものだった。マンチェスターにおける四三の主要工場についてみれば、平均労働者数は一八一五年に三〇〇人であったが一八三二年には四〇一人に増えた。[7]イギリスに蒸気力を原動力とする紡績工場がはじめて建設されたのは、一七八五年のことである。マンチェスターには一七八九年に建設された。一七八五年から一八〇〇年のあいだに、綿紡績工場用蒸気機関は、八二台製作された。ランカシャーだけで、そのうちの五五台を占めている。[8]蒸気力による最初の織物工場は、一八〇六年、マンチェスターに建設された。一八三五年、イギリスには一一万六八〇〇台の力織機があった。これは綿織物工業における織機のほぼ六パーセントに相当した。[9]

一七八五年、イギリスの綿製品輸出高は価格にして一〇〇万ポンドを上まわった。[10]一八三〇年には、三一〇〇万ポンドとなった。[11]イギリスにおいて捺染される反物は、一七九六年に二〇〇〇万ヤードであったが、一八三〇年には三億四七〇〇万ヤードに伸びた。[12]この部門に雇用される人員は、一七八八年の三五万人から[13]一八〇六年の八〇万人に増大した。[14]一八二〇年、マンチェスターおよびサルフォードには六六の綿紡織工場があったが、一八三二年には九六となった。[15]木綿に「群がり集まる人々の様は雨後に簇生《そうせい》する筍を思わせた」[16]。オールダムは、一七六〇年には人口四〇〇の小村だったが、一八〇一年には、二万にふくれあがった。一七五三年のボルトンには、ろくろく舗装もしていないでこぼこの通りが一つあったにすぎない。それが、一八〇一年には一万七〇〇〇の人口を数えるにいたった[17]。マンチェスターの人口は、一七七三年から一八二四年のあいだに六倍に伸びた。[18]木綿関係の織屋、製造業者は、一七六三年のジョージ三世の戴冠式にさいし、マンチェスター実業界の行列に代表を出していなかった。それが、一八二〇年、ジョージ四世戴冠式の行列では群を抜く存在となっていた。ある意味では王なる木綿の戴冠式であったといえる。[19]

マンチェスターの資本家は、ピスガ山上のモーゼのように、そのたどりついた高みから約束の土地を望見した。イギリスの綿花輸入高は、一七八四年の一一〇〇万ポンド[20]から一八三二年の二億八三〇〇万ポンドに急伸した。[21] 新世界は、イーライ・ホイットニーのおかげで、旧世界の終焉に立ち会うためではなく、旧世界を救援するためにやってきたのである。合衆国は、一七八六〜一七九〇年の五年間に、イギリスの綿花輸入高の一〇〇分の一足らずを供給したにすぎなかったが、一八二六〜一八三〇年には四分の三、一八四六〜一八五〇年には五分の四を供給するにいたった。英領西インド諸島のプランターは、あいかわらず砂糖にたいする初恋を忘れかね、マンチェスターの要求に応えることができなかった。砂糖島嶼は、一七八六〜一七九〇年にイギリスの綿花輸入高の一〇分の七を供給したが、一八二六〜一八三〇年にはその五〇分の一、一八四六〜一八五〇年には一〇〇分の一足らずを供給したにすぎない。[22] 一八世紀にマンチェスターを築きあげたのは、西インド諸島だった。しかし、西インド諸島は、マンチェスターの成り上がりのお偉方がウェストミンスターに初めて代表を送りこんだ年にはすでに、眼路《めじ》もはるかな地平の果てにぽつりとみえる一点にしかすぎなかった。帝国のきずなは、夫婦のきずなと同じく、けっして切れることはないという幻想を後生大事にかかえこんでいた連中にとっては、このことは不吉な前兆にみちみちたものとみえたのである。

冶金工業部門にみられた進歩は、それほどはなばなしくはなかったといえよう。しかし、その意義は綿織物工業部門にくらべて勝るとも劣るものではなかった。この進歩がなければ、機械時代の到来はみられなかっただろう。イギリスにおける銑鉄《せんてつ》の生産は、一七八八年から一八三〇年のあいだに一〇倍に伸びた。[23] 一八三〇年に稼動していた溶鉱炉は、一七八八年当時の三倍となっていた。[24] グラモーガンシャー・アンド・モンマスシャー運河を経由する鉄の輸送量は、一八二〇年から一八三三年のあいだに二倍半に増えた。同期間に、サイファーサおよびダウライからの積出量はそれぞれ二倍および三倍となった。[25] 一八〇〇年においては鉄の国内生産高にたいする輸入高の割合は四対一であったが、一八二八年には五〇対一となった。[26]「ワーテルロー後のイギリスは」とクラパムは書いている、「鍛冶屋の仕事場のように鉄の騒音で耳を聾《ろう》するばかりであった[27]」。

鉄の精錬には石炭が必要だった。ノーサムバランドおよびダラムにおける炭坑数は一八〇〇年から一八三六年のあいだにほぼ倍増した。出炭量は、一七八〇年の六〇〇〇万トンから一八三六年の三〇〇〇万トンに上昇した。[28] 一八二九年、溶鉱炉に熱風を送りこむ装置が発明され、使用炭量は従来にくらべ三分の一以下ですむようになった。これにより莫大な石炭が節約できた。[29]

鉄は、柱材、レール、ガス管および水道管、橋梁、船舶等、多種多様な新しい用途にあてられた。ウィルキンソンはブラッドレーにメソジストのための「鋳鉄造りの礼拝堂」を建立した。[30]ロンドンには鉄の舗道さえ出現した。わけても最大の達成は、機械製作の分野におけるものである。初期の織機類は木製であって、織物工場主が、自らあるいは注文を出して製作にあたっていた。一九世紀の二〇年代には、工作機械による機械製作の専門業者が出現し、また取り替え可能な規格部品の生産もはじまった。こうした規格部品の製造は、新しい工作機器の発明や精密ねじ切削技術の開発に負うところが大きかった。一八三四年、ウィリアム・フェアベアン商会は、価格、注文主、立地条件あるいは動力源のいかんにかかわらず工場設備一式の製造に応ずるむね広告している。[31]

一八三二年には、中程度の製鉄業者は、資本家・企業家としても、綿紡績業者に匹敵する域に達した。[32]改革議会においては、木綿業界のみならず鉄鋼業界についてもまた、いつなんどきなりとも独占を廃棄できる態勢が整えられた。独占制は、成長した体に合わなくなった衣服とでもいっていいものになっていたのである。棒鉄の輸出高は、一八一五年から一八三三年のあいだに二倍を上まわる伸びを示した。一八二五年、イギリスは、機械類にかんする輸出禁止措置の一部緩和を認めた。これは、その後の推移にてらしてみても一転機を画する決定だった。イギリス製のレールは、フランスと合衆国の鉄道をおおった。一八一五年、砂糖植民地が本国から購入した鉄は、本国の鉄輸出高の一〇分の一に相当したが、一八三三年には、三三分の一にすぎなかった。合衆国は、一八一五年、その四分の

一、一八三三年には三分の一を購入した。[33]長いあいだ特等席の特権を享受して自他共にあやしまなかった砂糖プランターも、こうなっては立見席を見つけるのもやっとという有様だった。

「卑見によれば」と、一八〇四年、一製造業者は書いている、「毛織物が綿織物貿易の足取りをそのまま追うわけにはいかない」。[34]追随は遅々たるものであり、毛織物工業における旧弊ぶりは目立っている。ウェスト・ライディングにおいては、一八〇〇年にいたるまで飛梭《ひさ》は普及しなかった。力織方式は、一八三〇年まで試験的段階にとどまっていた。毛織物生産においては、まだ、家内制織元が圧倒的多数を占めていた。一八五六年にいたってもなお、毛織物製造に雇用されるものの半分が工場で労働しているにすぎない。一八三五年当時の標準的毛織物工場または紡績工場の労働者数は、既述のように、綿紡績工場における労働者数の四分の一にすぎなかった。[35]

ウェスト・ライディング——毛織物工業中心地帯——における毛織物の一八一七年度生産反数は、一七三八年度にくらべ六倍に伸びている。[36]一八〇〇年の原毛輸入高は四〇〇〇トンであったが、三〇年代後半にはその五倍となった。[37]毛織物の輸出額は、一七七二年の四〇〇〇万ポンドから一八〇一年の七〇〇〇万ポンドに伸びた。一八〇二年、毛織物は、輸出面においてはじめて綿製品に追い抜かれた。一八三〇年には、毛織物輸出額は五〇〇〇万ポンド、綿製品輸出額の六分の一だった。[38]綿織物工業の諸中心地と同様に、人口は急速にふくれあがった。アメリカ革命の前夜におけるリーズの人口は一万七〇〇〇人、一八三一年にはそれが七倍になった。ハリファックスの人口は一七六〇年から一八三一年のあいだに二倍を超えた。ブラッドフォードの人口は、一八〇一年から一八三一年のあいだに二倍半に増えた。ハダーズフィールドにおいては、二倍の増加をみた。右の三〇年間にウェスト・ライディングにおける全人口は、五六万四〇〇〇人から九八万人になった。[39]

イギリスは、一八一五年にいたるまで、主としてスペイン、ポルトガルおよびドイツに羊毛の供給を仰いでいた。ジョン・マカーサー船長は、ニュー・サウス・ウェールズに赴く途中、喜望峰で若干のメリノ羊を買い求めた。一八〇六年はオーストラリア産原毛を積んだ船がはじめてイギリスに到着した年である。数量は二四六ポンドだった。その二四年後にはオーストラリア産原毛輸入高は、三五六万四五三二ポンドを数えるにいたっている。[40]オーストラリア産原毛は並はずれて柔かく、他の品種よりもはるかによい値がつく、とは一八二八年の記述であるが、さらに、一五ないし二〇年以内にはイギリスは上質のオーストラリア産原毛を必要なだけ買い付けることになるであろう、との予想も述べられている。[41]予想は的中した。メリヴェールのいうように、一九世紀のオーストラリアは、こと羊毛にかんするかぎり、「一種の独占ともいえる特権」をほしいままにした。「それは、メキシコがその全盛時代に貴金属の生産において享受していた位置にも比せられよう[42]」。四〇年代に始まる新たな反帝国主義的潮流のなかで、帝国の安否を左右する要所は、島嶼から大陸へ、熱帯から温帯へ、黒人のプランテーションから白人の定住地へと移動したのである。

イギリスは、工業化による力にものをいわせて、全世界に君臨しつつあった。イギリスは、全世界に衣料を提供し、人間を送り出し、機械類を輸出した。世界の銀行家ともなった。インドおよび一八一九年に獲得したシンガポール――中国貿易のかなめ――を除き、大英帝国とは地理的表現だった。一七六九年、ボールトンは自分の蒸気機関について、こう書いた。「二、三の州に資するにとどまる程度のものであるならば、経営辛苦するに足らぬ。しかし、全世界に資するとなれば、いかなる労苦も意に介するところではない。私は、そう考えた」[43]。イギリスの資本と生産は、世界を念頭においていた。「一八一五年から一八三〇年のあいだに」とリーランド・ジェンクスは書く、「少なくとも、五〇〇〇万ポンドがきわめて安定したヨーロッパ各国政府の保証のもとに長期的に投資され、二〇〇〇万ポンドを下らぬ金額がラテン・アメリカにおける長期または短期の投資にまわされ、五〇〇万ないし六〇〇万ポンドが、目立たないけれども合衆国に流れた」[44]。これにたいし、西インド諸島のプランテーションには一シリングさえ進んで投資しようとするものはいなかったのである。[45]

一八二〇年から一八三〇年にいたる期間の合衆国の輸出総額のうち、イギリス向け輸出額は三分の一強を占めた。また合衆国はイギリスの輸出総額の六分の一を受け取ったが、これは合衆国の輸入総額の五分の二強に相当した[46]。一八二一年、合衆国はイギリスの年間輸出額の七分の一、一八三二年には、同じく九分の一を受け取った。合衆国のイギリス向け輸出は、金額にして一〇分の一の伸びを示した[47]。イギリスが南部の綿花を買い付けたことは、綿花王国伸張の誘因となった。南部の諸銀行は、州立・私営を問わず、こぞってロンドンに融資を求めた[48]。

ラテン・アメリカにおける諸革命によりスペイン重商主義の障壁がついえさると、イギリスの貿易の見通しは、一段と明るくなった。ポルトガルとは同盟を結んでいたため、ブラジルではやくから特権的な位置を享受していた。「釘は打たれた」。カニングは意気揚々と書いている、「イスパノ・アメリカの門戸は開かれている。手痛い失策をおかさぬかぎり、イスパノ・アメリカはイギリスのものである」[49]。ブラジルは、一八二一年、イギリスの年間輸出総額の二〇分の一、一八三二年には、一二分の一を買い入れた。ブラジルの対イギリス輸出は二倍半に伸びた[50]。南北両アメリカにおける外国領諸植民地は、一八二一年、イギリス年間輸出総額の一三分の一を、一八三二年には七分の一強を受け取った。ラテン・アメリカの新興諸政府は、対イギリス輸出は、同期間に金額にして三倍に伸びた[51]。ラテン・アメリカの新興諸政府は、イギリス金融界に、二つ返事で応じてくれる貸手を見つけることができた。「国というものは、借金すればするほど」とジェンクスはいう、「信用が高まるようだ[52]」。リヴァプールは、ジャマイカ、グレナダ、バルバドスを忘れ果てた。リヴァプールはヴァルパライソ、アントファガスタ、カラオ、ガヤキルを念頭において、貿易を行なった。一八三二年には、一八二一年、イギリスの海外輸出総額は、四三〇〇万ポンドに達した。両年度とも、ヨーロッパはイギリスの輸出総額のほぼ二分の一を受け取った[54]。東インドおよび中国は、一八二一年に一二分の一、一八三二年には一〇分の一を受け取った。両地域の対イギリス輸出は、四分の三の伸びを示した[55]。

その当時、英領西インド諸島はどうだったか？　英領西インド諸島全域にたいする輸出は、五分の一、ジャマイカにたいする輸出は三分の一減少した。一八二一年、英領西インド諸島は、イギリスの輸出総額の九分の一を受け取ったが、一八三二年には一七分の一に後退した。一八二一年、ジャマイカは、イギリスの輸出総額の一三分の一、一八三一年には三三分の一を受け取った[56]。こうして、英領西インド諸島は、イギリス資本主義から漸次かえりみられなくなっていった。この事実は、収穫逓増《ていぞう》の法則にかんする学説が経済思想体系のうちに地歩を固めつつあった時代においては深い意義をもっていた。バーンが述べているように、「経済的帝国主義の諸基準に基づき判断すれば、英領西インド諸島植民地は、一七五〇年当時においてはかなりの成果であったが、その八〇年後には厄介ものとなった[57]」。

そのうえ一八二五年には航海法が改正され、植民地はいかなる地域とも直接に貿易する権利を認められた。独占陣営の第一の橋頭堡《きょうとうほ》は掃討された。同年、モーリシアス産の砂糖が英領西インド諸島産糖と同等の条件のもとに許可されるにおよび、波紋はさらにひろがった。モーリシアスは、一八一五年に獲得された東洋の島である。本国市場における植民地の独占はまだ残っていた。西インド諸島にとって、これは死活問題だった。資本家の側は、特別の立法措置により、西インド諸島の砂糖プランターに商品の購入を強制する必要はなかった。それは、最上かつ最廉価であったため、世界のいたるところで需要されていたからである。マンチェスターはいまだになお「黒人用シャツ」のおかげで繁栄を謳歌していたけれども、英領西インド諸島はすでに黒人の独占を失い、より大きな奴隷人口をかかえる合衆国とブラジルのほうが吸引力の強い市場となっていた。西インド諸島のプランターがキャラコに支払う金は、ブラジルの競争相手が支払う金額を一文たりとも上まわるわけではなかった。そんなことなら、イギリスの製造業界にとって独占体制など、いったいなんの役にたつというのか？　マンチェスターは憤懣《ふんまん》やるかたなく、そう尋ねるのだった。[58] 独占体制本来の目的は、いまや「われわれの側を犠牲にして追求されており、独占側の放恣《ほうし》専横はここにきわまった感がある」。[59] メリヴェールは、そう述べている。現代の一著述家の言を多少もじっていうなら、一八三二年当時の英領西インド諸島が社会的にはこの世の地獄をあらわしていたとすれば、経済的には時代錯誤をあらわしていた。このほうが、はるかに始末におえないものだった[60]。

重商主義は、行きつくところまで行った。必要なのは、新たな経済状況に政治的表現をあたえること、それだけだった。選挙法改正法案をめぐる紛争は、産業中心地およびその商業衛生都市において劇甚《げきじん》をきわめた。西インド諸島の奴隷所有主は、この政治闘争をおのれの死活にかかわるものとみた。「奴隷所有主にたいし、奴隷所有権の放棄を強制するがごときことはありえない！　それこそ、神意にそむくものである。さような方針を採用したが最後、一切の所有権は消滅するであろう」。ウィンフォード卿は、そういった[61]。西インド諸島の奴隷制は、腐敗選挙区に依存していた。「奴隷労働の果実は、長期にわたりわれわれを本国における奴隷となす手段に転化されていた」ことを、結局、コベットは理解したけれども、所詮遅きに失したのである[62]。

選挙法改正法案が上院で否決されたとき、ロンドンの改正派の新聞は、紙面を黒枠で囲って発行された。教会という教会の鐘は、夜毎、鳴りひびいた。腐敗選挙区の親玉ニューカッスル公爵の所有するノッチンガム城は、激昂した群衆の焼打ちにあい、灰燼に帰した。改正案に反対したブリストル選出の下院議員は、生命が危なかった。市役所は略奪され、監獄と司教館は焼打ちされた。アトウッドは、バーミンガムに政治連合を結成し、革命ののろしをあげた。ロンドンのベスナル・グリーンには三色旗が高々と飜《ひるがえ》った。革命的宣言書があいついで現われ、「税金不払」と大書されたプラカードが林立した。ロンドン市会は、改正法案の成立をみないうちは予算審議を棚上げにするよう下院に呼びかけた。王室はカリカチュアの槍玉にあげられ、嘲笑の的となり、ロンドンから立ち退くよう勧告される始末だった。「公爵（ウェリントン）を阻止し、資金を攻撃するため」銀行取り付けを起こす——といった革命的方策も提議された。革命は指呼《しこ》の間《かん》に迫っていた[63]。

しかし、国王が不承不承ながら上院の刷新を約束するにおよび、改正反対派はその主張を撤回した。選挙法改正法案は成立した。イギリスの政治構造は、すでに遂行された経済革命にふさわしいものとなった。新議会は、資本家層の要求と願望に支配された。かつては一世を風靡した西インド諸島植民地貿易も、いまは昔の語り草となった。西インド諸島植民地は、新たな資本主義社会においては、片隅に追いやられてしまった。一八〇二年、エデンは書いている。「イギリス製広幅物一反の輸出は、多数のベンガル産モスリン、またはそれと等価の西インド諸島産コーヒーの再輸出より、はるかに利益が多い[64]」。東インド会社の一官吏は、一八三二年、議会の委員会にたいして次のように陳述した。中国向け毛織物の輸出は、市況が逆調のときにさえ従来の慣例にしたがい一種の義務として行なわれている。「それは道徳上の責務であると思量せられた[65]」。「道徳上の責務」による貿易とは、マンチェスターの見解にしたがうなら、福音書の説く七つの大罪の一つに数えられるものだった。

第八章　新産業体制

西インド諸島独占主義者がいやおうなく直面したものは、このような産業の瞠目すべき発展という事態にほかならなかった。かれらの頼みの綱は、威信、慣習、過去におけるイギリス経済への多大の貢献、強固に防備された地位等だった。今日からみれば、かれらの命運はきわまっていたこと、リリパット人風情がガリヴァーを押えつけることも、矢で傷つけることもできないことは明らかである。メリヴェールは、一八三九年、オックスフォードの学生にたいする講義において、こう警告した。「現下の情勢の推移は急速であり、好むと好まざるとにかかわらず、植民地体制の維持、航海法の実施に要する条件は消滅しつつある。これは必然である。われわれは、かような時の流れに翻弄されているのであって、いかんとも為すすべはない。あらがい、抗議することはできよう。深謀遠慮をめぐらして築かれた防波堤も、はや嵐になぶらるる芦にひとしい有様となり果てたことをいぶかしむのも勝手であろう。いずれにせよ、狂瀾《きょうらん》を既倒《きとう》に廻らすことはできない。西インド諸島の独占を依然として維持することは不可能である……」[1]。しかしながら、西インド諸島人は、このことを理解できず、あがいた。既得権に固執するものがたどる、それはお定まりの道だった。がたがたになったおのれの体制の維持ということ以外には、理も非もなく、「蓄積した富を頼みにじりじりとおのれを蝕む力に立ち向かった」[2]のであるが、敗色は覆うべくもなかった。

西インド諸島人にたいする攻撃は、奴隷制をめぐって行なわれただけではない。独占をめぐっても行なわれた。西インド諸島人は、人道主義者ばかりでなく資本主義者をも敵にまわしていた。攻撃の理由は、西インド諸島の経済体制が道徳的悪であるばかりでなく、それが多大の損失をもたらすという点にもあった。[3]この事実だけでも、体制の崩壊は不可避だった。一八二七年、ジャマイカの代理人はこう嗟嘆《さたん》している、「全植民地の大義、なかんずく奴隷所有権に論及せる部分は、精彩ある雄弁家には一顧だにされず、公衆にはまったく人気がない。ために、議政壇上よりの援護は望み薄であり、事実、ほとんど援護されないのである」[4]。ヒバートは、ただ半面の真理を衝いていたにすぎない。西インド諸島の奴隷制は唾棄《だき》すべきものとされ、独占は不評をかっていた。この二つを合わせ非難されるならば、植民地のよく耐えうるところではなかったのである。[5]

攻撃は三つの側面に向けて行なわれた。すなわち、奴隷貿易にたいする攻撃、奴隷制にたいする攻撃、砂糖特恵関税にたいする攻撃である。奴隷貿易は一八〇七年、奴隷制は一八三三年、砂糖にたいする特恵待遇は一八四六年に、それぞれ廃止された。この三つの措置は、それぞれに密接不可分の関係にある。奴隷制によって築きあげられた当の既得権勢力そのものが、いまや逆に奴隷制を破壊するにいたった。人道主義陣営は、同制度のもっとも弱く防御不能な個所を狙い撃ちにしながら、大衆にわかるように喋《しゃべ》った。支配的資本主義勢力が植民地制度を支持していた一〇〇年前なら、人道主義陣営が勝利をおさめることは不可能であったろう。「それは嶮峻《しゅんけん》なる山岳なりき」とワズワースはクラークソンへの讃歌でうたっている。資本主義者が、奴隷所有主および奴隷商人の隊列から離脱するという事態が起こらなかったならば、その山頂をきわめることは、けっしてできなかっただろう。西インド諸島人は、一世紀半にわたり下にも置かずちやほやされ、増上慢《ぞうじょうまん》に毒されていたため、実際にはたんなる一個の重商主義的法則にすぎないものを自然法にまでまつりあげるという誤りをおかした。かれらは、自己を目して必要不可欠の存在と思いこみ、商業的帝国主義の時代に学んだ教訓を反帝国主義の時代にまで持ちこんだ。アダム・スミスのいう「見えざる手」に待ったをかけられたとき、周章狼狽《しゅうしょうろうばい》したかれらには、神のその見えざる手にすがるよりほかに方途もなかった。[6] 重商主義の興廃は、そのまま奴隷制の興廃を意味している。

A　保護貿易か、自由放任か？

ヴィクトリア女王がかつて二人のアフリカ人首長に送ったメッセージは有名である。

「イギリスの盛況の今日あるは、まことの神とイエス・キリストを知れるによる」[7]。マンチェスターの資本家にとっては、「イエス・キリストは自由貿易であり、自由貿易はイエス・キリストであった」[8]。

穀物が独占の王であるとすれば、砂糖はその王妃だった。西インド諸島の砂糖特恵関税にたいする攻撃は、一八一二年に東インド会社の独占を打倒し、一八四六年にはイギリスの穀物法を廃止させたかの滔々《とうとう》たる思潮につらなるものだった。穀物法廃止連盟の収入役の述べるところによれば、同連盟は「奴隷制廃止協会と同じく正義の原理に基づき創立された。奴隷制廃止協会は、自身の血と肉とを自由に所有する権利を黒人に与えることを目的とし、穀物法廃止連盟は、人民に自己の労働をそれに相当する食料と自由に交換する権利を与えることを目的とする」[9]。自由貿易論が荒れ狂っているさなか、反独占陣営の攻撃のほこ先は、不正かつ不経済な西インド諸島の独占に向けられた。

東インドの砂糖を擁護するものは、執拗に西インド諸島の独占を非難し、西インド諸島を「不毛の岩塊《がんかい》」と呼んだ。この岩塊が飽くことなく金を吸い取ること、あたかも「我国の商業のみならず全国民の資産のうえに永遠にはりついた海綿のごとくである」。一八世紀末以前にすでに、イギリスにおける「独占廃止の機は熟していた」。社会全般の福利を犠牲にしてまで、一部の少数成員に偏頗《へんぱ》かつ不当な恩典を認める理由はないからである[10]。

東インド側の反対は、一八二〇年代にいたって、一段と激化した。東インド側は、いかなる特別のひきたても、優先権も、保護をも欲しなかった。ともあれ、そう主張された。その要求は、西インド諸島との平等ということに尽きていた。[11]西インド諸島人が、独占を享受する権利を認められているのは、たんに長年のあいだ、独占を享受していたというだけの理由によるのか？　「木綿その他の商品製造業に雇用されていたはなはだ多数の労働者が、機械の発明により失業したがゆえに、機械にたいし課税すべきであるなどと主張できるであろうか……運河による輸送は車輛による旧来の輸送方式よりも安価かつ能率的であるゆえに、運河輸送に課税すべきであるなどといえるであろうか」[12]。砂糖キビ栽培に資本を投下したがゆえに、ひきつづき保護を受ける権利があるとする西インド諸島側の要求は、「将来の見通しもたずに行なう投機すべてについて同様に主張されうる要求」である。[13]西インド諸島人を利するために通常の商業原則をまげることは、できない相談だった。[14]英国民の良識、健全なる感覚および愛国心は、いかなる抑圧、いかなる独占をも悪とみるがゆえに、かくのごとき独占の存続を絶対に許容しえないであろう、とヒュームは確信している。[15]

はやくも一八一五年には、穀物法にたいする抗議が上院議事録にとどめられている。これは、保護政策のかなめを端的に衝くものだった。一八二〇年、ロンドンの商人は議会に請願を行ない、「抑圧を除去するならば、外国貿易を可能なかぎり拡大し、資本および産業にも望ましい方向をあたえるものと期待される」[16]と述べた。同年、グラスゴーのフィンレイ氏は、輸出入にたいするあらゆる制限の撤廃と自由貿易を要求したグラスゴー商業会議所の請願を支持し、熱烈な演説を行なった。「我国の商業政策の歴史は、失敗と錯覚の歴史にほかならぬことが認められる以上、かくのごとき政策は廃棄さるべきであります。かかる要望をなすに憚《はばか》るところは毫《ごう》もありません」。フィンレイは、こう述べている。[17] リヴァプール商人は、他国との通商を禁圧する独占、なかんずく東インド会社の独占は、国益に反するものである、と言明した。同市当局も、英国臣民は世界のいかなる地域とも自由に通商する「生得の権利」を有するむね宣言した。三〇年ほどまえ、ピットがある晩餐会の席上でアダム・スミスに、「われわれはみな、あなたの弟子であります」[18]との讃辞を呈したのも、理由がないわけではなかった。

西インド諸島の独占は、理論的根拠が薄弱であったばかりでなく、現実に利益がなかった。一八二八年の見積りによれば、西インド諸島の独占は、同年度に一五〇万ポンドを上まわる損失を英国民にもたらした。[19] 一八四四年度には、西インド諸島の独占は一週あたり七万ポンドの損失を国にあたえた。ロンドンには同じく六〇〇〇ポンドの損失をあたえた。[20] イギリスは、砂糖にたいし、ヨーロッパ大陸より年間五〇〇万ポンドも多く支払っている。[21] メリヴェールの言によれば、一八三八年、イギリスは西インド諸島に三五〇万ポンドに達する輸出を行ない、砂糖およびコーヒーを買い付けたが、それは、同額をキューバおよびブラジルに輸出した場合に買い付けうる量の半分を下まわるものだった。一七五万ポンド相当の商品が、「それゆえ、完全に棄損せられたにひとしい。イギリスにかんするかぎり、あたかもそれの輸送にあたった船舶が航海中難破せるごときものであって、なんら得るところはなかった」[22]。イギリスで消費される砂糖一ポンドのうち、その五分の二が生産費、五分の二が政府の収入であり、残りの五分の一が西インド諸島プランターの懐に入った[23]。

いまや、西インド諸島奴隷所有主の「腐りきった言い分」を支えているこの「近視眼的」政策をあらためる機は熟していた[24]。ハスキソンは性急短慮を戒めるよう呼びかけた。「西インド諸島人が奴隷所有主であるのは、自分の過ちによるのではなく、不運であったというにすぎない。奴隷制に基づく生産が、自由な労働に基づく生産よりも高くつくことが事実であるとすれば、それこそかえって、奴隷保護という麗しい義務を、奴隷主から取りあげてはならないという理由になりはすまいか」[25]。しかしながら、西インド諸島人にとり、「いずれはこの問題にかんする検討の機が熟し、必ずや議会は、喫緊の義務として諸般の事情の精査にのり出すであろう。それも、そう遠い先の話ではない」[26]ことを誤解する余地はなかった。

低賃金を望んでやまぬ資本家層は、「制約のない朝の食卓」政策を擁護した[27]。食糧にたいする保護関税の賦課は、愚劣であり、かつ正義にもとるものとされた。独占は不当であり、いかなる点からみても高くつくものであり、往時の偉大な植民地の版図を破壊した元兇と目された[28]。西インド諸島勢力にたいする宣告は下った。「当院において関税関係法規をいかに手直ししようとも、西インド諸島植民地の繁栄は、これを期しえない。当院において絶対多数を制しても、西インド諸島の繁栄を回復することはできない。植民省の御機嫌をどう取り結ぼうと、かかる目的の達成は不可能であろう」[29]。保護貿易制度は、それぞれ別個の檻に入れられた猿が、互いに互いの皿から同量ずつ盗み盗まれている図になぞらえられた[30]。リカードは、プランターに見苦しい真似は慎むよう忠告した。「石は転がりだした。プランターがいかに努力してもそれを止めることはできない」[31]。

この時期には、指導的政治家は西インド諸島側に立っていた。いまや、パーマストンが反プランター陣営に加わった。「我国にたいし致命的損害をもたらすのみならず、その実施により関係諸国の繁栄を阻害する主義」[32]として、「保護貿易」という名辞は全経済辞典から抹殺されねばならなかった[33]。

保護貿易主義者は、西インド諸島側に加担した。穀物の土地貴族は、砂糖の土地貴族と手を握った。ピールは、綿花と絹については自由貿易主義者であったが、穀物と砂糖については保護貿易主義者だった。ベンティンク、スタンレーおよびディズレーリは西インド諸島側の主張を巧みにもりたてた。ディズレーリが自ら評しているように、西インド諸島勢力が「党派の鬼婆」[34]となったについては、かれもまたその片棒をかついだのである。穀物法の廃止および砂糖関税の均等化にかんする論争において、ディズレーリは類い稀な雄弁と辛辣骨をさす機知により大向こうをうならせた。しかし、その痛烈な攻撃も、かれ一個の真率な信念ないし経済哲学に裏打ちされていたかどうかは、はなはだ疑わしい。というのは、一八四六年以降、西インド諸島側が砂糖部門における自由貿易原則の適用実施の延期を策動したさいには、ディズレーリは、その反対陣営に鞍がえしたからである。「巨大な革新が現実のものとなった現在、ぼろ切れと化した保護貿易制度に執着することはできない」[35]。ディズレーリは、超然たる態度で小説『シビル』にこう書いた――イギリスのごとき商業国においては、半世紀ごとに国富の新たな源が開発され、レヴァント商人、西インド諸島プランター、東インド成金といった強力な階層が順次世間の注目を集めると[36]、重商主義は死んだ。のみならず、地獄に堕《お》とされたのである。

西インド諸島人は、自由貿易の潮流をせきとめようとした。植民地制度は「共同の独占を目的とする……暗黙の約定」[37]である。植民地制度は、恩典ではなく、われわれの権利である、とかれらは主張した。本国市場の排他的占有権は、植民地制度により課せられる諸種の制約にたいする当然の報償である[38]。特別の配慮を懇願することなど、決して恥ではない。競争相手の優位がはっきりしている場合には競争は不可能であり、西インド諸島維持のためには保護関税が必要不可欠である。インドの場合については、安価な労働力、豊富な食糧、広大かつ肥沃な土地、灌漑の便、縦横に走る航行可能な河川を、かれらは指摘した[39]。ブラジルの場合については、労働力調達の容易さと豊饒な土地を非難した。これらの植民地の状態がどうであれ、西インド諸島人は、一つ覚えのセリフ——保護貿易——を繰り返すだけだった。好んで使用する言葉の最たるものは、相も変わらぬ「破滅」であったが、この言葉は、「人民の貧窮ないし衣食の欠乏、さらには富または奢侈の欠如という意味ですらなく、たんに砂糖キビ栽培の凋落」[40]を意味していたにすぎない。西インド諸島人は、一八三三年以前には奴隷所有主として、インドの自由労働による砂糖キビ栽培にたいする保護貿易を要求していたのに、一八三三年以降は自由労働の使用者として、ブラジルおよびキューバの奴隷労働による砂糖キビ栽培にたいする保護貿易を要求した。かつては奴隷による砂糖キビ栽培の弊害を過小視し、いまはそれを過大視する。奴隷所有主としては、奴隷制の悪弊を弁護し、自由な労働者の雇用主としては自由をことさらに賞めあげる。こうした変わり身の早さのなかにも、一貫して変わらないものが一つあった。独占の維持、これである。

まさしくこの目的あるがために、西インド諸島人はいぜんとして近視を矯正することができず、一九世紀の体制のうちになお一七世紀の地位を占めることを要求しつづけたのである。西インド諸島人の声明文とか、パンフレット、演説のたぐいをひもといてみるがよい。サント・ドミンゴのかわりに、インドあるいはモーリシアス、ブラジル、キューバなどの名が見られるだろう。時代は変わった。自由が奴隷制にとってかわった。にもかかわらず、かれらは一つ覚えの主張を繰り返し、同じ誤りを重ねていた。かれらは、「これらの悪弊をあらためるためと称して独占の強化を求めつづけたが、この悪弊こそ独占のもたらした当のものであった」[41]。西インド諸島人は嘲笑と軽蔑をもって迎えられたが[42]、意に介さなかった。時には、自由貿易を口にするものもあった。たとえば、ある西インド諸島人が、西インド諸島泊渠《はっきょ》会社の特許状の更新に反対し、「現時のごとき開化の世において、商業および歳入のいずれにも有害なるこの独占の存続を認めることは、正義にもとるのみならず政策としてもはなはだ当を得ない」[43]ことを議会にお説教したような場合もある。しかしながら、概して西インド諸島人は新しい体制に無頓着であり、おのが目のうつばりにはいっこうに気がつかなかった。

保護貿易と労働力——これが一七四六年における西インド諸島人のスローガンであったが、一八四六年においてもやはり変わらない。保護貿易は正当であり、異論の余地はない[44]。これを否定するのは、非イギリス的である[45]。保護関税は、自由な労働の実験を保障するものとして欠くわけにはいかない[46]。砂糖キビの栽培には、労働力を必要とする。われらにアフリカの年季契約奉公人を、東インドの年季契約奉公人を、囚人をあたえよ。黒人どもを解放し、奴隷を怠け者にしてしまったのは、あなた方ではないか。こういうわけで、やけくそに奴隷貿易の復活を主張する連中さえ一部にみられた[47]。

西インド諸島側の論陣のなかでも一頭地を抜いた存在は、グラッドストンだった。しかし、グラッドストンは一個の西インド諸島人としての立場のみにとどまってはいない。英帝国の政治家として、木を見て森を見ない態《てい》の狭さを免れていた。グラッドストンは、利用しうる限りの詭弁・雄弁を駆使して――そのいずれの才にも恵まれていた――西インド諸島の独占を擁護しようとつとめた。その擁護論の論拠は、奴隷労働による砂糖にたいする自由な労働による砂糖の保護という点におかれていたが、グラッドストン自身、こうした区別はそう明確なものではなく、不変かつ絶対的な正確さはこれを期し難いことを認めざるをえなかった。[48] さらに、グラッドストンは、西インド諸島の保護貿易要望論の根拠は、一八三六年以降、薄弱となっていた事実に目をつぶるわけにはいかなかった。この年、東インド産糖に保護関税が拡大適用されるようになったが、それは西インド諸島が直面しているような困難・障害を理由とするものではなかったのである。[49] こうして、グラッドストンは、夢は終わったことを知る。保護貿易は永続しない。かりにそれが二〇年間つづくにしても、西インド諸島における砂糖キビ栽培を健全で堅実な状態にたちかえらせることはないだろう。[50]

B　反帝国主義の成長

植民地制度は、重商主義時代における商業資本主義の脊柱《せきちゅう》をなすものだった。自由貿易時代に入ると、産業資本家は、植民地、少なくとも西インド諸島をまったく必要としなくなった。

このような趨勢は、産業革命初期に端を発するものだった。この点についてはすでに見たとおりである。それは、自由貿易運動の発展と平行していた。全世界が、いまやイギリスの植民地となった以上、西インド諸島の命運はここにきわまったのである。この運動の指導者は、コブデンだった。コブデンは、植民地の必要経費にかんするそのいわゆる「不滅の労作」のなかで、アダム・スミスの諸章に言及し、これを称揚している。[51]コブデンにとって植民地問題とは、金の問題にすぎなかった。[52]植民地とは、赤字の種の厄介ものにほかならぬ。それは、三百代言式の甘言でひとの気持を惑わせる。役に立つ点といえば、「重厚豪華な添えものとして国威の発揚に資するぐらいのものであるが、それとてもごく皮相なものにすぎず、現実には国の貿易収支を改善することもなく、政府支出の増大・混乱をまねいているのである」。「広大無辺なる沃土・新大陸との貿易を捨て、地味《ちみ》の枯渇に瀕した二、三の小島のためをはかるなどということ」は「無策というも愚か」といわざるを得ないのだった。[53]一八五二年、イギリスはビルマに宣戦を布告し、低ビルマを併合した。コブデンは抗議し、「インドにおける開戦の経緯」という題名の一文を草して、「タイムズ紙に求人広告を出し、財政破綻をもたらす恐れのある領土併合といった手段に訴えずとも、一〇〇〇ポンドの貸金を取り立てる才腕をもつ総督を募集する」[54]べきであると提案した。

傑出した植民地改革家モールスワースにとって、イギリスの植民地政策は、南アフリカ・ケープ植民地の辺境のような「無価値な領土にたいする病的欲望」を動機とするものだった。かの辺境において「一本の斧および二匹の山羊を失うことは……我国に数百万ポンドの出費をもたらすことを意味した」。オーストラリアは「流刑囚移民のつくった市町村」の集合体だった。ニュージーランドは、「愚鈍な総督、やくざな役人、原住民との無用な戦争」などのため、頭痛の種だった。南アフリカは、「およそ三〇万平方マイルにおよぶ広大なる領土であるが、収支相償わず、価値はない。嶮峻なる山塊、荒涼たる砂漠、不毛の原野がその大部分を占める。水なく、牧草地なく、航行可能な河川、港もない。要するに、なにもない。我国に増加する一方の莫大な出費を強いるのみである」。こうした異質かつ多様な諸植民地を一括管掌するものが植民相であって、「北極より南極に飛び、北アメリカの銀世界より熱帯酷熱の世界に急行し、肥沃な西インド諸島より南アフリカおよびオーストラリアの荒涼たる原野へと疾駆する等々、想像裏とは申せ、水陸の別なく地上を縦横に馳け回るさまは、さまよえるユダヤ人もかくやと思われ、現実界・夢幻界に類を絶した存在であった[55]」。この版図の維持費は、英領植民地向け輸出総額の三分の一に相当した。植民地の独立を認めるほうが、ずっと安上がりだった。植民地は、植民省の「善意に発するにせよ、無知・無能はおおうべくもなく、いたずらに朝令暮改をこととするその独断専横」より解放されなければならなかった[56]。

もう一人の急進的政治家ヒュームも、「ミスター本国」にたいする攻撃に加わった。諸植民地のおのずからなる力の発露を妨害している鉄鎖をとりはらえ[57]。自分の足もともおぼつかないダウニング街が、手とり足とり引っ張ってやろうなどとは僭越の沙汰、植民地のことは植民地自身にまかせるがよい[58]。植民省は、百害あって一利なきしろものと「なり果てており」、よろしく店仕舞すべきである[59]。

植民地統治は、はやらなくなっていた。無党派の急進的な論客であったロウバックは、植民地自治許容論にたいする人道主義的立場からの否定論を偽善として反対した。歴史の教えるとおり、無慈悲に前進する優越種族に直面すれば、未開人は滅亡するよりほかなく、正義と人道は、正義など歯牙にもかけぬ必然という鉄則に蹂躙されるほかはない[60]。かの有名な植民省次官ジェームズ・スティーブンは、「悪しき時代に我々の引き受けたこの厄介な荷物」を飽くまであずかるという決意を固守して、ゆるがなかった。しかし、植民省内部においてさえ、諸植民地に「狂暴なる議会、愚劣な総督、伝道師、奴隷[61]」以外のなにものをも認めることができない、とするテイラーのような資本主義者が多かったのである。こうしたものが旧態依然たるままに残されているのは、メリヴェールの言葉にしたがえば、「それらを支配するという楽しみ[62]」、ただそれだけのためにすぎなかった。西インド諸島の断罪ということを除いては、なに一つ真実なものはなく、西インド諸島の破滅ということを除いては、なに一つ正当なものはなかった[63]。意気沮喪《そそう》したプランターの目には、植民地の破壊を目的とする期成同盟が結成されたと映ったくらいである[64]。ジャマイカとガイアナの議会は一八三八年、一八四〇年の両年に議事放棄の手段に訴え、予算の審議を拒否した。

ジャマイカは英国国歌よりもヤンキー歌をよしとした。[65] なに、かまうものか。議会の議員諸公は、ほんのはした金で西インド諸島をアメリカにひき渡すつもりになっているのだから。[66]「ジャマイカなぞ、海底に沈めてしまえ」とロウバックは、声を大にして説いていた。「アンティル諸島も一つ残らずその後を追わせるがよい」。これらの「不毛な植民地」は、戦争と浪費の元兇であっただけではないか。[67] それは、英帝国の「百害あって一利なき付属物」だった。これらの植民地がこの地上から消し去られても、イギリスは「いささかも国力を損うことなく、一ペニーたりとも富を失うことなく、なんら国威を失墜する恐れはない」[68]だろう。

それは一種の流行病だった。後に数十年にわたり指導的帝国主義者として活動したディズレーリさえ、この流行病にかかっている。一八四六年においては、「絶海のアンティル諸島」は、なおかれにとって「イギリス植民地制度の僅少な一部ではあるが、私の重視する一部」[69]であった。その六年後には、カナダは国際的紛争の種となり、困りものの植民地は「赤字の相続物件」、イギリスの首根っこに括りつけられた重石となっていた。[70] グラッドストンによれば、植民地経営に議会の関心をつなぎとめることは、十中の九まで不可能であり、一〇分の一だけ成功する見込みはあるにせよ、それも気まぐれな党派心にたのむほかなかった。[71] 植民地帝国の時代は過去のものとなった。自由貿易論者、エコノミスト、経理家の時代がそのあとを受け継いだ。西インド諸島の栄光は永久に消滅した。わずか三〇年の後には風向きはまた一変することになるだろう。が、とにかく、西インド諸島というふとっちょの一寸法師は真っ逆さまに墜落した。王国の兵馬の総力をもってしても、この壊れた一寸法師をもと通りにすることはできなかっただろう。

C　世界における砂糖生産の増大

一七八三年以前における英領砂糖島嶼の強みは、砂糖生産にかんするかぎり、競争相手がほとんどなかった点にある。力のおよぶかぎり、新しい競争相手が現われないようにつとめてもいた。シエラ・レオネへの砂糖キビ（および綿花）栽培の導入計画には、強く抵抗した。そんな計画を認めるのは「植民地未所有国に率先垂範する」[72]ごときものであり、また西インド諸島植民地を所有するものにとって脅威となるに相違ない、[73]というのが反対の理由だった。それは、ちょうど一世紀前に、アフリカにおけるインディゴ栽培に反対したのと同断だった。[74]砂糖貿易における主要な競争相手はブラジルと仏領島嶼だった。キューバは、まだスペインの強力な独占体制に骨がらみになっていた。こうした状況は、大陸植民地の独立以後、サント・ドミンゴの進出をみるにおよび急速に変化した。

バルバドスおよびジャマイカにおける砂糖キビ栽培により、ヨーロッパの砂糖貿易は、ポルトガルからイギリスの手に移った。サント・ドミンゴの台頭により、ヨーロッパ砂糖市場の支配権は、こんどはフランスの掌中に入った。一七一五年から一七八九年のあいだに、フランスの自領植民地からの輸入は一一倍となり、仏領植民地物産の海外再輸出高は一〇倍に伸びた。[75]一七八九年度のフランスのバルト海向け輸出の三分の二、レヴァント向け輸出の三分の一強が植民地物産だった。「フランスが国際収支を好転せしめたゆえんは、一にも二にもこの点にあった」[76]。

奴隷制生産の例の法則が、ここでもはたらいていた。サント・ドミンゴは、英領植民地のどれよりも大きい。土地もはるかに肥沃で、まだ疲弊してはおらず、それゆえ、生産費も安かった。一七八八年、枢密院調査委員会は、特別調査の対象としてこのような生産費の相違という問題をとりあげた。

宰相ウィリアム・ピットの立場からみれば、これこそ決定的な要因だった。イギリス産糖の時代は終わった。西インド諸島方式は割の悪いものとなった。その基盤たる奴隷貿易は、「イギリスにとり多大の利があるどころではなく……想像もおよばぬ最悪の損失をもたらすものである」[77]。宰相の父は、一貫して西インド諸島側に立っていた。前宰相が、奴隷貿易廃止請願を丁重に却下したのは、わずか一〇年前のことである。ピットにのっぴきならぬ転換を強いたものこそ、この生産費問題だった。

ピットの計画には、二つの目標があった。インド産糖をてこにヨーロッパ市場を奪回すること[78]、および奴隷貿易の国際的な規模での廃止を実現し、サント・ドミンゴの崩壊を期すること[79]、これである。国際的規模での奴隷貿易廃止が不可能ならば、イギリスだけでも廃止する。フランスのイギリス奴隷貿易商に依存するところはきわめて大きかった。それゆえ、イギリスの一方的廃止措置だけでも仏領植民地の経済に深刻な混乱をひき起こすだろう。

ピットの計画は挫折した。理由は二つある。東インド産糖の輸入については、計画高を達成することは不可能だった。英領西インド諸島産以外の砂糖には、例外なく高額の関税が賦課されたからである。[80]ホークスベリ卿は、西インド諸島独占論者の立場から、特許状の規程に該当しない「独占的会社のため」現行法を改定することには反対した。[81]もっとも、ホークスベリはたんなる一個の西インド諸島人としての立場にはとどまらなかった。かれは、イギリスの商工業一般、とりわけリヴァプールとは切っても切れない関係にあった。それゆえ、逆に、外国産糖の輸入を奨励した。もっとも、これには、精製・再輸出のための原糖にかぎること、輸送には英国籍船舶をもってすること、という条件がつけられた。「前世紀を通じ終始一貫実施されきたったかの画一的措置によるよりも、フランスの通商・海運の後退、イギリスの通商・海運の前進をはかることができるであろう」[82]。このようなきわめて簡単な改正措置なりとも講じたならば、イギリスは、一六六〇年から一七一三年のあいだ享受し、その後フランスに奪われた砂糖貿易の主導権を奪回できたかもしれない。[83]

第二に、フランス、オランダ、スペインは、奴隷貿易の廃止を頑として拒否した。三〇年後に、リヴァプール伯は、こうした他国の態度を「頑迷固陋《ころう》」[84]と評したが、[85]二言目には人道主義を口にするピットが腹に一物をひめていることくらい、誰にでも見当がついたのである。奴隷貿易およびカリブ海植民地にかんする著名なフランスの歴史家ガストン・マルタンは、ピットの「人道主義の旗幟《きし》にいつわりがあるわけではないが、同時にフランスの通商を破壊することをも目的として」奴隷解放を喧伝《けんでん》したことを非難し、こうした博愛主義的宣伝には、さまざまな経済的底意が隠されている、と結論した。イギリスが、フランスの奴隷貿易廃止論者に気前よく資金を提供したり、奴隷貿易廃止論者クラークソンの奴隷制反対の論策の翻訳をフランスに氾濫させるやり方を見れば、およそ察しがつこうというものである。[86]ラムジが認めたように、「アフリカ貿易は、世評にいわれるほど有利ではなく、近来、我国の富よりも競争国の富を増大せしめるのに貢献している。率直に、そう結論せざるをえない」[87]。

このような転機に立ったピットに、フランス革命は思わぬ助け船となった。サント・ドミンゴのフランス人プランターは、一七九一年、同島をイギリスに捧げた。[88]革命運動がその理想主義により奴隷貿易および奴隷制を廃止することを恐れたからである。ウインドワード列島のフランス人プランターも、直ちにこれにならった。[89]ピットは、これを受けいれた。あたかも対仏戦争が勃発した一七九三年のことである。貴重な植民地を、初めはフランスから、次には黒人から奪取するため、数次にわたり派遣された遠征軍は、いずれも所期の目的を達成することができなかった。この戦争は、「富ないし地方的な領土の拡張を目的とするものではなく、安全保障を目的とする」[90]。議会はこう保証した。ヨーロッパにおける同盟の大義名分は、イギリス帝国主義のために骨抜きとなった。「開戦にひきつづく六年間、イギリスはなりを鎮めていたが」とイギリス軍事史家フォーテスキューは書いている、「その理由は、かの呪わしき二語、すなわちサント・ドミンゴのうちにひそんでいるといってよいであろう」[91]。イギリスは、サント・ドミンゴを占領しようとして失敗し、多数の兵員とポンドを失った。しかし、この戦火により世界の砂糖入れは破壊された。仏領植民地の優位は、永久にうちくだかれた。「まさしくこのために」とフォーテスキューは書く、「イギリスの兵士が犠牲となり、イギリスの財貨は浪費され、イギリスの影響力は弱化し、イギリスの腕は、この暗鬱な六年のあいだ、枷をかけられ、麻痺し、無感無覚となっていたのである」[92]。

これには、学問的興味以上のものがある。ピットはサント・ドミンゴを手に入れることにも、奴隷貿易の廃止を達成することにも失敗した。年間あたり四万人の奴隷輸入が不可能となれば、サント・ドミンゴは海底に没するも同然だった。だから、サント・ドミンゴを受けいれようとするかぎり、ピットは奴隷貿易の廃止に踏みきることはできない。論理的にはそうなる。もちろん、ピットは、そのようにはいわなかった。公衆の面前で大みえをきったてまえもある。そこでピットは、裏では奴隷貿易にあらゆる便宜をはかりながら、奴隷貿易の廃止を説きつづけた。しかし、そこには、もはや一七八九年から一七九一年にかけてのあの往時の面影はなかった。ラテン語をちりばめた華やかな雄弁と人心を魅了してやまぬあの人道主義を偲ばせるものはなかった。こうした変化は、議会における論議やウィルバーフォースの日記をみても跡づけることができる。ウィルバーフォースの一七九二年の日記には、はやくも不吉な警鐘が鳴らされている。「ピットは、奴隷にかんする動議をしりぞけた。サント・ドミンゴのためである」[93]。それ以後、ウィルバーフォースが毎年提出する動議にたいするピットの支持はお義理一片のものとなった。あるときには西インド諸島を支持し、ある場合には採択をひきのばした[94]。時にはウィルバーフォースを「断固として支持」するかと思うと、時にはただ拱手《きようしゆ》傍観しているといった具合である。ピットの宰相時代にイギリスの奴隷貿易のみが二倍に伸びた[95]。また、イギリスはさらに二つの砂糖植民地、トリニダードとガイアナを征服した。奴隷貿易廃止論者スティーブンがにがにがしげに書いているように、「ピット氏は、議会のみならず内閣においても、黒人のために尽瘁《じんすい》しているとはいえない。断乎として戦ってはいない。これは、かれ自身にとっても、かれの国および人類にとっても不幸なことである」[96]。

自由主義の歴史家は、過激急進主義にたいするピットの恐怖を弁護する。真の理由は、いたって簡単である。イギリスの宰相という重責を担うものは、誰にせよ、たんなる人道主義的理想のみに基づいて、奴隷貿易の廃止というような重大決定を下すわけにはいかない。これは、自明といっていい。いやしくも一国の首相ともなれば、一個の人である以上に政治家である。ピットの態度を決定したものは、政治であり、人格にかかわるものは二の次だった。ピットは、砂糖貿易に関心をもっていた。安価なインド産糖をヨーロッパに洪水のように流しこむか、あるいは奴隷貿易を廃止することによって、サント・ドミンゴを崩壊させる。または、サント・ドミンゴを自己の手中におさめる。道はいずれか一つだった。サント・ドミンゴを獲得することができれば、カリブ海における均衡は回復される。

サント・ドミンゴは、アメリカを失った痛手の「高貴なる代償」となり、「イギリスの領土、海運、通商および製造業に一段と光輝を添えるもの」[97]となろう。それにより、イギリスは砂糖・インディゴ・綿花およびコーヒーを独占することになるだろう。「同島は、長期にわたり、産業を援助・強化し、その余慶《よけい》は王国の津々浦々にまでおよぶことであろう」。イギリスとスペインの攻守同盟を背景にした「かくのごとき友情は、長きにわたり、フランスおよびアメリカを新世界より排除し、はかり知れざる価値を有するスペイン領土の安全を保障するであろう」[98]。しかし、ピットがサント・ドミンゴを奪取するなら、奴隷貿易は、続行されねばならない。サント・ドミンゴがフランスの手におちたとき、初めて、奴隷貿易はたんなる人道問題となったのである。

サント・ドミンゴの崩壊は、フランスの砂糖貿易の終焉を意味した。白人領事と黒人領事たるとを問わず、とエデンは得々として書いている、一片の布告で同島における人口の不足を埋めるわけにはいかなかった。[99]しかし、サント・ドミンゴの破滅により、英領西インド諸島が救済されるというふうには、ことは運ばなかった。新たな敵手が二人登場したのである。サント・ドミンゴの退場により世界市場にあいた穴を埋めるべく、キューバが次第に追いあげてきた。失った植民地の奪還を企てて失敗したボナパルトは、砂糖貿易の流れを断つことによってイギリスを屈服させようとはかり、甜菜糖《てんさい》の生産の奨励にのり出した。ここに二種類の砂糖の戦いが始まった。キューバおよび他の中立地域の砂糖は、星条旗の下になおヨーロッパに販路をもっていたから、イギリスには英領西インド諸島産糖がだぶついていた。当時、倒産は日常茶飯のことだった。ジャマイカにおいては一七九九年から一八〇七年のあいだに、六五のプランテーションが放棄され、三二のプランテーションが売りたてにあった。一八〇七年に裁判にもちこまれたプランテーションは一一五に達した。借金、疾病、死、これが同島における唯一の話柄だった。[100]一八〇七年、議会内に設けられた一委員会は、英領西インド諸島のプランターによる生産は赤字であることを明らかにした。一八〇〇年度のプランターの利益は二・五パーセントであったが、一八〇七年には零となった。一七八七年、プランターはハンドレッドウェイトあたり一九シリング六ペンスの利益を得た。一七九九年には、一〇シリング九ペンス、一八〇三年には一八シリング六ペンス、一八〇五年には一二シリングの利益を得たが、一八〇六年には零だった。同委員会は、かかる惨状の主たる原因を国外市場の好ましからざる市況に求めた。[101]一八〇六年度のイングランドにおける余剰砂糖は六〇〇〇〇トンにのぼった。[102] 生産の切下げが必要だった。生産を制限するためには、奴隷貿易を廃止しなければならぬ。「飽和」植民地には、年間わずか七〇〇〇の奴隷があれば足りた。[103] 生産の制限は、春秋に富み、声をからして労働力を求めている新植民地について、まず行なわれなければならない。というわけで、新開の植民地は、奴隷貿易廃止措置により、治癒不能の片端《かたわ》にされてしまった。ここから、奴隷貿易廃止法案が西インド諸島の旧植民地島プランターの圧倒的多数の支持を受けた理由が納得されよう。一八〇四年、エリスは断じている、奴隷貿易は継続されねばならない、ただし、旧植民地向けにかぎられると。[104] それは、「飽満せるプランター」と「成功を求めつつあるプランター」とのかのことふりにたる闘争にほかならなかった。

戦争とボナパルトの大陸封鎖により、旧植民地は、生き残ろうとするかぎり、いやおうなく奴隷貿易の廃止を迫られることとなった。首相グレンヴィルは問うた、「いまや、かれらは市場を見出すことができず手中に累積するのみの生産物に困惑しているのでありまず。それゆえ、諸君がこれ以上新規輸入の継続を黙過するならば、プランターの行き詰まりはますます深まり、破産の土壇場に追い込まれることになるのではありませんか?」[105] ウィルバーフォースは歓喜した。西インド諸島の窮迫の原因を、奴隷貿易の廃止に帰することはできなかった。[106] 奴隷貿易の廃止こそ、その窮迫から直接に結果したものである、というのが事実である。

奴隷貿易の廃止は、プランターの当面する問題の解決策ではあったが、たんなる一時的解決策であったにすぎない。というのは、メリヴェールが的確に論じたように、西インド諸島、とりわけその新開植民地は、奴隷貿易による補充奴隷の供給が確保されないかぎり、一九世紀の激化する競争に耐えぬく希望をもつことができなかったからである。「奴隷貿易を欠いた奴隷制は……得よりも損のいくものであった」[107]。一八一五年、ナポレオン戦争の終了時における砂糖プランターの状態は、既往にくらべていささかも改善されてはいなかった。インドは、依然として恐るべき競争相手だった。サント・ドミンゴという悪魔は、モーリシアス、キューバ、ブラジルという三悪魔にかわっただけである。砂糖キビ栽培は、のちにルイジアナ、オーストラリア、ハワイ、ジャワにもひろがった。甜菜糖の生産は上昇に上昇をつづけ、その結果、一八四八年には仏領植民地における砂糖キビ糖プランテーションの奴隷が解放された。これは甜菜糖の一つの大きな成果だった。しかも、甜菜糖は、自給自足の見地から、ヨーロッパのみならずアメリカの特産物となっていったのである。

一七九三年から一八三三年のあいだに、イギリスの砂糖輸入高は二倍以上に伸びた。同期間における西インド諸島関係の記録は不完全なものであるが、一八一五年から一八三三年にいたる期間、西インドの生産は停滞気味である。すなわち、一八一五年には、三三八万一七〇〇ホッグズヘッド、一八三三年には三三五万一八〇〇ホッグズヘッド、最高を記録した一八二八年でも四〇六万八〇〇〇だった。こうした水準に低迷したのは、いつにかかって地味の枯渇した旧植民地諸島の生産減退によるものである。この事実は意味深い。輸出高についてみれば、一八一三年から一八三三年のあいだに、ジャマイカの生産高はほぼ六分の一減少した。セント・キッツは約二分の一、セント・ルシアは三分の二、セント・ヴィンセントは六分の一、グレナダはほぼ八分の一かた軒並み低落した。ドミニカの輸出高は、多少の伸びをみせ、バルバドスの輸出高はほぼ二倍となった。他方、新開植民地の生産高は増大した。ガイアナは二倍半、トリニダードは三分の一の伸びを示した。[108]

モーリシアスは、こうした奴隷制生産の法則にかんするこのうえない例証となっている。モーリシアスの対イギリス輸出高は、一八二〇年にはアンティグアより少なかったが、一八三三年にはアンティグアの四倍となった。[109] イギリスで販売される東インド産糖は、一七九一年から一八三三年のあいだに二八倍という伸び率を示した。[110] イギリスが製糖・消費・輸出のために必要とする原料糖の海外供給地も、増加するばかりだった。シンガポールの一八三三年度輸出高は、一八二七年度にくらべ六倍、フィリピンからの輸入高は四倍となり、ジャワからの輸入高は一二倍を超えるにいたった。[111] キューバの砂糖生産は、一七七五年から一八六五年のあいだに五〇倍に伸びた。[112] ブラジルからのイギリスの輸入高は、一八一七年から一八三一年のあいだに七倍となり、キューバからの輸入高は一八一七年から一八三一年のあいだに六倍に達した[113]。

すでに見たように、砂糖生産はプランテーションの規模が大きければ大きいほど有利である。ところで、プランテーションの規模は、輸送という要因に制約される。砂糖キビは採伐されてから一定の時間内に加工場に運びこまれなければならない。一八世紀においては、ジャマイカは英領島嶼のうちでもひときわ目立つ大規模プランターの島だった。しかしながら一七五三年当時において、二〇〇〇エーカー規模のプランテーションは三つしかない。この三つのプランテーションで同島における全砂糖キビ畑の一〇分の一を占めていた。最大のプランテーションは、フィリップ・ピノックの所有にかかり、ピッマンにより当時のジャマイカの「観光名所」と呼ばれたものであるが、二八七二エーカーの面積をもっていた。うち二四二エーカーが砂糖キビ畑であり、二八〇人の奴隷による砂糖年産高は一八四トンに達した[114]。奴隷が解放されると、ジャマイカは労働力の不足、賃金の高騰に直面した。はるかに広大肥沃な土地に恵まれ、奴隷に支えられたキューバに対抗することはとうていできない相談だった。キューバにはじめて鉄道が敷設されたのは一八三七年のことであるが、路線の延長にともない、キューバのプランターはプランテーションの規模を拡大し、増産をはかり、生産費を切り下げることが可能になった。一方、ジャマイカのプランターは、あいもかわらず労働力不足に悩み、国の保護を要請していたのである。このようなわけで、差はひらくばかりだった。一八六〇年ごろのキューバには「超大」プランテーションの存在したことがわかっている。最大のものは面積一万一〇〇〇エーカー、その一〇分の一強が砂糖キビ畑であり、労働に従事する奴隷は八六六人、砂糖年産高は二六七〇トンに達していた。[115]

英領西インド諸島が砂糖キビ栽培における独占を失ったことは、誰の目にも明らかだった。同諸島は、一七八九年にはサント・ドミンゴに敗れた。一八二〇年にはモーリシアス、一八三〇年にはブラジル、一八四〇年にはキューバとの競争に敗れた。我が世の春はすぎた。土地面積の狭隘《きょうあい》な英領西インド諸島が、奴隷労働によるにせよ自由な労働によるにせよ、広大な未瘦の沃土に恵まれ奴隷制がいまだに有利であるような地域とたちうちできるはずはなかった。キューバには、ジャマイカをもふくむ全英領カリブ海諸島がおさまってしまう。[116]ブラジルの長大な一河川は、全西インド諸島を浮かべてもなお支障なく航行できるだろう。インドは、西インド諸島を酒浸しにするだけのラム酒を生産することができた。[117]

西インド諸島の状況は、生産高が本国の消費量を上まわるという事態により、いっそう悪化した。二五パーセントにのぼると評価される余剰分[118]については、ヨーロッパ市場に販路を求めるよりほかなかったが、そこでは安価なブラジルないしキューバ産糖との競争にうち勝たなければならない。補助金・助成金をつぎこむ以外に勝ち目はなかった。事実、西インド諸島のプランターは、競争に勝ち残るために補助金の交付を受けていた。競争相手には、すでに見たように、イギリスの最上の顧客がふくまれていた。一八二四年から一八二九年のあいだに、キューバおよびブラジルのハンブルグ向け砂糖輸出高は一〇パーセントの伸び率を示し、プロイセン向け輸出高は倍加した。同期間にロシアのキューバ産糖輸入高は五〇パーセント、ブラジル産糖輸入高は二五パーセントかた伸びた[119]。こうした事態は、資本主義者にとって黙過できないものだった。一八〇七年における生産過剰から奴隷貿易の廃止は必至となり、一八三三年の生産過剰から、奴隷の解放は必至となった。「砂糖の生産にかんするかぎり」と奴隷解放政策の推進者スタンレーは述べている、「ある程度の減産はやむを得ないのかどうか、私には確信がない。かりに砂糖の生産は縮小さるべきであるとすれば、それは、結局のところプランターおよび植民地それ自体を利することになるのではなかろうか。私にはしかとはわかりかねる」[120]。一世紀前、イギリスは西インド諸島の生産不足に悩まされたが、いまやその生産過剰に悩まされることになった。解放された黒人が、もとのプランテーションにとどまるのは、それ以外に選択の余地がない場合にかぎられる。これは常識にすぎない。事実、一八三一～一八三四年の時期と一八三九～一八四二年の時期とを比較してみるなら、ジャマイカおよびグレナダの生産高は二分の一、ガイアナの生産高は五分の三、セント・ヴィンセントの生産高は五分の二、トリニダードの生産高は五分の一かたそれぞれ減少をみている。その他の島嶼についてもほぼ同様だった[121]。

生産の制限を行なっても、生産高と本国の消費量とを均衡させることにより、プランターは本国市場の「事実上の」独占を維持できるだろう。奴隷解放を推進するために、こうした議論が行なわれた。議会はこれを戦略とした。西インド諸島の砂糖キビ栽培をなるたけひきあわぬものにするために、できるだけの手がうたれた。一八三二年、トリニダード議会は、一人あたりトリニダード通貨一ポンドに相当する奴隷税の廃止を請願した。植民省は「本税を存置することの重要なるは、言うをまたない。奴隷労働を安価ならしめるのではなく、高価ならしめることこそ望ましいのである」[122]として、それを却下した。焦眉《しょうび》の急となった争点は、独占そのものだった。イギリスの対外砂糖貿易の全面的な発展を阻害しているものとしては、西インド諸島の独占をおいてほかになかった。独占は、それゆえ、打破されねばならなかった。一八三六年、東インド産糖に同等の条件が認められ、独占は部分的に破られた。一八四六年、すなわち穀物法廃止の年に、砂糖関税の一律均等化が実現した。こうして、英領西インド諸島植民地は、その後長く忘却の淵に沈むことになった。その存在が再び世界の関心にのぼるのは、パナマ運河が開発され、西インド諸島の自由な低賃金労働者の反乱により、西インド諸島が新聞の第一面を飾るときである。

第九章　イギリス資本主義と西インド諸島

一八世紀においては、イギリスの重要な既得権勢力は例外なく独占および植民地体制の側にたっていたが、一七八三年以降、その利害は、つぎつぎに独占および西インド諸島奴隷体制と対立するようになった。イギリスの海外輸出品目は工業製品であり、見返りとして原料のみを輸入することができた。そうした原料にはアメリカ合衆国の綿花、ブラジルの綿花・コーヒー・砂糖、キューバの砂糖、インドの砂糖・綿花等があげられる。イギリスの輸出の伸長は、ひきかえに受け取る原料の消化能力のいかんにかかっていた。英領西インド諸島の独占は、非英領プランテーション産糖の輸入を国内消費用としては排除するものであり、その意味で障害となったのである。有力な既得権勢力――綿織物業者、海運業者、製糖業者――有力な商工業都市――ロンドン、マンチェスター、リヴァプール、バーミンガム、シェフィールド、ヨークシャーのウェスト・ライディング――は一致結束して西インド諸島の奴隷制と独占を攻撃した[1]。奴隷貿易廃止論者は、攻撃の鋒先を産業中心地に集中したが、理由のないことではない。

A　綿織物製造業者

一八世紀における西インド諸島のプランターは、原綿を輸出し、綿製品を輸入した。既述のように、どちらの面においてもかれらの比重は低下するばかりだった。蒸気機関と綿繰機を手中にしたマンチェスターは、我関せず焉《えん》の態度から次第に敵意をむき出しにした。ウィルバーフォースは、はやくも一七八八年には、「アフリカ貿易に深い関心をもち」[2]奴隷貿易廃止に賛同する自由主義派がマンチェスターに現われた事実を歓呼して迎えている。マンチェスターは、一八三二年以前には下院に代表を送っていなかった。それゆえ、下院におけるマンチェスターの西インド諸島体制にたいする攻撃は、同年以降のことに属する。しかし、綿織物工業関係議員は、一八三二年以前にもこの問題に関心を示していた。一八三〇年、労働運動の指導者コベットは、マンチェスター選挙区から立候補する意志を明らかにした。地主勢力にたいする反対運動をかわれ、後に穀物法廃止連盟の所在地となったこの都市の支持をうることができるだろうと期待したのである。西インド諸島の奴隷制をめぐり、かれはかなえの軽重を問われた。コベットは、ウィルバーフォースとメソジストを憎悪していた。一八一八年、アメリカ合衆国に逃れたとき、オラター・ハント宛にこう書いている。アメリカには「ウィルバーフォースのような連中はいません。考えても見給え！　ウィルバーフォースのような連中はいないのだ」[3]。メソジストどもは「神がお認めなされたうちでも、もっとも卑しむべき徒輩として、この地上を横行しているのです」。このような連中には腐った卵の雨を降らせてやるがよい。コベットの意見によれば、奴隷は朝から晩まで馬鹿笑いをしている「ふとっちょの怠惰なくろんぼ」であり、奴隷所有主は、知られるかぎり、礼節をわきまえ、寛闊《かんかつ》で善良な人間である。[4] 西インド諸島の独占は、イギリス人民にとっていささかの負担にもならない。マンチェスターは、コベットをはねつけた。[5] かれが主張を改めたときは、もう後の祭だった。

マンチェスターは、東インド産糖のためのキャンペーンを公然と支持した。一八二一年五月四日、マンチェスター商業会議所は、下院にたいし、特定植民地の優遇、特に自由人の国よりも奴隷の植民地を優遇することに反対であるむねを述べた請願書を提出した。[6] 一八三三年、マンチェスターはブラジル産原糖の精製を認めるよう主張した。マンチェスター選出議員マーク・フィリップスは、自分の代表する綿織物工業の大中心地にたいし、この問題が重大な意義をもつことを説いている。それは簡にして要をえたものだった。フィリプスは、ブラジルから帰航する船舶が空船を余儀なくされている窮状を強調するとともに、製糖業を振興し、工業労働者の雇用を伸ばすことを主張した。[7]

このフィリプスという名前には、マンチェスターおよびその綿織物工業の全発達史が集約されている。J・N・フィリプス会社が西インド諸島貿易に本腰をいれたのは一七四九年のことである。マーク・フィリプスは、一八三二年、最初のマンチェスター選出議員二名のうちの一人として、改革議会に議席を占めた。[8] フィリプスの西インド諸島との関係はまだつづいていた。フィリプスはロバート・ヒバートの親戚にあたり、ロバートに推されてロバート・ヒバート・トラストの理事会の一員となっていた。[9] しかし、西インド諸島との経済的関係は、もうなかった。フィリプスは、奴隷制の醜悪無残さに反対した。この見解は、マンチェスターにおけるかれの当選祝賀晩餐会の席上で拍手喝采をもって迎えられた。同じ席上で人道主義を説いたハッドフィールド氏の雄弁も万雷の拍手をあびた。「私は、あなた方に訴えます……理性ある人間にとって、自由というものは他とわかちあおうとしないかぎり、あってなきにひとしいものでありましょう……白と黒というそれだけの相違から、永久にある種族は奴隷であり、ある種族は自由であるなどとしてよいものでしょうか？ ある人は黒きがゆえに奴隷、ある人は、白きがゆえに自由であるなどという理屈が、いつまで通用いたしましょうか？ ……はっきり申しあげておきますが、我国の現行制度に由来するこの忌むべき汚れを払拭しないかぎり、自由の保障はどこにもないのであります」。[10] いうところの忌むべき汚れなるものは、奴隷制ではなかった。独占を意味していた。マンチェスターは聖書に関心をもっていたのではなく、国勢調査報告に関心をもっていたのである。

一八三三年以降、マンチェスターの資本主義者はあげて砂糖の自由貿易に賛意を表した。とはいえ、その砂糖は奴隷制生産による砂糖を意味していた。フィリプスは東インド産糖にたいする関税の是正を支持した。プランターは、すでに代償を手中にしていたのであるから、それ以上を望むのは虫がよすぎるというものだった。[11] 一八三九年、フィリプスは産地のいかんを問わず海外産砂糖にたいする関税の均等化を主張した。生活必需品の価格をひきさげ、有利なブラジル貿易を奨励することは、議会の義務であったからである。[12] ジョン・ブライトおよび一時商務省次官をつとめたミルナー・ギブソンは、自由貿易の旗を高くかかげた。西インド諸島のための保護関税により、イギリスの労働者階級は否応なく高い砂糖をなめさせられ、工場で稼いだ金を奪われている、と両人は論じ、[13] 問題の関税を「鼻つまみの税」[14]「議会の施しもの」[15] と呼んだ。それは生産費を上まわる額だった。それでは、ブラジル人がただで砂糖をつくり出すことができようと、ブラジルの砂糖は空から降ってきたものであろうと、西インド諸島のプランターの砂糖は盗品であったとしても、なんの違いもなくなるではないか。[16] 保護貿易は、プランターを永遠の文句屋に、とめどもなく要求をもち出すかのオリヴァー・ツイストのごときものにしてしまう阿片である、とジョン・ブライトはいった。[17] 綿織物製造業者は、保護貿易を求めない、必要としない、とブライトは揚言《ようげん》した。[18] 一世紀半前に、インド製品に反対して保護を願い出たあの事実は、まことに具合よく忘れていた。むろん、四分の三世紀後に日本製織物に対抗するため保護を求めることになろうとは知るよしもなかったのである。ブライトはこう警告した。自由貿易論者は、一敗地にまみれるかもしれぬ、しかし、新たな力を蓄えて再び攻撃に立ち上がるであろう。[19] プランターの要求は厚かましい。[20] 議会は砂糖キビ栽培の利益をはかることを、義務としているわけではないのだ。[21] こうして、ブライトは、プランターに丁子《ちょうじ》およびナツメッグの栽培を勧告した。[22]

B　製鉄業者

バーミンガムには、はやくも一七八八年に奴隷貿易廃止協会が発足し、自由主義的賛同派を結集した。[23] 同協会の牛耳をとったのは製鉄業者だった。ロイド家のものが三名、同系の銀行家とともに委員となっていた。中心人物は、サミュエル・ガーベットだった。[24] ガーベットは産業革命期の傑物であって、一八世紀的というより二〇世紀的人物である。視野の広さ、多方面にわたる活動、多様な関心等、サミュエル・タチェットを思わせるところがあった。ガーベットはタチェットと同じく、ワイアット・アンド・ポール紡績会社の共同経営者であり、ロウバックと組んでキャロン工場の経営にあたり、ワット、ボールトンと共にアルビオン製作所およびコーンウォール銅山の株主でもあった。「まことに」とアシュトンは書いている、「当時の商工業界を通じ、かれの関係しない分野はほとんどない」。それだけではない。ガーベットは経営の実際面よりも、むしろ工業政策に力を注いだ。政府にたいする製鉄業界のスポークスマンをつとめたのである。[25] 実際、敵にまわせば恐るべき人物だった。ひろい意味で、ガーベットはバーミンガムそのものであったからである。

一七八八年一月二八日、バーミンガムの有力者・名士多数が参集し、サミュエル・ガーベットが司会したある会合において、議会に請願書を送ることが決議された。請願の趣旨は、就中、次のようなものだった。「工業都市の住民および隣人として、本請願人は我王国の商業に深甚なる関心を寄せるものであります。しかしながら、もとこれ暴力より発し、往々にして非道残虐に堕するがごとき商業にたいしては、厭悪《えんお》の念を隠すあたわざるものであります」。グスターヴズ・ヴァザなる一アフリカ人は、バーミンガムを訪問し、暖かい歓迎をうけた[26]。

そうはいっても、奴隷貿易廃止問題にかんしバーミンガムが全市をあげて一本にまとまっていたわけではない。奴隷貿易になお関係をもっていた製造業者は、対抗集会をひらき、議会に逆の請願を行なった[27]。とはいえ、西インド諸島の立場からすれば、サミュエル・ガーベット、ロイド家をはじめとする多数の才幹ある人物を敵にまわしたことは、痛手だった。

バーミンガムは、一八三二年、イギリスを革命の瀬戸際にまで追いこみ、選挙法改正案の成立をみるにいたってやんだ例の騒動の中心となった。この騒動は製鉄業者アトウッドが指導したものである。同市は、奴隷解放問題をめぐっても、ふたたび二つに割れた。一八三三年四月一六日、ロイヤル・ホテルの集会場で開かれた集会は、蜂の巣をつついたような騒ぎとなり、混乱のうちに終わった。ホテル側は破損した椅子・ガラスの損害賠償を請求する始末だった。[28] バーミンガムは、多くの工業都市と足並みをそろえて、一八三三年、「見習奉公」期間の短縮に賛成票を投じた。これは、奴隷解放法と相まって、黒人奴隷制を修正された形態で存続させる意味をもっていたものである。ジョゼフ・スタージは、奴隷解放運動における重鎮の一人だった。一八三三年以降、スタージはイギリスにおける見習奉公制度にたいする抗議運動の指導にあたった。一八三六年、かれは奴隷貿易廃止論者ガーネイとともに「黒人住民事情の改善をはかるため、個人的な実状視察を行なうという高邁なる意図をもって」西インド諸島におもむいた。翌年、つつがなく帰国すると、「その不《ふ》撓《とう》不《ふ》屈《くつ》の人道主義的黒人解放運動」[29]を称える公けの祝賀朝食会が市公会堂で催された。これは、一九世紀のバーミンガムであって、もはや一八世紀のバーミンガムではなかった。もうひとつの既得権勢力が植民地体制に反対していたのである。

バーミンガムとともに、製鋼中心地シェフィールドを考察すれば、得るところが多いと思われる。シェフィールドが植民地体制から得ていた利益は、どうふんでもわずかなものだった。「植民地奴隷制の維持にかんし、なんら既得の利権を有していないため、同市は奴隷貿易廃止論者にとっては絶好の地盤となった」。マンチェスター、バーミンガムその他の工業都市と同様に、シェフィールドも、一八三二年以前には議会に代表を送っていなかった。シェフィールドは、ヨーク州の一部であるが、同州は初めにウィルバーフォースを、ついでブルームを議員に選出した。両者とも著名な奴隷貿易廃止論者だった。「私は、西インド諸島奴隷制の廃止を唱えるものであります」。ブルームは、一八三〇年、同市においてこのように説いてまわった。「その根を抜き、枝を切り落としたいと考えております。努力した甲斐あって、その根はすでにぐらついておりますゆえ、ご援助をいただけるならば、諸君の頭上高く、それを差しあげて御覧にいれることができましょう」[30]。

シェフィールドの協力は、同市が東方に利害関係をもっていたことにもよっている。一八二五年、奴隷貿易廃止論者は、西インド諸島物産のボイコットを始め、その代わりにインドの砂糖やラム酒の購買を勧めた。シェフィールドはこの運動の中心だった。同年、黒人奴隷の救済を目的とする会も発足することとなり、同市におけるキャンペーンを通じて委員会が結成された。各会員はそれぞれ二つの街路を分担して、家庭の主婦に東インド物産の購買を勧誘してまわった。六世帯が東インド産糖を使用するごとに、西インド諸島においては奴隷一名が不用になる、と同委員会は見積った。どうみてもこじつけの理屈ではあったが、西インド諸島をたたこうとするかぎり、これほど有効な武器はなかった。委員会は市民に向かって力説した。「これほど些細な犠牲をはらうだけで、同胞を非道な奴隷の境遇と悲惨から解放できるのであります。たしかに、皆さん一人ひとりに注意していただくだけのことはあるのです」。シェフィールドは、りっぱにこれに応えた。東インド産糖の売れ行きは、六カ月間に倍増したのである[31]。

一八三三年五月、同市の奴隷制廃止協会は、漸進的奴隷解放よりも即時の奴隷解放を迫る覚書を首相に送った。[32] 同協会は最後まで奴隷所有主にたいする補償措置に反対し、見習奉公制度に抗議した。シェフィールドは、結局、バーミンガムと同様に、見習奉公期間をできるだけ短期におさえるという案に賛成の票を投じた。[33]

C 毛織物工業

毛織物業界もまた反対のコーラスに参加した。ウィルバーフォースとブルームは、人道主義者のみならず毛織物工業都市をも代弁した。下院は立法の根本方針として、商業の自由と投資の奨励を旨とすべきか、あるいは、規制措置を強化して独占の育成をはかるべきであろうか？　一八三三年、ヨークシャー選出議員ストリックランド氏は、このように問い、自ら答えていった、独占はすべての商業の進歩を阻害するものとして撤廃されなければならない。[34]

木綿のジョン・ブライト、鉄鋼のサミュエル・ガーベット、これらの強力な名前には、さらに強力な名前・毛織物工業を代弁するリチャード・コブデンをつけ加える必要があろう。西インド諸島独占の問題について、この自由貿易運動家、穀物法廃止連盟の指導者が語るときは、理路整然として迫力にみちていた。世論の支持は圧倒的だった。

独占にかんする西インド諸島の要求は、だいたいにおいて盲蛇に怖じぬ態《てい》のものだった。かつて長期議会とチャールズ一世の亡霊がよみがえり来たったかの感ある時があった、とコブデンは獅子吼《ししく》した。独占の立場を主張すべく敢えて議政壇上に立つ勇気のある議員はただの一人も出なかった時のことである。[35]植民地貿易総額の過半に相当するほどの失費が明らかにされた場合、実業家ならコスト計算を行なってみるだろう。その結果、満足することはまずあるまい。[36]ブラジルおよびキューバとの自由貿易の代償として、プランターにたいするイギリスの輸出分をただにしてやるほうが、実際まだしもであったかもしれない。[37]しかし、そのような貿易はいったい何といったらよいのか？「まさしくそれは、小売店主が一ポンド相当の商品に半ポンドののしをつけて客にくれてやるようなものであった」。商取引にかんする下院の采配ぶりには、雑貨屋を上手に切りまわす程度の知恵才覚さえみられなかった。[38]

西インド諸島産糖のための差別関税は、奴隷労働による砂糖の消費を禁止しようとの意図に発するものである――このような論法にたいしては、コブデンは辛辣骨をさす皮肉をあびせた。この世界最大の織物配給元である国民に、そんな口がきけた義理か？　はちきれんばかり船倉に積みこんでブラジルにもってゆく綿織物の原料は、もとはといえば奴隷のつくったものではないか。それなのに、ブラジルの奴隷をみては目を剝き、そら涙をこぼしてみせ、奴隷がつくった砂糖というので交換を拒絶する。[39]茶番もいいところだ。コブデンは、商務省におけるリポン卿とブラジル大使の架空会見記というふれこみの寸劇を一つ書いた。大使は、返答に窮しているリポン卿を皮肉たっぷり問いつめる。「奴隷労働による原綿を世界各国に輸出することについては、まったく宗教上のとがめはないのですね？ 奴隷のつくった米を食うことについても、まったく宗教上のとがめはないのですね？ 奴隷のつくったタバコを喫《す》うことについても、まったく宗教上のとがめはないのですね？ 奴隷のつくった嗅《か》ぎタバコをすうことについても、まったく宗教上のとがめはないのですね？……イギリス国民のいう宗教上のとがめなるものは、砂糖だけにかぎられている、そう考えていいのですね？」リポンは、へどもどしながら、ブラジル産糖を受け取るわけにはいかないとの百万だら。ジョゼフ・スタージの指導する奴隷制廃止党の運動を盾にとって、防戦これつとめる。ちょうどその時、当のスタージが入ってくる。木綿のネクタイ、キャラコの裏地を張った帽子、綿糸で縫ったコート、奴隷のつくった金銀細工品をいっぱいつめこんだポケット、といったいでたちである。たまらず、二人の外交官はふきだしてしまう。[40]

人道はともかくとして、道理の筋はコブデンの側にあった。奴隷制廃止党についても、そうである。この党は、工業都市からその力を汲みとり、工業都市に運動の中心をおき、いまや穀物法撤廃論者の戦列にも加わっている。コブデンはこう自画自賛しているが、もっともなことだった。[41] かれもかれらも、異口同音に語った。一八四八年、「私は毛織物工業を代表しております」と、かれは主張した、「当院におきまして、我国固有のこの工業を危険視する向きは万々無いと存じます……私は、奴隷制反対運動をもって鳴る州の代表であります。……さて、忌憚《きたん》なく申し上げますが、奴隷解放運動の先頭に立ち、世論に訴えて奴隷解放の実現に尽力しているものはほぼ一致して、海外における奴隷制を衰微せしめるとの趣旨から外国産糖にたいする差別関税を支持しておられる当院議員各位に反対しているのであります」[42]。

D　リヴァプールとグラスゴー

西インド諸島は、かつて養い育てたリヴァプールに裏切られた。飼い犬に手を噛まれる仕儀にたちいたったことほどの痛恨事はなかっただろう。一八〇七年にもなお同市の奴隷貿易商は七二を数えた。奴隷貿易廃止法案が成立する直前、ヒュー・クロウ船長がイングランドの最後の奴隷貿易商として出航したのはリヴァプールからだった[43]。しかし、議会においてタールトンが外国領砂糖植民地向け奴隷貿易の廃止というとるべくしてとられた措置に依然として反対しつづけていたといっても[44]、一八〇七年のリヴァプールはウィリアム・ロスコーによっても代表されていたのである。ロスコーは、その奴隷制反対論によって、すでに世の視聴を集めていた。

リヴァプールは、一八〇七年にもなお奴隷貿易を続行していたとはいえ、その奴隷貿易には、同港の死命を制していた昔日のおもかげはすでになかった。一七九二年、同港所属の船舶一二隻につき一隻が奴隷貿易に従事していた。一八〇七年には、それが二四対一の割合に低下した[45]。一七七二年、一〇一隻のリヴァプール船が奴隷貿易に従事し、ドック税は、四五五二ポンドだった。一七七九年にはアメリカ革命の影響によりリヴァプールを出港してアフリカに向かった船舶は、わずかに一一隻、ドック税は四九五七ポンドだった[46]。一八二四年度のドック税は一三万ポンドである[47]。奴隷貿易廃止措置によってもリヴァプールが破産しなかったことは明らかである。ロスコーが述べているように、同市の全市民が一致して奴隷貿易廃止に反対したわけではなかった。廃止措置による影響を受けそうな向きにたいしては、ロスコーはインド貿易の先ゆきの明るいことを説いた。奴隷貿易の廃止によりイギリス商人は損失を蒙《こうむ》るかもしれないが、東インド会社の独占を廃棄すればその損失を償ってなお余りがあるであろう。そう弁じたのである[48]。

奴隷貿易反対に転じたにしても、リヴァプールは依然として奴隷制には関心をつないでいた。とはいえ、その関心の対象はもはや西インド諸島の奴隷制ではなく、アメリカの奴隷制であり、砂糖ではなく綿花であった。米綿貿易は、リヴァプールの片道貿易としてはもっとも重要な位置を占めるにいたった。イギリスの輸入した綿花についてみると、一八〇二年にはその二分の一、一八一二年には三分の二、一八三三年には一〇分の九がリヴァプールを経由している[49]。リヴァプールは、一八世紀にマンチェスターを育成した。一九世紀には、マンチェスターの鮮かな航跡の跡を、リヴァプールが柔順についてゆくことになった。重商主義の時代にはマンチェスターがリヴァプールの後背地であったが、自由放任主義の時代にはリヴァプールがマンチェスターの郊外となったのである。

リヴァプールは綿業資本の示した自由貿易の範例に従った。一八〇七年以降のリヴァプール選出議員のなかには、カニングおよびハスキソンの名がみられる。両者とも、どこか浮かぬ感があるにせよ、自由貿易を説いていた。いまどき排他的特権ははやりません、と一八三〇年、ハスキソンはいった[50]。同市は、ハスキソンの功績を称え、豪華な食器一式を贈った。それは「商務相ハスキソンの推進実施せる開明的商業政策により生じたる全国民的利益にかんし、(同市の)感浅からぬ証拠[51]」だった。同市選出の新議員エワートは、一八三三年、マンチェスター製品について考察し、イギリスの商業にひきつづき足枷をかけておこうなどという大臣は、何人《なんびと》であれ告発さるべきである、といった[52]。同市の商人および海運業者は、同年、議会に請願を行ない、本国市場における排他的植民地独占の問題をとりあげるよう要請した[53]。同市には強力なブラジル協会があったが、その強調するところによれば、西インド諸島独占の結果、二〇〇万を超えるイギリス資本が流出し、そのため、外国の傭船は増え、外国の運賃、手数料、諸掛かり等の収入も伸びた。国内海運業者の損失は多大だった[54]。リヴァプールの商人と海運業者は、議会が遠隔の植民地における奴隷のための立法措置を講ずるのもさることながら、本国における勤労者の現状と将来の福利をも配慮されんことを望むという要望を表明した[55]。

西インド諸島は、グラスゴーにおいてもまた、友人を失った。マクドウォールと砂糖遺産相続人の時代は終わった。グラスゴーのある一家族の栄枯盛衰のあとをたどってみよう。そこには、こうした時代の推移が象徴されている。一八世紀に同市の名もない市民だったリチャード・オズワルドはロンドンに移住した。そこで好運にも大砂糖プランテーションの女相続人と結婚することができたおかげで、産をなした。[56] オズワルドは多年にわたり大々的に奴隷の売買を行なった。シエラ・レオネ河の河口にあるベンス島に商館を所有していたためである。[57] その資産は後にジェームズ・オズワルドの手に移ったが、この男はグラスゴーから初めて選出された改革議会議員をつとめた。一八三三年、オズワルドは、精製用のブラジル産輸入原糖に課せられる過大な関税の引き下げを要請した請願書を提出した。この請願書には多数の名士が署名している。[58]

E　製糖業者

一八世紀はもちろん一九世紀においても、世界の糖業中心地となり、世界中の紅茶とコーヒーの甘味料をひき受けようというのが、イギリスの野心的な抱負だった。それは、産業革命によってイギリスが世界中の衣料を一手にひき受けるようになったことと、軌を一にするものだった。世界の砂糖生産に占める西インド諸島の地位の低下、のみならず、独占価格維持のため、生産制限を行なうという西インド諸島プランターの頑迷な意志、これらは、こうした国際的構想を阻害するものだった。

サント・ドミンゴにおける奴隷反乱により、ヨーロッパ市場の糖価は大幅に変動した。一七八八年九月から一七九三年四月までの期間に、糖価は五〇パーセント騰貴した。[59] イギリスの製糖業者は、一七九二年、議会に請願を行なった。四〇年来控え目にふるまってきた製糖業者も、もはや黙っていられなくなったのである。かれらは、西インド諸島独占の非をならし、「かつては繁栄せる製糖業の衰退」を指摘し、英国籍船舶による外国産糖の輸入の許可を懇請し、その場合、関税上の差別もよしとしたが、東インド産糖と英領西インド諸島産糖については、関税の均等化を要求した。[60] サボタージュが始まった。西インド諸島プランターの後門に狼が現われたのである。世論は、製糖業者に向かって高い糖価を非難したが、これは的外れだった。[61] 公的な糖価引下げ対策会議内に設けられた一委員会は、製糖業者に責任のないことを明らかにし、同一条件で、東インド産糖の輸入を認可することこそ「正義の行為」であるとして、これを支持した。[62]

既述のように、インド問題は、サント・ドミンゴという美味なプラムが英国政府の鼻先にぶら下げられたときに、握りつぶされていた。この問題は、一八二〇年代に、インドがイギリス製品の輸入の見返りとして若干の原料を輸出しなければならなくなったとき、ふたたび争点となった。米綿との競争は不可能だった。[63] それゆえ、インド貿易商は、砂糖かそれともガンジス河の砂か、という二者択一を迫られた。[64] 東インドは自由貿易を口にはしていたけれども、本心は、本国市場の独占を西インド諸島と分け合うことにあった。まさにこの点で、東インドと製糖業者は袂《たもと》を分かったのである。リカードが述べたように、「排他的保護貿易は、東インドと西インド諸島のいずれにも認めらるべきではない。輸出元のいかんにかかわらず、砂糖の輸入は自由でなければならない。いかなる不都合もそこから生ずることはあり得ない」[65]。

一八三一年における製糖業界の状況は、惨憺《さんたん》たるものだった。西インド諸島は、本国市場の独占権をもっていた。インド産糖は輸入できるにせよ、再輸出用の場合を除き、高率の関税を賦課された。精製および再輸出用の場合にかぎりブラジルおよびキューバ産糖の輸入を認める有効期間一年の関係法令が議会を通った。いうまでもなく、これでは、満足というにはほど遠かった。製糖業には多額の資本が投下されていた。一八三一年度についてみれば、三〇〇万ないし四〇〇万ポンドと推定される[66]。西インド諸島産以外の砂糖の輸入禁止による結果として、製糖業界は、倒産の瀬戸際に追いつめられていた。英領西インド諸島産糖はコスト高であるということは、イギリスの製糖業者が大陸の製糖業者によりヨーロッパ市場から完全に駆逐されるということを意味した。一八三〇年、ロンドンで稼動していた製糖所は、二二四であったが、一八三三年にはその三分の一以下に減少した。全国の製糖業者数の三分の二は、完全に行き詰まっていた[67]。

プレストンの製糖業者に代わって、ジョン・ウッドはたずねた。なぜ西インド諸島勢力のみが優遇されねばならないのか[68]? 議会は「独占主義者の歓心をかうために、われわれの将来性に富む事業を破滅させることに同意」しようというのか？[69] イギリスが、と商務相のハスキソンはいった、国際的砂糖集散地となるならば、それにより遊休資本および労働力をヨーロッパ市場向け製糖部門にふり向けることができるであろう。実際、製糖業にまさる有利な投資先を、ハスキソンは知らなかった[70]。タワー・ハムレッツの製糖業地区に代わり、ウィリアム・クレーはこういった。西インド諸島独占を厄介払いするには、「西インド諸島の地主に要求するだけの補償金をそっくりくれてやるほうが、かえって安上がりであろう[71]」。

一八二二年当時、なお土地貴族層に支配され、したがって植民地における仲間に同情的だった政府にとっては、これはいささか気の早すぎる意見だった。政府は一時的弥縫策《びほうさく》をとった。奴隷解放とひきかえに、本国市場における西インド諸島の独占権は確認された。と同時に、精製およびヨーロッパ向け輸出用にかぎるという条件で、外国産糖の無制限の輸入が認められたのである。

　事態は奇々怪々だった。提示された説明によると、ブラジル産糖とキューバ産糖は奴隷労働によるものである。そういえば、米国産綿花やブラジル産コーヒーも同様であるが、もしも、外国産糖にたいする制限と同様の制限が外国産綿花にも適用されたならば、世界に冠たるイギリス産業は、いったいどうなるだろうか？ 生産物にかんする自由労働と奴隷労働との区別という根本方針は、個々の企業のとりあげるべきものであって、国際通商を律する原則とはなりえない。[72]資本主義者は、安価な砂糖、ただそれだけを求めたのであり、独占価格による砂糖の供給に依存しなければならないのは「不埒千万」であるという、ただそれだけのことしか眼中になかったのである。[73]ランズダウン卿の述べているように、かれらが、キューバ産糖で沸点に達しカロライナ産綿花で適温に下降する特製の寒暖計を用いて、事態を計測したはずはなかった。[74]

F　海運および船員

西インド諸島側は、その体制を擁護するために、イギリスの制海権にたいする西インド諸島の貢献をたえず指摘した。クラークソンの調査のおかげで、イギリスはいうところの貢献にたいしていかなる代価を払わなければならなかったかを知ることができた。クラークソンは、虎穴に入るの危険をおかし、一身を賭してリヴァプール、ブリストル、ロンドン等の埠頭を歴訪し、船員に面接し、乗組員名簿を調査し、奴隷貿易のおよぼした影響、といっても今度は黒人側ではなく白人側にたいする影響の証拠を集めたのである。この証拠物件は、身の毛もよだつ告発状となった。

クラークソンにしたがえば、ニューファウンドランド貿易にたいする奴隷貿易の死亡率の比は一対二〇である。[75]ウィルバーフォースは、船員の年間損耗率を四分の一と算定した。[76]リヴァプールおよびブリストルの乗組員名簿に基づいてウィルバーフォースが議会に示した数字によると、奴隷船三五〇隻の乗組員一万二二六三名のうち、一二カ月間に二六四三名が死亡した。すなわち、死亡率は二一・五パーセントに達した。他方、西インド諸島貿易に従事する船舶四六二隻の乗組員七六四〇名についてみれば、七カ月間にそのうちのわずか一一八名が死亡したにとどまる。すなわち死亡率は年率にして三パーセントを下まわった。[77]奴隷貿易は多数の「見習船員」を航洋船に使用した点について責任がある、という謬見《びゅうけん》は、ウィリアム・スミスによって論破された。見習船員の割合は、ブリストル乗組員名簿によれば、一二分の一であり、リヴァプールについては一六分の一だった。[78]ハウイック卿にしたがえば、奴隷貿易における船員の損失は、西インド諸島貿易の場合にくらべ八倍であり、しかも前者は、乗組員が、西インド諸島に到着の際には自由に奴隷船勤務をすてて英国軍艦に乗りかえることができるという条件のもとにおける数字だった。[79]奴隷貿易廃止委員会の言明するところによれば、奴隷貿易における死亡率は王国における他の全商業部門における死亡率の二倍を上まわっていた。[80]この問題の権威としてしられたジョン・ニュートンは、奴隷貿易における「まことに驚倒するにたる」損失について語った。[81]ラムジは、一般世論をこう要約している。「それは、船員を養成するのではなく損耗している。このような船員の損耗こそ、奴隷貿易廃止のための有力な論拠である。船員の生命を少しでも尊重するなら、かくも無益に人命を蕩尽《とうじん》する貿易部門は廃棄されねばならない[82]」。一八〇七年までには、海運業者の奴隷貿易における利益は大幅に減少した。奴隷貿易投資額についてみると、一八〇〇年に先立つ一〇年間の年平均投資額は同国の輸出総額の五パーセント弱を占めていた。一八〇七年には、一・二五パーセントに落ちた。一八〇五年、アイルランドおよび沿岸貿易を除くイギリスの輸出に従事した船舶総トン数のうち、奴隷貿易に従事した船舶のトン数は二パーセントを占め、同船員は、一般貿易に従事した船員総数の四パーセントを占めた。[83]

海運業者もまた、西インド諸島独占がお荷物になってきたことを理解した。海運業者は、東インド産糖にかんする関税均等化により四〇パーセントの傭船の伸びをみることができる、と保証された。[84]東インド貿易に従事するイギリス船舶は、一八一二年から一八二八年のあいだに四倍となった。問題は、帰路の船荷をみつけるのがむずかしい点にある、とハスキソンは認めている。[85]

海運業者は、ブラジル産糖の意義についてもおなじく敏感だった。精製用外国産糖の輸入は、イギリス海運業者にとってもっとも利益が多い、と商務相プーレット・トムソンは強調した。[86]エワートによれば、この輸入に必要な船舶トン数は、ブラジル方面のみでも年間一二万トン、サント・ドミンゴ（スペイン領）、キューバ、マニラ、およびシンガポール方面の船荷については二〇万トン以上におよぶと推定される。[87]マーク・フィリプスは、ブラジルから空荷で帰港する船舶の窮状を議会に訴えた。たとえば、一八三二年、リヴァプールからリオデジャネイロに向かって出航した船舶五一隻のうち、帰りの船荷を積むことのできた船はただの一隻もなかった。[88]ウィリアム・クレーによれば、一八三二年、リヴァプールからブラジルに向かったイギリス船舶月間平均四隻のうち、行きの船荷の代金に相当する農産物を受け取って帰港した船は一隻もなかった。[89]

海運業者は、一致して自由貿易を支持した。とはいえ、それは他者の独占にかかわりあうときに限られていた。一八二五年、航海法が修正された。英領西インド諸島は、世界各地と貿易を行なうことを認められた。一波は万波を呼んだ。一八四八年、植民地体制の核心をなしていた航海法は、前時代の遺物として、自由放任主義の大波に洗い流されてしまった。リカードは、失費のかさむ迂遠《うえん》な交換経路を嘲笑している。リカードは一例として、アメリカ産獣皮がマルセイユを経てロッテルダムへ送られる場合をあげた。需要がなければ獣皮はマルセイユにもどされ、そこからさらにリヴァプールに返送される。リヴァプールでは、仏国籍船により輸入されたという理由でくだんの獣皮を没収する。ただし、ニューヨークに返送される場合は、そのかぎりでない。イギリスの航海法によれば、とリカードは続ける、スペイン人は、キューバで砂糖を船積みしてフランスの港に輸送し、そこで葡萄酒に積みかえてイギリスに運ぶことを認められていなかった。スペイン人は、税関吏にむかえられ、積荷の陸揚げは許可されないと申し渡されることになるだろう。「どうしてですか?」とスペイン人は聞きかえす。「あなた方には葡萄酒が必要なはずですが」。「そりゃそうです」と税関吏は答えるだろう。そこでスペイン人はいう。「わたしの葡萄酒

「それはなりません」。税関吏は答える。の葡萄酒は、フランス人により仏国籍船で運ばれなければならないのです」。「とおっしゃっても、フランス人はあなた方の陶器をほしがってはいませんよ」。「どうしようもないのです」と税関吏はいう。「あなたが航海法を侵犯するのをほっておくわけにもまいりませんので」。スペイン人が陶器を欲し、とリカードは結論している。また、フランス人が砂糖を、イギリス人が葡萄酒を欲するとすれば、「いったいなぜ、自然な流通経路を禁圧しなければならないのであろうか？」[90]。

海運業者は、この点については決して譲ろうとしなかった。かれらは、穀物の独占、砂糖の独占には反対票を投じたけれども、海運の独占は放棄しようとしなかったのである。穀物と砂糖が逐《お》われたのに、海運だけが、お目こぼしにあずかるいわれはない。一八四八年、航海法は廃棄された。リカードが、「長期航海」を弁護するものどもに荷を積んだままブリテン諸島を三周すればよいと忠告したとき、重商主義の柩《ひつぎ》に最後の釘が打ちこまれたのである[91]。

第十章　〈実業界〉と奴隷制

資本主義者は、初め西インド諸島奴隷制を奨励し、ついでそれを破壊するのに手をかした。イギリス資本主義が西インド諸島に依存しているあいだは、奴隷制を無視ないし擁護した。イギリス資本主義が西インド諸島の独占を障害とみなすようになったとき、資本主義者は、西インド諸島の独占を打倒する第一段階として西インド諸島奴隷制を破壊したのである。かれらにとって奴隷制は相対的なものであって絶対的なものではなく、多様な解釈を容れる余地のあることは、一八三三年以降、キューバ、ブラジルおよびアメリカ合衆国の奴隷制にたいする、かれらの態度にはっきりと現われている。かれらは、砂糖のあるところにかぎって奴隷制を認め、砂糖樽の周囲だけ詮索しては競争相手を嘲り罵った。[1] かれらは、道徳を基礎として関税率を定めることは拒絶したけれども、税関には必ず説教壇を設け、荷揚げ監督に奴隷制反対論をぶたせたのである。[2]

一八一五年以前、また以降にも、イギリス政府はスペイン、ポルトガル両政府を抱きこんで奴隷貿易を廃止させようと画策した。たとえば一八一八年、奴隷貿易廃止の言質《げんち》とひきかえに四〇万ポンドをスペインに渡している。その甲斐は、しかし、なかった。奴隷貿易の廃止はキューバおよびブラジルの崩壊を意味したから、そのような条約はすべて屑かごにほうりこまれてしまった。西インド諸島人に尻をたたかれたイギリス政府は、そこで、もっと思い切った措置にでた。ヴェロナの国際会議にウェリントンを送り、いまだに奴隷貿易を行なっている国の物産をボイコットするよう大陸列強に提案したのである。イギリスが国内消費用ではなく再輸出用として輸入している奴隷貿易国の物産についても同様に排斥する意志があるかどうか問いただされた場合には、ウェリントンは、この件につき至急本国政府に請訓《せいくん》する用意のある旨言明するはずだった。[3] この提案は、大陸の政治家の慧眼を勘定にいれていなかった。ウェリントンの提議は黙殺された。「かくのごとき否認と異議のしるしから、本提案の採択される見込みはないとの確信を得た。のみならず、本提案の動機が、奴隷貿易廃止という人道的希望ではなく、利害打算にあるとみられていることを私は悟ったのである」[4](原注)。ウェリントンは、そう語っている。閣議においてカニングが報告したように、「両皇帝およびプロイセン王の領土にたいするブラジル産糖の輸入禁止にかんする提案は（予期されたごとく）一笑に付せられた。このことは、大陸の政治家が、我国の提案はわが植民地と競争関係にある植民地の物産を排除しようという利己主義に発しているのではないか、という懸念を抱いていることを示している。イギリスが、自ら輸送にあたっている物品を、なぜ他国に向かってボイコットせよなどと説得に乗り出したのか、大陸の政治家は不審の感にたえなかったのである」[5]。

原注　ロシアおよびオーストリア＝ハンガリー皇帝。

それは、後にある議会議員が「儲けになる人道主義」[6]と呼んだものと同じものであることは明らかだった。カニングにとって、もっとうまい機会がやってきた。ブラジルの独立である。奴隷貿易の廃止を条件に独立を承認するという手はどうか[7]。しかし、フランスが、奴隷貿易の継続を条件にブラジルを承認するという危険もあった[8]。そうなれば、イギリスの海運と輸出はいったいどうなることであろうか？「ブラジル貿易にかんするイギリスの利害ははなはだ大きいのです」とカニングはウィルバーフォースに注意した、「それゆえ、ことをはこぶにあたっては、慎重のうえにも慎重を期さねばなりません。国民の道徳観と同時に商業にかんする意見をも考慮する必要があります」[9]。道徳か、それとも利益か？　イギリスは二者択一をせまられていた。カニングはウィルバーフォースに率直に書いた。「貴下は、ブラジルが奴隷貿易を清算しないかぎりその承認には反対だと主張される。……ウェリントン公は、オーストリア、ロシアおよびプロシアがブラジルの物産の輸入を禁止するなら、イギリスもブラジルとの貿易を停止すると言明されたし、という訓令は受けておりませんでした（砂糖と綿花の輸入および再輸出を停止したときの損害額を考慮したからではないかと私は懸念しておりますが）。驚かれましたか。理を追って考えるなら、驚くのが当然です。相手に求めるときには当方も犠牲をはらう用意をしていなければならないわけですから。この私は、犠牲をはらうほうに賛成なのです。しかしながら、実業界の意向をよくよく確めてもいないのに、あえてこのような言質をあたえる挙に出られるものでしょうか？」[10]

実業界はカニングの疑問を疑問のまま長く放置しておかなかった。一八一五年にはすでに、イギリス資本の投資対象としての奴隷貿易の禁止を目的とする一法案が議会に提出されていた。ベアリングは、独立したイスパノ・アメリカと密接な関係をもっていたに違いない大銀行の一門だったが、イギリスにおける商業関係者は一致して同法案に反対の請願を行なうであろうと厳重な警告を発した。[11]上院は同法案を否決した。[12]一八二四年、一一七名のロンドン商人は、南アメリカ独立の承認を請願した。これらの請願人は、一言でいえば、ロンドン市にほかならなかった。[13]マンチェスター商業会議所の会頭、副会頭および会員は、南アメリカ市場をイギリス工業に開放するならば、商業にも裨益《ひえき》するところ必ずや多大なるものがあろうと言明した。[14]イギリス資本主義は、もはや密貿易に満足できなくなっていたのである。

南アメリカ市場、とりわけブラジルは、奴隷労働を基礎とし、奴隷貿易を必要としていた。それゆえ、イギリス資本主義者は、アフリカ沿岸に軍艦を配置し奴隷貿易を力をもって禁圧するという政府の方針にたいし、反対のキャンペーンを開始した。この政策の実施には、アフリカ貿易の年間総額を上まわる費用がかかり、経費倒れである。一八二四年度におけるアフリカの輸出は、一五万四〇〇〇ポンド、輸入はイギリス製品が一一万八〇〇〇ポンド、外国製品が一一万九〇〇〇ポンドだった。これは、通商規模としては大であり、それゆえ、我国はかの恐るべき奴隷海岸において莫大なる人命を犠牲に供することもいとわないのである、とヒュームはいった。[15] イギリス船員にたいする人情からすれば、こうした貿易は廃棄されねばならないといわれているが、甘い幻想にうつつをぬかしている一部の人道主義者に、議会をも惑わすようなことが許されてよいはずはない。[16] イギリス国民には、アフリカを放免するという途方もない条件で、なおかつ買手となるほどの余裕はないのである。[17]

右のことはすべて、一八三三年以前、すなわち、資本主義者が西インド諸島奴隷制を攻撃していた時代のことである。一八三三年以降も、資本主義者は従前どおり奴隷貿易に熱心だった。マンチェスター、リヴァプールから輸出されるイギリス商品すなわち綿織物、足鎖、手錠は、直接アフリカ沿岸に送られるか、またはまずリオデジャネイロ、ハバナに送られ、キューバやブラジルの委託業者の手を通じて奴隷購入の目的に使用された。[18] ブラジルが奴隷購入にあてた商品の一〇分の七はイギリス製品であった、といわれる。[19] イギリスは、アフリカ沿岸各地にある奴隷収容所を撤廃すれば、イギリス製キャラコの壊滅をまねくであろうから、その撤廃には消極的である、という噂も流れた。[20] 一八四五年、ピールは、イギリス国民が奴隷貿易に従事している事実を否定しなかった。[21] 質問の矢面に立たせられたリヴァプール選出議員は、アフリカその他の各地に輸出されるリヴァプール製品が、「なんらかの不都合な目的」に充用されていることを否定できなかった。[22] ブラジル所在のイギリスの金融機関は、奴隷貿易商に融資し、その貨物の保証を引き受け、こうして得意先のひき立てにあずかった。ブラジルの鉱山会社は、奴隷を購入・所有し、その労働を使用した。ブルームは、キューバおよびブラジルの開発に関連してこう語っている。「現に必要とされるかくのごとき巨額の資金は、少なくともその大部分がこの国の富裕層に握られている。はなはだ遺憾ながらそう結論せざるを得ない」[23]。ジョン・ブライトは、一八四三年、奴隷貿易にイギリス資本を充用することを間接的にではあるが禁止する法案に反対して雄弁をふるった。その論拠は、かかる法律はいずれ空文と化するであろうから、こうした問題は各個人の尊敬さるべき道徳心に委ねるをよしとするというにあった。おのれの地盤であるランカシャーの選挙民の利害をまことによく心得ていたというべきであろう。[24] おのれの同じ一八四五年に、イギリスの商社は、ペルナンブーコ、リオデジャネイロおよびサンサルバドルから輸出された砂糖の八分の三、コーヒーの二分の一、綿花の八分の五を取り扱っている。[25]

資本主義者はイギリスの「高貴なる実験」にいささか食傷気味だった。商業こそが偉大な奴隷解放者である。[26] 奴隷制を打倒する手段は、自由貿易の不変妥当な原理を信頼することと、それしかない。[27] かまわずにおけば、奴隷貿易は自滅の途をたどるだろう。どこかの国の不届き者が奴隷貿易に首をつっこみたがるなら、尻拭いはご自分でやっていただきましょう。世界の道徳的統制は、もっと上級の裁判所にまかせておけばよろしい。[28] 奴隷貿易の禁圧という賽《さい》の河原の石積みにも似た企てにつぎこむ金があるなら、国内の用途にまわすほうがはるかに有利かつ賢明というものだ。[29] アフリカへの正義はイギリスへの不正義を代償になされるという主張をブライトは勇気ある発言と評した。[30] わざわざ金を払って野蛮からアフリカ全土を救出しようなどという計画に乗り出す前に、国内で、議会近辺において、なすべきことは多々ある、とコブデンは論じた。[31] アフリカ沿岸のイギリス遠征艦隊は、海賊まがいの活動をしていると報じられた。[32] そんなことのために、年々、イギリスのもっともすぐれた、もっとも勇気ある男たちが奪い去られ、悄然《しょうぜん》たる主なき家は枚挙にいとまがない。[33] 世界の福祉に配慮するというならば、その機会は他にも種々ある。福祉の増進をはかる手段にもことかかない。経済的規制措置によっておのれと異なる意見を力ずくで抑圧するなど、もってのほかのことである。[34] 奴隷貿易国における世論を喚起し、人道主義の大義に賛同させなければならない。それを、強圧政策によって無理強いしてはならない。ブラジルが人道主義の大道を、イギリスがたどったよりも早くたどることを期待するのは、どだい無理であろう。[35] イギリスの「まごついてばかりいる愚かな人道主義」は、奴隷たちの苦しみをいやますだけのことだった。「最大限の行動の自由」が行使された。「それは、放恣《ほうし》というに近い感さえあった――国庫金の濫費――奴隷船のたちまわりそうな沿岸・海域における海軍の哨戒・監視――全熱帯地方の半ばをおおう特別裁判所網の設置――我国がこれほど外交機関ならびに影響力を集中したことは、おそらくいかなる国際問題についても前例がない」。ハットはこのように述べている。[37] それにもかかわらず、奴隷貿易は増大した。そうした十字軍運動は無謀というべく、イギリス海軍の総力を結集しても、大蔵省の全財力をもってしても、奴隷貿易を鎮圧することはできなかった。[38] 三〇年にわたる営々たる努力も実を結ぶかどうか、いささかおつむの弱い向きでさえ楽天的な幻想は持てなかっただろう。[39] イギリス政府は博愛主義に理性をくらまされてしまったのか？[40] イギリス政府の外交は、常軌を逸した狂信主義の意向に屈して身売りしてしまったのか？[41] 僻遠《へきえん》の地にある未開野蛮の民のほうが自国民よりもはるかに良心に訴える権利をもつとし、憲法の保障する諸権利のために国内においてとくに尽力することもない政府というものは、まことに奇怪なものに見えた。[42] 国民は、「かかる博愛ぶったきまり文句」[44]にほとほとうんざりしていた。[43] こうした酔狂沙汰、かかる無分別かつ無為無策なる方式は、卑劣な疑似人道主義[45]として、失敗に終わった赤字の実験[46]と同様、放棄されねばならない。それは、国際平和を危うくするものでもある。[47] イギリス国民は、奴隷貿易をめぐり全世界を紛争にひきこんでよいという権限を神の手より授与されているわけではないではないか。[48]

パーマストンはどうだったか？　奴隷貿易は、パーマストンのいわゆる「ご奇特な思し召し」にあずかっていた。この男は、教科書には不屈の奴隷貿易反対論者として描かれている。台閣《たいかく》に列しているときにはパーマストンは手を拱《こまね》いていた。台閣の外にあるときには、おのれの怠慢を棚にあげ、政府の尻をたたいていっそうの奮励をうながすのだった。一八一五年から一八四三年にいたる奴隷貿易の報告書にかんするくだらない動議が提出されたことがある。これについて行なわれた演説は、議会議事録に二五行にわたり収録されているが、美辞麗句の羅列であり、結論だけは堂々たるものだった。おそらく、過去半世紀のあいだ毒にも薬にもならぬ動議が提出されるたびに行なわれた奴隷制反対演説の抜萃《ばっすい》を寄せ集めたものだろう。[49] パーマストンは、月に一度は、こうした闘士ぶりをひけらかしてみせるのだった。あたかも議会や国民に、私のご奉公をどうぞお忘れなく、と訴えている感があった。[50] マンチェスター選出議員が、イギリスの禁圧政策によりブラジル政府とのあいだに生じた紛争を声を大にして語り、武力干渉に異議を唱えたとき、パーマストンは、フランス、キューバ、マスカットのイマーム等々については弁舌をふるったけれども、ブラジルの奴隷貿易についてはついに知らぬ顔の半兵衛をおし通した。[51] 議会の禁圧政策反対キャンペーンが盛り上がったとき、パーマストンは、「委員会が従来とりきたった方策の全面的転換を勧告するがごとき挙に出ることはないであろう……もと来た道を引き返すべきであるなどという言辞を弄するものはあるまい[52]」という希望を表明するにとどまった。

奴隷貿易の禁圧にかけたイギリスの熱意は、すでに立証済みである、とパーマストンは考える。然りとすれば、このうえブラジル産糖の輸入を禁止し、ブラジルから自由な労働のほうが奴隷労働よりも安価であるとは本当には信じていないのだろう、[53]などと痛くもない腹をさぐられるにも及ぶまい。パーマストンは、スペインの平等互恵にかんする要望を容れるよう力説し、こう警告した。政府の「不合理なる関税ならびに有害なる政策」が癌となり、スペイン（キューバ）との貿易を棒にふることになろう。対ブラジル貿易の途絶という前車の轍《てつ》は踏まぬがよい。「かれらは、偽善的な口実の下にぞっこん御執心の奇特なる思召を維持せんがため、ブラジル貿易にかんし我国商業の利益を犠牲にした。スペイン、その他の地域との貿易にかんしてもそれにならうのではあるまいかと、私は寒心に堪えないのである」[54]。「一九世紀最後のろうそくの火」は吹き消されてしまっていた。

ディズレーリもまた、経済的見地から奴隷貿易禁圧策を問題の多い政策として非難した。イギリスがどの植民地においても紛争にまきこまれ、いたるところで訴えられているのは、まさしくこの政策によるのである。[55]ウェリントンは、それを犯罪的――「国際法違反――条約違反」[56]――と呼んだ。グラッドストンさえ、イギリスの資本主義者の要求と西インド諸島のプランターの要求との二者択一にせまられた。一八四一年にはグラッドストンは禁圧政策一辺倒であって、資本主義者にこうたずねている。わずかばかりの金儲けに目がくらんで、あなた方は全世界の注視を浴びながら手に入れたあの立派な資格と名声をあっさり捨てようというのか？　あなた方は矛盾撞着《どうちゃく》を白日の下にさらけ出そうとしているが、それによっていっそう不埒千万な矛盾撞着をおおい隠そうという苦肉の策でもめぐらしているのか？　それとも、正義にかんする見解がさまざまに矛盾撞着しているのに乗じて悪しき画一性をもち出そうというのか？[57]　しかしながら、一八五〇年には、グラッドストンは禁圧策を変則かつ非常識なものとして非難した。「一国の政府が他国の行為を道徳面からうんぬんすることは、神の命じ給うところではないのである」[58]。

皮肉千万にも、いまや人道主義のたいまつを高くかかげることになったのは、西インド諸島の前奴隷所有主たちだった。一八〇七年に、イギリスが奴隷貿易を廃止すれば、「商業の衰退、収入の減少、海運の凋落《ちょうらく》を招来し、結局、イギリスの繁栄は根底から掘り崩されることになろう」[59]と沈痛なおももちで予言していた連中が、一八〇七年以降は「貧しく善良なる人びとをかどわかす方式」[60]にたいする大真面目な抗議者となったのである。イギリス資本の外国による奴隷貿易への投資、さらには奴隷貿易船との保険契約でさえも刑罰の対象となることを定めた一八一五年の法案は、西インド諸島人バーハマの提出にかかるものだった[61]。一八三〇年、植民地事情の悪化に対処するため西インド諸島勢力が提議した対策案のなかには、「外国の奴隷貿易を中止せしめるため従来とられてきた措置を抜本的に改める」ことという一項がみられる。「英領西インド諸島の繁栄は……つまるところ、一にかかって外国による奴隷貿易を効果的に禁圧することにある」[62]。一八三二年、イギリスに派遣されたジャマイカ使節団は、こう言明した。「植民地は、野蛮な取引きの廃止になんら痛痒《つうよう》を感じない。現代の進歩した文明は、もはや、こうした貿易の存続を認めることはできないのである。しかしながら、博愛主義者たるものはイギリスによる奴隷貿易の終熄《しゅうそく》をもって足れりとなしてはならない。これが植民地の意見であり、この意見には十分なる根拠がある」[63]。一八四九年には、ジャマイカに大規模な大衆的奴隷貿易廃止運動が盛り上がった。アフリカにたいする正義という問題をめぐる団結は、階級を超え、皮膚の色を超え、党派宗派の別を超えていた。この運動は、奴隷貿易および奴隷制を「人間性に悖《もと》り――アフリカに言語に絶する災厄をもたらし――この取引に従事するものすべてを堕落せしめ、奴隷とされたものの精神品性を毒するもの」として告発し、「世界の語彙から〈奴隷〉という忌わしい語を抹殺する」ことを求めた。「奴隷制を打倒せよ。奴隷制が打倒されるとき、ジャマイカは繁栄する」。イギリスが武力に訴えたのは、それほど正当とはいえない理由からである、とこの運動は辛辣に指摘した[64]。

イギリス資本主義者は、それにも馬耳東風だった。一八五七年、ロンドン・タイムスの一社説はこう述べている。「イギリスは商業上の目的を追求する諸国家のうちの一つであり、これをわれわれは認める。われわれは事実上、南部のプランターの片棒をかついでおり、これをわれわれは認める。われわれはつけをふりかざして南部プランターの家具家財、在庫品等をがっちり押えており、こうして奴隷制があげる収益からうまい汁をすっている。

……われわれは、ストウ夫人のために祝宴を張り、夫人の著作を読んで涙を流し、奴隷制に反対する大統領を待望する……しかし、そのあいだにも、〈アンクル・トム〉や苦悩に喘《あえ》ぐその仲間が摘みとり精選した当の綿花を用いて国内のみならず全世界に臆面もなく衣料を供給しつづけている。これが、われわれの商売であり、それがイギリス工業の主要商品なのである。われわれは、〈リグリー〉氏の代理人として、同氏の綿花の加工・販売にあたっているといわざるをえない」[65]。イギリス資本主義は西インド諸島奴隷制を破壊した。しかし、ブラジル、キューバおよびアメリカの奴隷制を餌になおも肥えふとっていったのである。ともあれ、西インド諸島の独占は永遠に消え去った。南北戦争の渦中において、イギリス政府は南部連邦をあやうく承認するところだった。アメリカの南北戦争は「目的を欠くという点ではおそらく空前の大いなる内戦となりました」。「ジェファーソン・デーヴィスをはじめとする南部の指導者が一個の陸軍をつくりあげたことは疑いありません。海軍をもつくりつつある。そう思われます。さらに、そのいずれよりも大なるものをつくりあげております。すなわち一個の国家をつくりあげているのであります」[66]。ニューキャッスルの聴衆に向かって、このように説いたのは余人ならぬ西インド諸島人・グラッドストンその人であったが、歴史の皮肉も、ここにきわまった感がある。

第十一章〈聖人《ザ・セインツ》〉と奴隷制

論述をすすめるにあたり、奴隷制の非人間性ならびに奴隷制を打ち倒した人道主義の問題は、故意にこれを軽視してきた。しかしながら、この問題を完全に無視するならば、歴史について重大な誤謬《ごびゅう》をおかすことになるだろう。宣伝啓蒙運動としては、全歴史をつうじ最大のものの一つに数えられるこの運動をなおざりにしてよいだろうか。人道主義者は、西インド諸島体制を打倒し黒人の解放をもたらしたあの激しい攻撃の先頭に立っていた。しかし、人道主義者は、感傷にとらわれて学問を犠牲にし、往時のスコラ派と同じく信仰を理性と明証の上位におく人びとによりゆゆしい誤解を受け、その地位ははなはだしく誇張されてきた。クープランド教授は、ウィルバーフォースとの架空会見記においてこうたずねている。「おやりになったことの根本的な意義をどうお考えですか？　奴隷制廃止の教訓といったことですが」。それにたいし即座にこう答えている。「それは神の御業《みわざ》だったのです。それは、人間の身勝手さにたいする神のみこころの勝利を意味しています。それは、いかなる利害も偏見も、信仰と祈りの除去しえないような障害とはならないことを教えております」[1]。

このような誤解は、奴隷貿易廃止運動についての偏見をことさらまき散らそうとした同時代人のもくろみに由来している面もある。一八〇七年、奴隷貿易が廃止されたとき、廃止法案には、奴隷貿易は「正義および人道ならびに健全なる政策と相容れない」という趣旨の一句がふくまれていた。ホークスベリー卿は、これに反対した。「正義および人道」ということばは奴隷貿易商を中傷するものであるとして、同卿は、これらの字句の除去修正を求める動議を提出した。このようにしてホークスベリー卿は、奴隷貿易廃止問題をたんなる損得計算の問題におとしめてしまった。大法官は、これに抗議した。このような修正を行なえば、列強に奴隷貿易の廃止にかんし協力を依頼するための唯一の根拠が消滅してしまう。ローダデール伯は、問題の削除された字句こそ同法案の眼目をなすものである、と言明した。フランスは、イギリスが廃止政策をうちだした動議を、自領植民地にはすでに十分な数量の黒人が備蓄済みであるところからきた利己的なものではないかと疑っている。この修正案は、こうしたフランスの疑いを傍証してやるようなものであろう。「かくのごとく、われわれ自身はなんらの犠牲をも払わないということになるならば、いかに奴隷貿易廃止への協力を列強に呼びかけようともなんの効果が期待できようか？」上院は原案を可決した[2]。

イギリスの人道主義者は、輝かしい集団だった。クラークソンは当時の人道主義の精髄を一身に具現する存在だった。その受賞論文を読めば、論旨に思いをめぐらせながら初めて奴隷制の極悪非道さをいきいきと実感したときのクラークソンの胸中を、今日においてもなお、さながらに偲ぶことができる。クラークソンは倦《う》むことを知らぬ活動家として、奴隷貿易の実状および影響にかんする果てしのない危険な調査を指導した。多数のパンフレットを書いたが、その奴隷貿易廃止運動史はいまなお古典として残っている。アフリカにたいする正義のための仕事をなしとげるには、一身上の安寧《あんねい》を犠牲にするほかなかった。わずかな収入でのやりくりは、なみたいていのものではなかった。一七九三年にかれがジョサイア・ウェッジウッド宛に書いた手紙には、人道主義者たちをつき動かしていたこの上もなく美しい心情の吐露がみられる。クラークソンは金銭上の必要にせまられ、所有するシエラ・レオネ会社――一七九一年、アフリカの通常貿易を推進することを目的として設立された――の株二株を売却しようとしたのであるが、「しかし」とことわっている、「私は、アフリカにたいして善事をなしたということより、商売がうまくいって大儲けをしたことのほうを喜ぶような人に買ってもらっては困ると思います。自分の儲けになるようなことを期待してはいけないというのではありません。そうではなく、万一期待どおりに運ばなかった場合にも、精神は暗黒のうちに閉じこめられ、肉体はヨーロッパの鎖につながれることでようやくながらえているような国に、光明と幸いを導き入れるのに一臂《いっぴ》を仮《か》したという自信をもって泰然としていられる、そのような人を希望したいのです」[3]。クラークソンは、一部の同志から性急・熱狂の度がすぎるとみられていたけれども[4]、黒人人種にとっては、このような友が少なすぎたことこそ残念だった。

つぎに、ジェームズ・スティーブンとその子息ジェームズ・スティーブンがいる。父ジェームズは、西インド諸島の弁護士であり、現地の事情に精通していた。息子は植民省の名事務次官とうたわれ、「陰の大臣」とか「ミスター本国」などと陰口をきかれたくらいである。かれは、この資格で、選挙区の孤立無援の住民、すなわち黒人奴隷のための弁護に専心していた。かれは、覚書とか大臣との協議といったやり方はとらず、ウィルバーフォースの社会的活動を不断に鼓舞激励した。植民地犯罪を阻止する方法は一つしかない。「植民地犯罪を社会に周知せしめ、公憤を喚起してわれわれ自身を強化すること、これである」[5]。スティーブンは、プランターの論法にはびくともしなかった。「豪奢《ごうしゃ》な邸宅や馬車を奪われるのは、なるほど苦痛であるかもしれない。しかし、人間生活に当然の便益をいつまでも与えられぬような状態にくらべれば、ものの数ではない。まさしくそのような状態において奴隷の労働が行なわれていることは、動かし難い事実そのものの証明するところである[6]……人間社会の究極の目的――生命、財産および社会的信用の安全――は、その副次的な目的――個々人の特権――に優先しなければならない」[7]。これこそ植民地統治のあるべき姿を、もっとも洗練された言葉、もっとも高貴な形をもって表わしたものである。スティーブンは奴隷解放法案を起草した。同案には、プランターにたいする譲歩が盛りこまれていたが、スティーブンはこれをいさぎよしとしなかった。他人が太平楽をきめこんで納まっているときにもこの次官は植民地関係立法にたえず不信と警戒の目を光らせていた。「大奴隷集団の旦那衆ならば誰でも握っている特権は、人類抑圧のために案出された手段のなかでも暴虐無類のものであった」[8]とかれは、一八四一年に書いている。この時代に、このような行政官の下で、直轄植民地の統治は下積みの人々の保護という点で注目すべき前進を示したのである。

奴隷貿易廃止論者のなかでももっともふるく、もっとも有能かつ勤勉なものの一人に、ジェームズ・ラムジがいた。ラムジは西インド諸島の教区牧師として、奴隷制については二〇年になんなんとする経験を積んでいた。一七八七年、かれはウィルバーフォースに、こう書き送った。「この事業において私がなにかお役に立てるとすれば、それはただ一つ、障害をとり払う先駆となることとです。私をこの任務につかって下さるなら、幸甚であります」[9]。ラムジは、奴隷貿易に従事する白人船員の高い死亡率を経験から知っていた。奴隷の高い死亡率の原因はプランテーションにおける極度の苦役にあることも、実地に即して語ることができた[10]。プランターたちは、ことラムジとなると、とりわけ目の色をかえてつけ狙った。「ラムジはくたばったよ」と、あるプランターは鼻高々といった。「俺がやっつけたのさ」。

以上のほかになおウィルバーフォースがあげられるが、惰弱《だじゃく》な風貌もあずかってか、人物がひとまわり小さいように思われる。人柄にも、生活態度にも、信仰にもどこか鼻につくところがある。指導者の器ではなく、穏健を旨とし、妥協とひきのばしをこととしていた。過激な手段には異をとなえ、大衆的運動を恐れていた。貴族層の後援、議会での掛引き、閣僚にたいする個人的影響力に頼って目的の達成をはかった。[11]ロビイストであった。ウィルバーフォースの投票は確実に予言することができる、というのは、必ずその演説と反対なのだから。世間には、こんな一口話が流布していた。[12]ティアネイは語っている。「かれの言葉づかいは、ふつう、どちらの側にもいいようにとれた。ときどき議論の中庸を失して多少ともいずれか一方の側に傾くと、すぐさま手加減を加え、反対側に重心を移して自分の演説が問題の両側面に公平におよぶようにするのである」。[13]とはいえ、その演説は雄弁であり、説得力もあった。音吐《おんと》は朗々としており、「下院のナイティンゲール」というあだなをたてまつられた。なかんずく、超俗的精神の人という世評が高かった。ピットは、こうした聖人ぶりについての世評やその主義への無私の献身に強く動かされて、議会における十字軍を指導するようウィルバーフォースを激励したのであって、これについては異論のないところだろう。

これらの人びとを、プランター連中は夢想家、狂信家とよび、ハイエナや虎になぞらえた。[14]かれらは、マコーレー、ウェズレー、ソーントン、ブルーム等の援助を受け、イギリスにおける奴隷制反対の感情を一個の宗教の域にまでたかめることに成功した。クラパムを鉄道の一連絡駅以上のものに変えたこれらの宗教改革家たちは、「聖人」とあだなされても決しておかしくはなかった。このような現象は主情主義的態度をよび起こしたが、社会科学の学徒は、まさにこの主情主義的態度にこそ深く戒心しなければならない。というのは、きわめて多くの人びとが主張してきたように、奴隷制は神学の領域におちこんでいるとしても、独占が神学の領域におちこんだことは決してないからである。

奴隷貿易廃止論者は、急進的ではなかった。国内問題にたいする態度をみれば、反動的である。メソジストはイギリスの労働者にパンの代わりに聖書をあたえた。ウェズレー派の資本主義者は、労働者階級にたいする軽蔑を少しも隠そうとはしなかった。ウィルバーフォースは、奴隷船の船倉内で起こっていることについては精通していたけれども、鉱山の竪坑の底で起こっていることについてはなにも知らなかった。かれは、穀物法を支持し、一八一七年、不平満々たる労働者階級の調査および弾圧を行なった秘密委員会の委員となり、婦人が奴隷制廃止を目的とする組織をつくることに反対し、第一次選挙法改正法案を過激にすぎると考えていたのである。[15]

奴隷貿易廃止論者は、そもそもの初めから、奴隷の完全解放のために運動する意図を決して隠さなかった、という仮定には多くのひとがつまずいている。これが第一の陥穽《かんせい》である。奴隷貿易廃止論者は奴隷解放という考えを長いあいだ避けてきたし、繰り返し否定もしている。その関心はただ奴隷貿易にのみ集中していた。奴隷貿易を廃止さえすれば、立法措置に訴えずとも、いつかは奴隷の解放がもたらされるであろう、と考えたのである。奴隷貿易廃止委員会は三度にわたり、奴隷解放の意図をきっぱりと否定した。[16] 一八〇七年、ウィルバーフォースは、そうした意図を公式に否認した。[17] 奴隷貿易廃止論者はおかすことのできない人権および平等というような非現実的観念に基づいて活動しているのではないこと、文明社会への漸次的移行という見解を一貫して保持していること、をロチェスター主教は断言した。[18] 一八一五年、アフリカ協会は、奴隷所有主の側からの奴隷解放を期待していると明確に述べた。[19]

奴隷解放が奴隷貿易廃止論者の公認の目的となったのは、一八二三年以降のことである。ガイアナのスミス殺害事件、バルバドスのシュリューズベリ排斥事件、ジャマイカのニッブ迫害事件等々、植民地における伝道家の受けた迫害が、その主要な原因だった。奴隷解放が公然たる目的となったときでさえ、それはなお漸進的なものでなければならぬとされた。「無分別は無用のこと」とバクストンは警告している、「急ぐこと、あわてること、いささかなりとも暴力的色合いをおびることは無用である」。なかんずく、無理は禁物《パ・ド・ゼール》。奴隷制というものは、廃止しようとしても廃止できるものではない。「それは後退するであろう。衰微するであろう。消滅するであろう。いわば、自ら、自らを燃やしつくしたあげく、墓穴の底に消えてゆくであろう……われわれは、それが穏やかに衰亡してゆくのを、ほとんど感知されえぬほど緩慢に、静かに、死滅し、忘却の淵に沈んでゆくのをただ見守っていればよい」[20]。アメリカ合衆国におけると同様に、奴隷制は、自然に凋落《ちょうらく》の途をたどるべきものとされた。西インド諸島は内乱を起こすには弱小にすぎたとはいえ、こうした希望は、そこでもやはり実現しなかったのである。

以上が、一八三〇年、フランスに七月革命が勃発し、イギリスにおける議会改革の火の手を煽《あお》った当時の情況である。奴隷貿易廃止論者は、依然としてロビー活動を行ない、一時しのぎの手をうち、政府に覚書を送り、陳情を重ねていたけれども、植民地の奴隷制と独占が弱化する気配はいっこうになかった。「それゆえ、武骨にすぎるきらいはあるにせよ、より大胆かつ剛毅《ごうき》なる気性の人物が現われて、より慎重ではあるが優柔不断な同志にとってかわるというより、その活動を補佐することが必要であった」[21]。保守派と急進派は、一八三〇年五月のある大きな奴隷制反対集会において衝突した。バクストンは、「美しい言葉を並べたて、憤慨ぶりも見事だが慎重さも見事な」例によって例のごとき決議案を提出した。パウナルが立ち上がって、即座の廃止を主張する修正案を出そうとした。会場は騒然となった。バクストンは反対し、ブルームは妥協をはかり、ウィルバーフォースは手を振りまわして静粛をもとめた。結句、修正案は審議にかけられ、「勝利の歓呼につつまれながら」[22]通過した。この新しい方針は、スタージの友人の一人によって見事な表現をあたえられている。「われわれがあくまでも行動に行動をつみ重ねてゆくのでないかぎり、罪はわれわれ自身が負うべきものとなろう……政府は決して奴隷解放をのぞんでいないのであるから、人民自身がそれを実行しなければならぬ[23]」。

しかしながら、奴隷貿易廃止論者のリーダーシップを問題とするかぎり、西インド諸島奴隷制にたいするその態度は、他地域における奴隷制との関連においてとりあげられなければならない。廃止論者の奴隷制攻撃は、黒人のみに、しかも英領西インド諸島における黒人のみにかんするものだった。まず、第一に東インドが問題だった。

西インド諸島プランターを狙いとするキャンペーンにおいて、廃止論者はコーチンのいわゆる「愚かにして敬虔なる一種の十字軍[24]」を組織し、インドの自由な労働による物産のために、奴隷労働による生産物をボイコットするよう同調者に勧告した。この十字軍は、一七九五年、奴隷貿易廃止委員会[25]および多くの時論家の推奨を受けた。一七九二年、ウィリアム・フォックスは、消費する砂糖一ポンドにつき二オンスの人肉を消費している計算になることをイギリス国民に教えた[26]。丹念な計算の結果、一週間に五ポンドの砂糖を消費する一家が二一カ月間その消費を控えるならば、一人の黒人が奴隷の境遇と無惨な死から救出されることがわかった[27]。砂糖の消費者こそまさしく「元兇であり、恐るべき不正の根源[28]」にほかならぬ。ペッカム婦人のアフリカ奴隷制廃止協会は、西インド諸島産糖を東インド産糖ととりかえたため、もっとも安全、容易かつ効果的な方法で奴隷制方式の基礎をほりくずしている、と報じられた。[29]「人道の友にたいする黒人奴隷の訴え」と題するある廃止論者の書いたビラがばらまかれた。くだんの黒人は、こう嘆願している。「あのう旦那様、自由の友でごぜえますご立派な旦那様、あわれな黒人にお情けを。東の砂糖を、奴隷のじゃねえ自由な砂糖をお買い下され。お願いしますだ。旦那様は、きっとこうお考えのはずですだ。わしらが奴隷のつくった砂糖を売るなんてとんでもない。奴隷は奴隷であってはならん、自由でなけりゃならん。わしらは賃金を払う。それから喜んで働く、どんどん働く。そうしてもっともっと砂糖を売る。儲けもぐんぐん増える。こうおっしゃりますだ――東の旦那衆は賢い方々でごぜえます。東の賢い旦那衆は奴隷をお持ちじゃない。――砂糖を自由に、自由に、自由にしてやっておくんなさいまし」[30]。砂糖のみならず、綿花もそうであった。自由な労働による綿の消費を促進するための婦人の運動も始まった。[31]ガーネイによれば、この運動は廃止論者の全パンフレットを束にしてもおよばないほどアメリカにおける奴隷制の廃止に貢献するはずだった。アイルランドの廃止論者が述べたように、その目的は「自由な労働による熱帯物産の使用の普及」[32]につとめるところにあった。[33]

しかし、東の賢い旦那衆も、西の罪深いプランターより非難される余地が少なかったわけではない。英領西インド諸島における奴隷解放にかんする法案は、一八三三年八月七日、第三読会を通過した。その四八時間前には東インド会社の特許状更改にかんする案件が上院に上程されていた。同案には、インドにおける奴隷制は「廃止すること」を定めた一項が含まれていた。エレンボロー卿は、かくのごとき案が、いやしくも政治家たるものの胸中に抱懐されえたことを心外とする旨表明した。オークランド卿は、同案を弁護した。「本案は、忌むべき制度を廃棄するに万遺漏なきを期し、細心の注意をもって立案せられたものである。同時にまた原住民に固有の習俗に抵触するがごときことも極力これを避けるよう配慮せられた」。ウェリントン公は、上院にたいし、英領インドの保有を重視するかぎり、本問題にかんしては立ち入った審議を行なわないよう要望した。こうした改革は過激にすぎ、まったく無用のわざである。本格的な騒擾《そうじょう》とまではいかないまでも、鬱勃《うっぼっ》たる憤懣《ふんまん》を招来するおそれがあろう。[34]

そののち、議会においては、政府に代わり、東インド会社は奴隷制の〈改善〉を目的とする立法措置を検討しつつあり、議会に提出の運びとなろうとの言明がしばしば繰り返された。しかし当の法案なるものは、結局、思わせぶりだけに終始した。「インド総督府は奴隷身分の改善に着手したが、これは遠からぬ将来、奴隷制の全面的廃止を導くものとなろう」[35]。それは一八三七年のことだった。以来一八四一年にいたるまで、奴隷制の緩和にかんする規定法規のたぐいはなに一つ現われなかった。[36]東インド産ラム酒関税の均等化問題に際し、東インド産ラム酒が奴隷労働によるものであることが論じられたとき、首相ピールは、こう答弁した。「奴隷制の廃止をみるまで……関税均等化を延期するということは、もっとも熱心なる西インド諸島弁護人の期待する以上にその実施をひきのばすことにほかならないのであります」[37]。東インドの立場を擁護するため、一八四二年、同地においては飢饉時に児童を奴隷として売買することは禁止されていると主張された[38]。イギリスの「大いなる贖罪《しょくざい》」より一〇年を経た年に、オークランド伯は「多少とも苦痛をともなうなんらかの隷属状態がいまだに存在しているかもしれない」ことを否定しようとはしなかった[39]。ピールの考えるところによれば採用せられた諸措置は「奴隷制の拡大を阻止し、その濫用を防止するため万全を期したものといえるのであります。われわれの統治下にある、またはわれわれの影響力を行使しうるインドの諸地方に本措置を実施するならば、奴隷制の抑圧に寄与すること、多大なるものがありましょう」[40]。

廃止論者がイギリス国民に推奨していたのは、依然として熱帯物産だった。クラークソンは、「プランター体制にたいする憎悪を表明するため、その生産物の消費を中止する」[41]ことを勧告し、「完全に道徳的かつ平和的手段……すなわち、土地の耕作ならびに自由な労働を雇用することにより」[42]奴隷制の根絶を期すべく、一八四〇年にいたってもなお、東インド会社に期待を寄せていた。

廃止論者のこのような態度は、無知からきたものではない。ザカリー・マコーレーは、次のように東インド会社を弁護している。「同社が支配権を獲得した地方は、それ以前にはヒンズーおよびムガールの統治下にあった。それゆえ、同地方を占有するにいたったとき、そこに発見した行動の準則がいかにおのれの心情に背馳《はいち》するものであろうと、十二分の用意を欠くかぎり、これに抵触することは危険であるとしたについては、なんら非難さるべきいわれはないのである」[43]。一八三七年、バクストンは、東インドにおいても西インド諸島におけると同様に砂糖は恥ずべき奴隷制方式を生みだす恐れがあるとの懸念を表明した。政府スポークスマンは、そうしたおそれのないことを保証した。バクストンは「右の保証にたいし……深く謝意を表した」[44]。一八四三年にもなおブルームは、インドにおける奴隷制の廃止に楽観的な期待を寄せている。「立法措置ないし強権による所有権の制限に訴えて、その完全なる消滅を期するは誤りである」。それよりも原住民奴隷の所有主にたいし、一定期間の後、奴隷の子供の解放を行なわしめるよう奨励するほうがよい[45]。

クラパム派の一部のものは東インドに利害関係をもっていた。「西インド諸島奴隷制にたいするその憎悪は、インドにおける砂糖プランテーションの成長を阻害し西インド諸島のためをはかる不公平な差別的砂糖関税に刺激され、いっそうかきたてられたものと思われる」[46]。ソーントン家は東インド公債を所有していた[47]。同家の一員は、一七九三年、東インド会社本社における砂糖貿易にかんする討議に参加し、西インド諸島独占のためにするいかなる約定も認められないと主張した[48]。ザカリー・マコーレーは、東インド会社の株を所有しており、一八二三年、砂糖問題を議題とする株主総会を招集した九名の発起人の一人だった[49]。一八二三年、マコーレーは人をしておのずと傾聴せしめるパンフレットを書き、こう言明した。西インド諸島は、「かつて奴隷貿易の継続を要求してアフリカの権利を真っ向から侵害する権利をもっていなかったと同様に、砂糖保護関税の継続を要求してインドおよびイギリスの権利を真っ向から侵害する権利をもってはいないのである」[50]。マコーレーは、一八二三年、東インド会社本社における砂糖関係の討論会の席上で演説したが、それは奴隷制にたいする正面切っての痛烈な攻撃であり、続いて演壇に立った一人が、

「奴隷貿易は従来説かれてきた大方の評価より一〇倍も悪質なのではないか、はからずも」今、このような疑問にとらわれた[51]ことをマコーレーにわざわざ申し述べなければならなかったほどだった。

ジェームズ・クロッパーは、ソーントンやマコーレーより重要な人物である。廃止論者として著名なこの人物は、リヴァプール最大の東インド産糖輸入業者だった。一日当たり一〇〇〇ポンドの取引高をほこる独立の東インド商社・リヴァプール・クロッパー・ベンスン会社を設立し、その社長となった[52]。クロッパーは、こうした私的利害関係がある以上、痛くもない腹をさぐられやすいことは承知していた[53]。西インド諸島勢力は、クロッパーがかつてアメリカ合衆国から奴隷労働により生産された綿花を輸入した事実をあばきたてた[54]。クロッパー自身はこう弁明している、「私は、忌まわしい怪物・奴隷制が、いわば断末魔の苦痛に喘《あえ》ぎつつも、生きのびようと必死にあがいているのを目のあたりに見ました。……利害につき動かされて崇高なる博愛心と義務感を抛擲《ほうてき》したとのそしりを受けはすまいか、そう思うといたたまれませんでした。……おのれの良心の非難に抗うことなどとうて

いよくなしうるところではありません」[55]。クロッパーは、経済的考察を抜きにして奴隷制反対を論ずることを拒否した。奴隷制は、とかれは書いている、「人口の少ない、豊饒肥沃な土地においてのみ経済的にひきあうものである。たとえば、アメリカの新たに開拓された諸州はその例であって、そこでは、二日の労働により一エーカーの土地をあがなうことができる」[56]。ヨーロッパ、クロッパー、アメリカ北部諸州および南アメリカの一部における奴隷制の廃止を検討した結果、クロッパーの到達した結論はこうである。奴隷労働が有利であるところでは奴隷の解放は進展しない。この事実の意味するところは、「情ある人士が、こうした経済的要因を十分に勘案しつつ努力するときに最大の成果を期待しうる」[57]ということである。「補助金に縛られることもなく、独占という無用の長物の手もかりず、完璧な自由のもとに繁栄を続ける」[58]イギリスの工業と優秀な技術を抒情的にうたいあげたとき、かれの狙いは西インド諸島の奴隷制よりも西インド諸島独占のほうにおかれていた。イギリスが綿製品と同様、精製糖をヨーロッパ大陸に供給してはならぬ理由がいったいどこにあるのか？[59]　しかし、西インド諸島側が、そのいわんとするところはインド産糖のほかにブラジル産糖をも輸入せよということかと鋭く切りこんできたとき、クロッパーの返答は、ブラジルおよびキューバが奴隷貿易の廃止に同意するかぎり、産地のいかんを問わず砂糖の輸入を認め、かつ一律の関税を課すべきであるというものだった[60]。それでは、かれのいわゆる「経済的要因」はどうなってしまったのか？　人道主義者とエコノミストという二元的立場のゆえに、こうした矛盾が露呈してくるのは必然だった。クロッパー邸には、鎖につながれた黒人を描いた特別あつらえの正餐用食器一式があった。一八三七年には一万二〇〇〇本の小びんを購入し、それに自由な労働により生産された砂糖とコーヒーの見本をつめて支持者と議会議員に頒布した。[61] しかし、リヴァプールの「情けある市民[62]」の支持を受けたことにより、人道主義の大義はかえってはなはだしく毒されたのである。

議会における東インド勢力の指導者トマス・ホイットモアは、奴隷制廃止協会の副会長であり、奴隷制廃止党党首の後任候補におされたこともある。[63] 一八二三年五月二二日、すなわち砂糖関税にかんするホイットモアの動議が提出された日のウィルバーフォースの日記には、こう記されている。「本問題に関心を有するもの、東インド関係、および少数の我々奴隷商人に反対する者以外になし。西インド諸島および政府は、我々に反対[64]」。ホイットモアとバクストンの二人が、東インドの立場を代表して語っていた。[65] 廃止論者のなかではブルームだけが、関税の一律化に反対をとなえていた。そのような措置をとれば西インド諸島全体の急速な荒廃を招くであろうというのがその論拠だった。[66]

東インド勢力と一部の廃止論者のこのような結びつきにかんしては、今日にいたるまでまともな評価はなされていない。クープランドは、両グループの「誠実さ」にかんする取り扱い方にあらわれているように、この問題については拙劣をきわめているというほかはない。[67] クリングバーグは「協同」について語っている。[68] バーンは、クロッパーの公平無私な態度にたいする攻撃には根拠がないと確信している。[69]ラガッツによれば、クロッパーの場合は「行為がそもそもの初めから私利私欲とかかわっているのではなく、この二つがからみあっているにしても、それは偶然によるものであるような特別な場合」[70]とされる。この説明が、いちばん、ましであろう。しかしながら、廃止論者が東インドを支持し、のちにブラジル産糖を支持した意味は、つきつめていえば、西インド諸島の奴隷制の非人間性のみならず、西インド諸島独占の非経済性が争点となっていたというところにある。

インドの次には、ブラジルとキューバの問題がある。人道主義者たる以上、いかに想像を逞しうしても、ブラジルとキューバの黒人を縛る奴隷制の鉄鎖の強化を狙うもくろみを弁護することなど、できないはずである。ところが、砂糖の自由貿易という問題こそ、まさしく、このもくろみを意味していた。というのは、西インド諸島においては、一八〇七年以降、奴隷貿易は否認され、さらに一八三三年以降には奴隷労働も否認されたからである。廃止論者がインド産糖を勧めた理由は、事実誤認があったにせよそれが自由な労働の産物であるという人道主義的原則にあったとすれば、この原則と信念に忠実であるかぎり、奴隷貿易によるブラジルおよびキューバ産糖をもボイコットするのが当然であったろう。そうはできなかったからといって、一概に廃止論者の節操を云々するのは誤りである。しかし、廃止論者がボイコット策をとることに失敗した事実そのものから、人道主義的立場よりする主張が全面的に崩壊したことは否定できない。廃止論者は、一八三三年以後においても、すでに自由な労働を使用するようになっていた西インド諸島プランターに依然として反対しつづけた。一八三三年以前にはイギリスの奴隷所有主をボイコットしたその同じ理由で、一八三三年以降ブラジルの奴隷所有主の立場を支持したのである。

廃止論者は、初めはイギリスの奴隷貿易だけに関心をかぎってはいなかった。奴隷貿易の全面的かつ国際的な廃止という展望をもっていた。廃止論者は、一八一五年の平和の回復および当時盛んに行なわれた多くの国際会議を活用して、その主張を宣伝普及した。「嘘八百を並べたてて[71]」議会に送り、一八一四年には三四日間のうちに七七二の請願書を提出した。その署名者は計一〇〇万にのぼった[72]。ウィーン会議の紙の上だけの奴隷貿易反対宣言を公然と非難した。この会議においては、全権大使ウェリントンを味方にひきこみ、奴隷貿易廃止のための戦端を開く準備さえすすめた[73]。ロシア皇帝の支持も得た[74]。エクス・ラ・シャペル会議には、特別オブザーヴァーとしてクラークソンを派遣した。フランスのサント・ドミンゴ再征服を防止するため、同国にたいし再度一戦を交える準備も整えた[75]。ポルトガルから独立したブラジルについても、奴隷貿易廃止にかんするはっきりした約定をとりつけないかぎりその独立を承認しようとはしなかった。アフリカ沿岸に艦隊を配置し、武力によって奴隷貿易を禁圧するよう、イギリス政府にたいしそのいわゆる「友好的圧力[76]」を加えた。

政府にたいするこの圧力は、すさまじいものだった。政府は、貸すに時をもってすることを乞い、軽率浅慮をいましめた。「道徳というものは、剣をもって教える筋合いのものでは断じてない[77]」と、カスルレーは述べ、人道主義者にたいし「高潔なる見解をやわらげ、アフリカにかんする憂慮を御するに理性をもってする[78]」ことを乞うた。しかし、廃止論者のおかげで、政府はおちおちしてはいられなかった。あるとき、リヴァプール伯がウィルバーフォースに打ち明けたように、「かりに私が主義として奴隷貿易の廃止を待望しているような人間ではないとしても、我国における本問題の現状よりして、やがて各国政府に否応なく無理難題が押しつけられることになるのではないかと、気をまわさざるをえないのです[79]」。政府は、外交面では手詰り状態にあった。いかに折衝を重ねても無益であることがわかっていたからである。だからといって、政府がそれを公然と口にするわけにはいかなかった。ウェリントンはアバディーン宛に書いている、「われわれには外国の奴隷貿易を廃止することはできません。しかし、外国の奴隷貿易を圧迫し、可及的速やかに廃滅せしめるために政府は全力をあげてはいないなどとイギリス国民に思いこませるがごとき振舞いにでることは、厳にこれをいましめなければなりません[80]」。

一八三一年の総選挙は、立候補者がそれぞれ奴隷制にかんする意見を問われた記憶すべき選挙だった。廃止論者は黒人に黄金の鎖をかけて選挙戦にひっぱり出した。黒人の見つからない場合には、煙突掃除夫が狩り出された。廃止論者は、津々浦々の選挙場に、白人プランターが黒人の女を鞭打っている実物大のポスターを張りめぐらした。[81] イギリス婦人のなさけと良心に訴えるキャンペーンを行ない、子供にさえ話しかけた。リーズは、年少の読者を対象とする奴隷制反対の双書を出版した。奴隷制反対ダイヤルなるものも製造された。これによって、イギリスのなさけ深い人びとが、夜毎、炉辺で一家の団欒を楽しみながら、熱帯の酷熱の太陽の下で酷使に喘ぐプランテーションの黒人を偲ぶという寸法だった。[82] 以上は一八三五年に先立つ数年間のことである。この黎明期は天下太平だった。

しかし、こうした太平の空にも、嵐を告知する暗雲がすでに姿を現わしていた。廃止論者は、依然として黒人の血に染まった英領西インド諸島の奴隷労働産物をボイコットしていた。とはいえ、イギリス資本主義の存立それ自体は、同様に奴隷制下の、奴隷の血に汚れたアメリカ合衆国の奴隷労働による綿花に依存していたのである。「奴隷制は、国民が奴隷貿易に手を染めず、その関係が存在しない国においてのみ、非難されるものなのか?[83]」という西インド諸島の問いには十分な根拠があった。それにたいする答えは、奇妙なものだった。アメリカから奴隷労働産物を受け取っているにせよ、自国民にあらざる奴隷の手による労働の生産物に関係しているのであり、かつ、アメリカ合衆国の奴隷制においては、英領西インド諸島の奴隷制のもっとも忌むべき特徴の一つ、すなわち人命の濫費にかんする証拠はまったくない。[84] 西インド諸島産糖のボイコットを行なっているものも、キューバ産マホガニーの椅子に坐り、ブラジル産の紫檀《したん》の机に向かい、奴隷の彫った黒檀のインクスタンドをつかっている。「机や椅子の身元まで洗いたてるのは野暮というものだ」。イギリスのような国においては、森に隠れ、草根木皮を嚙じる覚悟でないかぎり、奴隷のつくったもの一切を排斥することは不可能である。[85]ニューカッスルの廃止論者が主張したように、「いかに些細なものであれ奴隷生産物を必要でもないのに買った場合、奴隷所有主の犯罪行為に加担したことになるのである」。[86]

ブラジル産糖は必要であったのか？　資本主義者は、必要であると答えた。ブラジル産糖は、イギリス資本主義がひきつづき前進するために必要だった。廃止論者は資本主義者の側に立った。一八三三年、廃止論者の草分けの一人で、製糖業区選出議員のラシントンは、補助金も、不当な利得も、不正な独占をも求めていないその選挙区民のため、一刻も早く救済措置を講ずるよう政府に要請した。[87]ラシントンの念頭を占めていたものは、英領西インド諸島の黒人ではなく、タワー・ハムレッツの製糖業者だった。バクストンの立場も奇妙だった。外国産糖が、再輸出用としてではなく、本国消費用として輸入されるということが証明されるならば、バクストンは反対票を投じるであろう。ブラジルにおいて精製を行ない、その精製糖をイギリスに輸入するという方式では、ブラジルにおける労働力は三分の一かた余計に必要となる。それゆえ、イギリスにおける外国産糖の精製を認めるならば、イギリス本国の機械設備をもって海外における奴隷労働の一部を肩代わりし、かくして、その範囲内で奴隷労働の縮減ならびに奴隷貿易の衰退をはかることができよう。[88]

議会は驚いた。[89]もっともな話である。

これは、一八三一年九月のことだった。バクストンの活動は、その二年後には実を結んだ。「我国にかんするかぎり、一つの奇跡が行なわれたのである」[90]。かれは有頂天になった。廃止論者の活動は、奴隷解放法をもって終了した。廃止論者はご満悦だった。黒人の自由は、砂糖プランテーションの存続が認められるかぎり、たんなる名目だけのものに終わるかもしれないということは、夢想だにしなかった。グラッドストンは、一八四八年にもなおプランターにたいする保護関税を要求したが、かかる保護関税は黒人とはなんの関係もないことを特に強調している。「黒人の状態は、黒人の社会的地位および希望に相応の恵まれたものとなっている。なぜ、財政資金を投じてまで、そのいっそうの向上をはからねばならないのか」[91]理解に苦しむ、とグラッドストンは述べた。廃止論者の側からは、なんの反応もなかった。黒人も土地を欲しているなどということは、かれらには思いもよらぬことだった。アンティグアにおいては、私有地以外の土地はなかった。奴隷解放のしらせが同島に伝わったとき、プランターと奴隷は教会に参集し、自由を祝って神に感謝を捧げ、それから各人の仕事にもどっていった。いまや奴隷は、土地をもたない賃金労働者という立派な地位に上昇し、日給二五セントを稼ぐようになったのである。バルバドスにおいても、同じだった。ただ神への感謝の祈りを省略したという点を除けば、全島どこにいっても右と同様の情景がみられた。廃止論者は、どうなったのか？「黒人種は」とバクストンは書いている、「さいわいにも道徳・宗教教育を受けるに適した特別の資質に恵まれている。黒人のうちなるかくのごとき性向に鑑み、十二分の教育手段をあたえ、伝道師を派遣し、学校をたて、聖書を送り届けることは、いまだかつて他に類例をみない喫緊の義務となるにいたった。これこそ、われわれのなしうる唯一の償いである。実り豊かな償いである！　かくして、われわれの惹起せる悲嘆・痛苦を償い、家郷よりの残忍非道なる強制移住というかの禍いをついには転じて至福となすための仲立ちたりうるであろう」[92]。アフリカについても同様だった。「アフリカの悪弊および悲惨の徹底かつ究極的払拭は、ただキリスト教のみがひとりこれにあたることができる。……福音伝道ということの卓越せる意義をゆめ忘れてはならない」[93]。一八四〇年、ガーネイはこう述べている。

アフリカからの黒人の残忍非道なる強制移住は、一八三三年以降にもなお少なく見積って二五年間はつづいた。移住先はブラジルとキューバの砂糖プランテーションだった。ブラジルおよびキューバの経済は奴隷貿易に依存していたのである。筋を通すという点からだけいっても、イギリスの廃止論者は、右の貿易に反対すべきだった。しかし、そうすれば、ブラジルとキューバの開発は遅滞し、その結果はイギリスの貿易にもはね返ってくるだろう。一八三三年以降は、奴隷制にたいする嫌悪感も安価な砂糖という声に圧倒されてしまった。かつては鞭をふりまわす英領西インド諸島の奴隷監督の姿にかきたてられたあの厭悪《えんお》の情も消えてしまった。鞭、短剣、あいくち、ピストルで武装し、ブラッドハウンド犬をひきつれたキューバの奴隷監督にたいして、廃止論者はこれっぱかしの口もはさもうとはしなかった。イギリス人道主義の殿堂・エクセター会館は、マンチェスター学派にイギリス自由貿易の尖兵の役を譲った。

こと奴隷貿易となると、かつてはきわめて戦闘的だった廃止論者も、いまや平和を愛好するようになった。バクストンは、警備艦隊の派遣および武力による奴隷貿易の禁圧という政策を非難する一書を書いた。このような政策は、多数のものの苦痛を大ならしめるのみである、というのだった。[94] スタージは奴隷制廃止協会を純然たる平和的な性格のものに再編した。オックスフォード主教・ウィルバーフォース二世が、一八四〇年のある奴隷貿易廃止大会において語った言葉を借りれば、「条約、陳情、海軍力等により奴隷貿易の拡大を阻止せんとする企図は、ことごとく無残な失敗に終わりましたが、これに鑑みるに、従来の方針はこれを一擲《いってき》し、大所高所に立った防止政策をうち出す必要のあることは明白であります」。[95] バクストン二世は、「多年にわたり我国の指導原理となっていたかの高遠なる方策は、いまや別の方策にとってかえられた。新方策も、それ自体としては立派なものであるにせよ、我国の活動の基礎となっていた従前の方策に較べれば、はるかにおよばないものである」[96] ことを納得しないわけにはいかなかった。ブルームの博愛心は、砂糖によってのみ奮いたったのであって、綿花には不感症だった。奴隷貿易によってのみ奮いたったのであって、奴隷制には不感症だった。アフリカ・ブラジル間奴隷貿易によってのみ奮いたったのであって、ヴァージニア・テキサス間奴隷貿易には不感症だった。ブルームは、「海賊的行為、責苦、流血といった高価な代償を払って低廉なる砂糖」[97]を獲得する政策を、「自由貿易論の陋劣《ろうれつ》なる悪用」であるとして非難した。米綿を排除することは狂気に類する沙汰であることを承知していたゆえに、ブルームは判断の基準として、奴隷制ではなく奴隷貿易をとったのである。独立国の国内制度に容喙《ようかい》する権利はこれを有しないけれども、独立国にその調印した条約の履行を求める権利は、いささかもこれを失うものではない。ブルームは、そう論じた。[98] その解釈によれば、合衆国は、奴隷貿易を継続しはしなかった。奴隷労働の産物たるルイジアナ糖は、奴隷の自然増または栽培法の進歩により増産されている点で、同じく奴隷労働の産物といっても、「暴力と詐欺により継続されているかの非道な強制的かつ堕地獄的アフリカ人売買[99]」により増産されているブラジル糖とは異なる、とかれは主張した。

トマス・バビントン・マコーレーすなわち後のマコーレー卿が一八四五年に行なった演説は、おそらく、奴隷制問題にかんしてなされた演説中の白眉であり、偉大な歴史家の名をはずかしめない明快にして透徹した名論だった。ただし、奴隷制反対ではなく奴隷制擁護であったことが、欠点といえば欠点である。「黒人奴隷制にかんし特に私の負うている義務は」とマコーレーは語気を強めて述べている、「本議会の一員として私が福祉に責任を有する地域の奴隷制が消滅したとき、消滅したのであります」。マコーレーは、他の独立国における制度悪を是正せしめるためにイギリスの財政法規の弾力的運営により圧力を加えること、あるいは「外国諸政府の正義および慈善行為に報い、同時に一部の外国政府の残虐行為を処罰するための手段」として関税面での操作を行なうことを拒否した。ブラジル産糖を消費用としてではなく、精製用として輸入するという辻褄の合わぬ話にもびくともしなかった。「われわれは、くだんの呪われたる物品を輸入し、倉庫に保管いたしました。技術および機械設備を活用し、それを視覚および味覚に快いものに加工いたしました。それをリヴォルノやハンブルグに輸出しました。イタリアおよびドイツのコーヒー店にもれなく送りとどけました。その利益を懐中にして、さて、パリサイ人よろしく、奴隷のつくった砂糖をなめても平然としているこれらの罪深いイタリア人もしくはドイツ人とは自分たちはできが違っていることを神に感謝するのであります」[100]。ドイツが第二のウォーリックシャーに、ライプツィヒが第二のマンチェスターになるのを望まない以上、ブラジル産糖の輸入を禁止することはまずできない相談だった[101]。「私は、正義に二つの基準のあることを認めません……度量衡はただ一種にかぎりたい。定見を欠き、言行に一致なく、蚋《ぶよ》を漉《こ》し出してらくだをのむがごときは、私の自ら戒めるところであります」[102]。

そこには、ウィルバーフォース、バクストン、マコーレー、ブルーム等の大物がずらりと顔をそろえていた。クラークソンのみが、手《て》枷《かせ》、足枷をかけられたものの手により生産された商品の全面的排斥を主張し、ひとり荒野に呼ばわる者の声となっていた[103]。そのクラークソンすら、一八三九年には禁止措置にたいし、「軍人どもの懐を肥やすにすぎない」[104]という奇怪な口実を設けて、反対していたのである。

奴隷制は、いまや別様の観点から照明されるようになった。ウイルソン氏には、雇用者と被雇用者との関係は主人と奴隷との関係であるがゆえに、不正と圧制の烙印をおすべきである、などと言うつもりはなかった。[105]オックスフォード大学のグループは、奴隷貿易に反対し、その禁圧のために必要とあらば戦争をも辞さぬ構えをみせたが、[106]人間を所有する権利を違法とする見解をけっして受け入れなかった。[107]政治経済学者マカロックは、奴隷制がなければ熱帯地方の開発は不可能であったこと、奴隷制は、制度としてみるかぎり、従来世に行なわれてきたごとき非難告発を受けるいわれはないこと、について注意を喚起した。[108]奴隷制なる制度をもっと冷静に観察せよ、とオックスフォード教授メリヴェールは講義のなかで述べている。それは大いなる社会諸悪の一つであって、財産の不平等、貧困、児童の過重労働等のごとき余儀なく容認せざるを得ない諸種の社会悪に比し類を異にするものではない。程度および量において異なるのみである。[109]

ディズレーリは、奴隷解放をイギリス国民のかつておかした過ちのなかでも最大の過ちであるとして非難した。イギリスにおいても、合衆国においても、これに同調するものが多かった。奴隷解放は、「強い使命感にあふれてはいるが、きわめて見聞の狭い島国国民の前に提出された……刺激的問題[110]」だった。こうした言辞は、立て板に水の弁舌をふるっている最中にふと口をすべらしたというようなものではなかった。それは熟慮された見解であり、ディズレーリはその『ジョージ・ベンティンク卿伝』においても、わざわざ繰り返しているのである。「中産階級の奴隷制廃止運動は、高潔ではあったが、賢明ではなかった。無知による運動であった。イギリスの奴隷制廃止運動のもたらしたもの、およびその歴史は、無知・不正・失敗・浪費および荒廃の物語であって、人類史上その比を見ない態《てい》のものである」[111]。

知識層すら、例外ではなかった。コールリッジは、かつて奴隷制をうたったオードによりケンブリッジにおいてブラウン金牌を授与され、砂糖を断っていたことがあった。しかし、一八一一年には「博愛貿易」を冷笑し、ウィルバーフォースがただ自己の霊魂のみにかかずらっていることを責め、クラークソンを慈善で空っぽになった男、「道徳の蒸気機関または一つ覚えの大男」[112]と評した。一八三三年、コールリッジは、当時論争の的であった黒人の「諸権利」に真っ向から反対した。黒人どもには「神の恩寵に被浴しうるところまで導き給うた摂理に感謝を捧げる」[113]ことを教えなければならぬ。一七九二年、ワズワースは、イギリスの津々浦々にひろがっていた「常ならぬ道徳的昂揚」にはまったく無関心だった。[114]クラークソン、トゥサン・ルヴェルチュールおよび「白衣の黒人」に捧げられた有名なソネットは、巧緻《こうち》をきわめた美辞麗句というにすぎず、ワズワースの最上の詩篇のもつあの深みを欠いているのは偶然でない。ワズワースは、一八三三年、奴隷制は概して非道ではあるけれども、人間性にまったく背馳するものではなく、それ自体としては、いついかなる場合にも咎むべきものとはいえない、と弁護論を述べた。一八四〇年には、廃止論者と公然と提携することを拒否した。[115] サウジは、強制的奴隷解放を支持した。強制的解放措置により、奴隷制は一世代の間に消滅すると期待してよい十分な根拠があるというのだった。[116]

しかし、もっとも悪辣かつ低劣な反動は、カーライルがこれを一身に具現している。カーライルは『くろんぼ問題』にかんする一文をものして、「エクセター会館式ないしその他の片腹痛い大馬鹿三太郎式の振舞い」を冷笑し、人間はすべて平等であるという誤れる原理を糾弾した。この原理によって、西インド諸島は黒い島嶼に化してしまったのである。次に解放されることになるのは馬どもであろうか？　とカーライルはたずね、「かなたには仰々しく飾りたて、汲々として威厳をとりつくろいつつ坐っている黒人、こなたには食うに馬鈴薯すらなく、悄然《しょうぜん》と坐っている白人」を対照的に描いている。西インド諸島をして価値あらしめたものは、白人にほかならない。「ものぐさな二本脚の家畜」を働かせるには、力をもってするほかに処置はなかろう。奴隷制の行き過ぎは是正しなければならないけれども、その長所は維持する必要がある。黒人は「おのれの生活を維持するに必要な労働を……強制される権利をもつ。この権利は不滅であり、なんぴともこれを侵すことはできない」。カーライルは、黒人を憎悪していたわけではない。そうではなく、黒人を好んでいたのであり、「わずかな油で、哀れなアフリカくろんぼをつやつやしたきれいなものに仕上げることができる」ことも承知していたのである。黒いアフリカ人も、野蛮人どもから離れ、文明人のあいだで生活することができよう。しかしながら、黒いアフリカ人は、英領西インド諸島がハイチのように黒いピーターが黒いポールを殺戮する「熱帯の犬小屋」と化する場合は別として、神の創造された永遠の召使いとして有用であるだけである。[117] 世論は、デンマン卿の慨嘆したように、遺憾にして破廉恥なる転換をとげていたのである。[118]

第十二章　奴隷と奴隷制

奴隷制にたいするイギリスの政府、資本主義者・英領西インド諸島の不在プランターおよび人道主義者のそれぞれに相違する態度をわれわれは考察し、奴隷制をめぐる本国での争いを跡づけた。しかしながら、この問題を本国にのみ限定された闘争として扱うならば、重大な誤謬《ごびゅう》に陥るだろう。イギリスにおける重要な諸事件を示し、反映し、さまざまな波紋を描き出したこの騒動には、植民地の命運がかかっており、植民者自身も巻きこまれていたのである。

第一に、本国議会のみならず奴隷とも直接関係しなければならなかったプランター層があった。第二に、自由な有色人種層が存在した。なお第三に、当の奴隷層そのものの存在を忘れてはならない。当時の著述家は、ほとんどこうした存在を無視した。現代の歴史家は、漸次この点に由来する歪みに注意を向けるようになっている。[1] こうした欠陥を是正しようとして、現代の歴史家は当時のプランター、イギリスの官吏・政治家のあずかり知らぬ誤りまで糺《ただ》している始末である。

第一に、プランターについて。一八二三年、イギリス政府は西インド諸島奴隷制の再編にかんする新たな政策をうち出した。この政策は、枢密院令により、トリニダード直轄植民地およびガイアナにおいて実施される予定だった。結果がよければ自治植民地も自発的にそれにならうことが期待された。この再編案に盛りこまれた事項としては、笞刑《ちけい》の廃止、黒人日曜市の廃止――これは、奴隷にたいし別に休息日を認め、宗教教育のための余暇をあたえるためである――、女奴隷にたいする鞭《むち》打ちの禁止、畑作奴隷および家内奴隷の強制的解放、一八二三年以降出生の黒人女児にたいする自由の承認、法廷における奴隷の証言の採用、奴隷救済銀行の設置、一日九時間労働、奴隷に科された懲罰の公式の記録その他を任務とする奴隷保護官の設置などがあげられる。それは解放ではなく改善であり、改革ではなく、改良だった。奴隷制は、情けに溶けて消滅するであろう、というのだった。

　プランターの返答は、自治島嶼における同様、直轄植民地においても断固たる拒否であった。「黒人甘やかし条項のたんなる目録」[1a]にすぎないものを通してはならぬ。このような譲歩は必ずやさらに譲歩をよぶものである。プランターにはそれがよくわかっていた。西インド諸島のプランターから異議なく承認された項目は、ただの一つもなかった。女奴隷にたいする鞭打ちの禁止および黒人日曜市の廃止の二項は、なかんずくプランターの憤激をかった。

　プランターの立場からすれば、女奴隷にたいする懲罰はなくてはならぬものである。文明社会においてさえ、鞭打たれる女性がいるではないか。イギリスの懲治監を見よ、とプランターは論じた。バルバドス議会のハムデン氏は述べている。「我等の黒き御婦人方は、どちらかと申せば悍婦《かんぷ》型の気性をおもちのようである。折檻《せっかん》の手も及ばなくなるときけば、亭主どもはさだめし切歯《せっし》扼腕《やくわん》することであろう、と私は信ずるものである」[2]。

黒人日曜市の廃止という問題にかんしてみれば、バルバドスは、すでに減少をきたしている収入のさらに六分の一を放棄することになるため、これを拒否した。[3]「宗教上のおつとめのための時間をあたえるという口実」は、たんに奴隷の怠惰心を助長するだけのことに終わるであろう、とジャマイカは答えた。[4]プランターの頑強な反対におされて、総督はいかなる改変の試みも無謀に失するとみ、二者択一を避け、「世論その他の事情は、緩慢なれども奴隷の習慣・作法の改善を目指す方向に着実に変化しつつあるがゆえに、これを時の解決するにゆだねる」[5]以外になすすべを知らなかった。確かに、奴隷は文明にたんに触れるだけでも、時の経過につれて向上した。これは重要な事実であるけれども、だからといって、奴隷が漸進主義の途を余儀ないものとして受けいれていたわけではなかった。

プランターの論法によれば、規律を維持しようとするかぎり、笞刑は必要だった。笞刑を廃止してみるがよい、「プランテーションにおける安寧秩序は、たちまちにして失われるであろう」[6]。トリニダードの一プランターは、西インド諸島における成人奴隷一日九時間労働案をさして「所有権にたいする最大の不正かつ暴虐なる侵害」と呼んだ。イギリスの工場主は、むっとする不潔な環境のなかで児童に一二時間労働を強制することができる、という事実を考えてもみるがいい。[7]ジャマイカにおいては、奴隷の証言に効力を与える法案が提出されるや、上を下への大騒動となった。同法案は、第二読会において三六対一の多数で否決された。[8]同島議会は、奴隷救済銀行にかんする条項を棚上げにした。[9]黒人女児解放問題については、同島総督は、これに言及することさえできなかった。[10]ガイアナ議会は、「主人ハ欲セザルニ解放政策を採用しなければならないとすれば、それは、われわれのために行なうべきものである、とする本議会の総意ならびに選挙民の権利を優先しつつ、本議会により実施されることを要する」と決議した。[11]トリニダードにおいては、奴隷解放件数は相当の減少をみる一方[12]、解放奴隷評価額ははねあがった。[13]スティーブンの告白するところによれば、「宣誓した査定官が不正なる判定を下そうとは予想の外のことであり、対策も講じられていない」[14]。トリニダードのある管理人は、「愚劣な枢密院令」について語り、奴隷に科した懲罰の記録にあたっては、その職責にふさわしからぬと同時に同法起草者を侮辱するような言辞を用いた。[15]ガイアナの奴隷保護官の職務なるものは「幻想」にすぎなかった。「奴隷住民にたいする保護は、まったくない」と、一八三二年、現職の保護官は書いている、「私は、どこへ行っても爪弾きされる始末だ……」[16]。

西インド諸島のプランターは、イギリス政府の特別立法に異議を唱えたばかりではなく、帝国議会は、西インド諸島の内政問題にかんし立法権を有せず、「内容についてみれば不適当かつ独断にすぎ、実施時期についてみれば変更の余地なく強制にすぎる……放恣《ほうし》専横なる命令」[17]を発する権利はない、と主張した。ことのいかんを問わず命令を下そうとするや、即座に憤激と抗議を招く、とバルバドス総督は同島からの報告で述べている。[18]権利と自由について語る奴隷所有主の自家撞着《どうちゃく》は、「激情にわれを忘れたもの」として片付けられた。歴史に徴してみれば、とハムデンは諄々《じゅんじゅん》と説いている、「奴隷制を有する国民ほど、自由の保持に汲々としてこれ努めてきたものはないことが理解されよう」[19]。

ジャマイカの動揺は、その極に達した。同島議会は、「たんなる島内法ならびに内治問題に属する事項にかんし」[20]定められた規定に基づく立法措置により、「われわれの侵すべからざる既定の諸権利をすすんで放棄するがごときは、断じてこれを行なわない」[21]ことを誓った。イギリス議会がジャマイカにかんする立法権を行使したければ、行使するがよかろう。ジャマイカ側は、一切関知しないというまでである。[22]英帝国議会は超越的権限をもつとする論は、ジャマイカの権利をおかし、その生命財産を危うくするものであると主張された。[23]総督によれば、「イギリス議会の不可侵の権利は、理不尽にも再三にわたり侵害せられました。かくの如き人もなげなるふるまいに対しては、峻厳なる態度をもって臨まざる限り、当植民地における陛下の御稜威《みいつ》は、地を払うにいたるでありましょう」[24]。一八三二年、イギリスに派遣された二名のジャマイカ議会議員は、本国当局に苦哀を訴え、国家機密を派手に暴露した。「われわれは、イギリスの住民にたいし、なんら忠誠の義務を負うてはいない。カナダの植民同胞にたいしかかる義務を負うていないのとなんら異なるところはない……イギリスの世論が固有の法律および慣習の維持をはかるジャマイカを裁くが如き、われわれの断じて容認しえざるところである」[25]。ジャマイカ議会の一議員は、さらに一歩踏みこんでこう述べた。「イギリス王についていえば、ジャマイカにかんし、いったいいかなる権利をもつというのか、御教示いただければ幸いである。同王は、かつてスペインからジャマイカを盗んだ、という事実があるだけのことである」[26]。本国議会に議席をもつある西インド諸島出身議員は、イギリス国民に「権利の問題に固執したがためにアメリカを失った[27]」事実を指摘した。分離をめぐり風説が乱れとんだ。本国政府は、ジャマイカ・アメリカ合衆国間に不断の個人的折衝がみられること[28]、また、一部のプランターにより合衆国政府の意向が打診されていることについて警告を受けた[29]。内閣は、この問題を処理するにあたり、きわめて慎重であり、総督の意見を求めた[30]。サント・ドミンゴは、事情は同じでありながら、イギリスへの献身を誓ったのではなかったか？

こうしたプランターの言動には自暴自棄になった人間のすてぜりふ、ないし、英帝国当局の「穏やかながらも毅然たる警告」[31]にたいする常軌を逸した嘲弄として片付けられないものがあった。それは、イギリスの公衆にたいするというより、西インド諸島の奴隷にたいする教訓の役割を果たした。プランターは「現時において当然予想される限度を超えて、力による奴隷支配に執着している」[32]とジャマイカ総督さえ認めたとするなら、このようなプランター支配層の頑迷な抵抗が奴隷にはどのように思われたか、想像に難くないところである。諸階層のなかでもとりわけ黒人が、バルバドス総督の言をかりれば、「哀れむべき黒人にたいするプランターの権力への欲望は、各自の小砂糖王国において、黒人労働への欲望と同じく、障害につきあたり、思うにはまかせなかった」[33]という事実を忘れるはずはなかった。奴隷の解放は、プランターによってではなく、プランターの存在にもかかわらず、行なわれるであろう。

白人が反逆を企て、分離を呼号している一方、自由な有色人層は一貫して忠誠を守った。「母国との絆を断つならば、それは子々孫々にまで累を及ぼすおそるべき禍根ともなりかねない」[34]と、かれらは批難し、「植民地における自由な住民ならびに奴隷の双方に不信の種を蒔くべく狂態のかぎりを尽くせる」[35]各種の集会にも参加せず、おおいに面目をほどこした。そう、トリニダード総督は報告している。白人側は公職に就くことを拒否したが、混血人《ムラート》側は公務にかんする自己の権利を主張した。[36] そうした忠誠心は、べつに生得のものではなかった。自らの行動により自らの権利を獲得するには無力にすぎ、イギリス政府の手を通ずる以外に自らの解放を期待できなかったがための忠誠心にすぎなかった。さらに、各地方の統治機関は、反独占政策を貫こうとするかぎり、かれらに頼るほかなかった。バルバドスにおいては、進歩向上、品行、教育、活動力のいずれの点においてもムラートが優位に立っており、白人はその卑しむべき地位に汲々とするあまりふるぼけた権利と偏見にしがみついているにすぎない。同島総督は、このように述べ、本国政府にこう進言している。「現下の情勢における基本方針としては、この階層を起用することが至当であろう。本階層は穏健にして活発、精力にあふれ、かつ忠誠なる種族である。必要とあらば、これに依拠して奴隷ないし白人の民兵に対することも可能である」[37]。

しかしながら、イギリスにおける政治的危機が深まるにつれ、植民地における最も強力かつダイナミックな社会的勢力となったのは、ほかならぬ奴隷層だった。これは、一般の、さらには専門学者の意見にさえ反している。西インド諸島問題のこの側面は、従来、故意に無視されてきた。あたかも、奴隷は生産手段と考えられるときだけ、分類上、人間として扱われる、といった案配である。プランターは奴隷制を目して神の定め給うた永遠なるものとし、それを証明するためには聖書を引用する労をいとわなかった。奴隷側も同じ見解をとらねばならない理由はまったくなかった。奴隷も同じ聖典を援用し、おのれの主張を裏づけた。強制と懲罰にたいしては、怠業、サボタージュ、反乱をもって応えた。たいていは、たんにできるだけ怠ける方法を用いた。それが奴隷の抵抗——受身の抵抗の定型だった。黒人奴隷は御しやすいなどといわれるが、神話にすぎない。ジャマイカのマルーンやガイアナのブッシュ・ニグロは、逃亡奴隷であり、イギリス政府と協定し、山中の砦やジャングルの奥深くこもって自主独立の生活を送っていた。かれらは、英領西インド諸島の奴隷にとって、解放への一つの道を示す生きた範例となっていた。サント・ドミンゴの奴隷反乱の勝利は、新世界における奴隷制の歴史における一画期となった。ハイチ共和国の独立をみた一八〇四年以降は、ジャマイカ、キューバ、あるいはテキサスの奴隷所有主は例外なく、第二のトゥサン・ルヴェルチュールの出現におびえて寧日《ねいじつ》なきありさまだった。数百万のイギリス国民を震駭《しんがい》した経済的混乱と大規模な運動が、奴隷およびプランターと奴隷との関係になんの影をもおとすことなくすぎ去ったとは、まずもって考えられない。イギリスにおける資本主義者の砂糖プランターにたいする圧力は、植民地における奴隷の圧力とあいまって、相乗された。バルバドス総督が述べているように、西インド諸島のごとき地域社会においては、「人心は暴動の危険にたえずおそれおののいている[38]」ありさまだった。

　奴隷は、奴隷所有主が思いこんでいたほど、また後世の歴史家が記述しているように、愚昧であったどころか、油断なく周囲の状況に気をくばり、自己の命運にかかわる論議に鋭い関心を寄せていた。「何事であれ一身の利害にかかわることについては、奴隷ほど鋭敏な観察者たりうるものはないであろう[39]」と、ガイアナ総督は、一八三〇年に書いている。プランターは、奴隷制の問題を公然と論議した。奴隷の将来を左右すべく当の奴隷の面前で論議していたのである。「当地の地主の催すかの不穏なる集会を可となすならば、大事を招くこと、必定である……[40]」と、一八三二年、トリニダード総督は述べている。地方新聞が火に油を注いだ。トリニダードのある新聞は、枢密院令を評して《下劣》[41]といい、他の一紙は「破壊的奴隷法《コード・ノワール》の笑止千万なる条項」[42]について語った。一判事は、問題の枢密院令にかかわる裁判は、いかなるものもこれを拒否し、法廷より退場した。[43]プランターは、こうした無鉄砲な態度を非難された。しかし、プランターにしてみればやむにやまれぬ振舞いだった。それは、一般に社会的危機の深化とともにあらわれる徴表の一つにほかならない。フランスの宮廷および貴族階級は、革命にいたるまでヴォルテールとルソーを自由に論じていただけでなく、領域によっては真の知的理解力を示していた。ところがプランターの傲慢不遜な行動、矯激《きょうげき》な言辞は、すでに動揺しつつあった奴隷の心をかえって煽りたてるだけのことだった。

新たな論議が行なわれるたびに、また新たな政策が伝えられるたびに、奴隷たちは、イギリスにおいては奴隷の解放が承認されたけれども、自分たちの主人がその実施をおさえているとみる点で、一致するのだった。一八〇七年のジャマイカ総督の報告によれば、奴隷貿易の廃止は、奴隷には「奴隷の全面的解放にひとしいもの」[44]とうけとられていた。一八一六年、イギリス議会は奴隷貿易廃止法の裏をくぐって奴隷を密輸することを防ぐため、全奴隷の登録を義務づける法案を可決した。ジャマイカの奴隷は、同法の「意図する若干の措置は奴隷のためをはかるものであるけれども、当地の議会は、住民一般の支持をたのみに、その実施の棚上げをはかるであろう」[45]し、またプランターは奴隷解放の意図はふくまれていないという議会の言明をとりつけようとはかるであろう、[46]と感じた。トリニダード[47]およびバルバドス[48]の奴隷のあいだにも同様の見解がひろがっていた。西インド諸島各地において奴隷たちは「国王の下された命令を旦那はなぜ守らないのか？[49]」と問うていた。このように、本国政府はわれわれの主人の妨害をうけながらもわれわれのためをはかってくれているという考えは、奴隷の心中に牢固たる根を張っていた。それゆえ奴隷は、お上の動静には細大洩らさず期待を寄せた[50]のである。総督が交替するたびに、奴隷はそれを解放のしるしととった。一八二四年、ダーバンがガイアナにやってきたとき、これには「期待にこたえるなにか[51]」がある、と奴隷は解釈した。一八三一年、トリニダード総督が休暇をとったとき、黒人は、総督が「全奴隷の解放を発表することになろう[52]」と思いこんだ。一八三二年、マルグレーヴがジャマイカに到着すると、たいへんな騒ぎになった。マルグレーヴがキングストン近郊を視察したときには多数の奴隷がその後につき従ったが、その数たるや、同島始まって以来のものだった。それらの奴隷たちの頭は、ただ一つの考え、マルグレーヴは「奴隷解放を懐中にして現われた[53]」という考えでいっぱいだった。一八三三年、スミスのバルバドス総督就任は、奴隷の全面的解放を意味する、と奴隷は解釈した。スミスが同島に着任すると、地方のプランテーションから相当数の奴隷が逃亡してブリッジタウンに集まった。「総督が自由をもたらしたか否かを確かめるため」だった。[54]

しかしながら、奴隷は、もたらさるべき自由を、天の配剤として甘んじて待ちうけようとしたわけではない。一八〇〇年以降頻発した激烈な奴隷反乱は、ウェストミンスターの壮麗な議事堂に谺《こだま》したかの高まりつつある緊張を反映するものだった。

一八〇八年、ガイアナに反乱が勃発した。反乱は裏切により潰れ、指導者は逮捕された。指導部は「監督、手職人、およびその他の各所においてもっとも思慮分別に富む奴隷[55]」からなっていた。すなわち、ひらの作男ではなく、閑《ひま》にも恵まれ、待遇もよい奴隷からなっていたのである。ジャマイカにおける一八二四年のある反乱奴隷についても同じことがいえる。この奴隷は自殺したが、自分の主人が情け深く寛大であることを公言していた。しかし、ほかならぬこの主人こそ自由を生涯にわたり抑圧してきた唯一の人物であることを理由に、自分の行動を弁護したのである[56]。これは、危険な徴候だった。サント・ドミンゴのトゥサン・ルヴェルチュールも、主人のお覚えめでたかった御者ではなかったか。

一八一六年には、バルバドスにお鉢がまわった。バルバドスのプランターは、奴隷の待遇を改善すれば、「法的にも承認せられた長きにわたる慣行により従来奴隷にたいし拒否されきたった自然権にかんし、奴隷が暴力に訴えてその確定をはかるが如きことは、これを防止しうる[57]」であろうとたかをくくっていた。それゆえ、プランターの受けた衝撃は甚大だった。反徒は、質問にこたえて、反乱の理由は待遇の悪さにあるのではない、ときっぱり否定した。「しかしながら、この連中は」と軍指揮官は総督に報告している、「本島がおのれのものであって白人のものではないことを断乎として主張し、女を除く白人全員の撲滅を要求しております[58]」。反乱はプランター側の油断に乗じたものだった。ただ、興奮のあまり前後のわきまえもなくしてしまった一反徒にひきずられて蜂起が尚早にすぎたために、反乱の火の手がバルバドス全島にまわることはかろうじて避けられたのである。[59]ジャマイカのプランターは、この反乱を「ひと握りののぼせあがった人道主義の空論家、脳味噌のからっぽな口舌《くぜつ》の徒、箸にも棒にもかからぬ狂信家どもの夢物語が生んだ初めての果実」[60]としてしか理解することができなかった。プランターの考えついたことといえば、たかだか、数カ月前イギリスに向け出航したばかりの艦隊を呼びもどし、ジャマイカ駐留部隊を動員するよう総督に陳情するぐらいのことだった。[61]

緊張は急速に高まっていた。ガイアナにおいては一八〇八年、バルバドスにおいては一八一六年に火の手が上がった。ガイアナは、一八二三年に再び燃え上がった。五〇のプランテーションに反乱が起こり、一万二〇〇〇人におよぶ住民が渦中にまきこまれた。ここでもまた、反乱はきわめて周到かつ隠密裏に計画されたため、プランターの不意をついた。奴隷は、無条件の解放を要求した。総督は説得役にまわり、順を追うて進むべきこと、せいてはならぬことを奴隷に説いた。奴隷の反応は冷淡だった。「かれらの言うには、そんな考えは気休めにもならない。神は奴隷をも白人と同じ血と肉をもって創られた。われわれは、奴隷たることに倦《う》み、自由になるべきであると考え、これ以上働く気をなくしたのである」。総督は奴隷にたいし、「平静にふるまい、もって陛下の御心に応え奉るならば、漸次とはいえ、将来の実質的改善は期して待つべきものがある」ことを保証した。「しかし、望むところは解放である、と奴隷側は宣言した」[62]。例によって例のごとき苛烈な弾圧が始まり、反乱は鎮圧された。プランターは祝杯をあげ、おのが途をなおも猪突したのである。布告された戒厳令を延長すること、プランターは、ただそれだけを案じていた[63]。「いまや、ボールは転がり始めました」。ガイアナにおける反乱の報を受けたとき、バルバドス総督は植民地相にあて、こう内心を吐露している。「いつ、どこでそれが止まるのか、誰にもわからないのであります」[64]。翌年、ジャマイカのハノーヴァ教区における二つのプランテーションで奴隷の反乱が起こった。多数の兵力が投入されて、反乱の波及はくいとめられた。反乱は鎮圧され、首謀者は処刑された。しかしながら、その処刑を妨害しようとする奴隷の集団を制止するのは、なみたいていのことではなかった。総督の言によれば、処刑された首謀者たちは、「自由にたいする資格をもち、奉ずる大義は正しくかつその権利の正当性を立証するものであるとの確固たる信念を抱懐していた」。指導者の一人によれば、反乱は鎮圧されたわけではない。「戦いは、始まったばかりである」[65]。

ガイアナとジャマイカは平静に復したが、それはうわべだけのものであり、黒人は、依然として不穏な動静を示していた。「不平不満は、解消するどころではない」とガイアナ総督は書いている、「それは、いわば灰のなかの熅《うずみび》のように残っている。経験のないものの目には、黒人はこれといった邪心を抱いてはいないように見えるけれども、なお不穏であり、機を窺いおるごときうろんなる気配が認められる」[66]。同総督は、本来の人道主義および中庸策に立つためにも、黒人の臆測・願望の根因を除去し、焦慮の鎮静をはかるためにも、もはや一刻の猶予も許されない、と警告した。本問題の抜本的解決をみないかぎり、黒人が平静に復することはあるまい[67]。あてのない、漠然とした期待というものほど、黒人の精神状態にとって危険なものはないのである[68]。

以上は一八二四年のことであった。その七年後にもなお、財産、補償および既得権をめぐる相も変わらぬ論議が行なわれていた。一八三一年、奴隷は問題をみずから俎上にのせた。アンティグアに暴動の波がひろがった。バルバドス総督は、増援部隊を派遣しなければならなかった[69]。バルバドス島自体にも、国王は奴隷の解放を保証したが、総督がその思し召しに従わないでいるのだ、という見方が幅を利かせていた。一方、万一暴動が起こっても、国王の軍隊は奴隷に発砲してはならぬという厳命を受けているという噂もひろがっていた[70]。

クリスマスの休暇中、ジャマイカに反乱が起こり、危機は頂点に達した。ジャマイカは西インド諸島における英領の最大にして最重要な植民地であり、英領西インド諸島における全奴隷の過半数が集まっていた。ジャマイカに火がつけば、延焼を阻止することは、まず不可能だろう。「大規模かつ破壊的な暴動」は、西部地方の奴隷のあいだから起こった[71]。この暴動は、と総督は報告している。「なんらかの一時的憤懣《ふんまん》ないし不平不満を直接のきっかけとして偶発したものではない。長期にわたり着々と手筈《てはず》をととのえ、時機をはかっていたものである」。指導者は、奴隷主から信頼される地位にあり、それゆえ重労働から免ぜられていた奴隷たちだった。「首魁《しゅかい》の地位を考慮するならば、かれらを駆りたてたかにみえる表面的動機にまさるとも劣らぬいくつかの動機――解放実現への願望、場合によっては主人所有の財産を自ら所有したいという願望――がかれらの行動に影響を及ぼしたといえよう[72]」。

しかしながら、西インド諸島のプランターは、こうした奴隷反乱を本国や人道主義者を困惑させる好機としかみなかった。一八三二年、トリニダードから総督は次のように書いている。「……本島は、奴隷にかんするかぎり、平穏そのものであり、また、奴隷領導の責を担うものが奴隷を平静ならしめることをもって旨とするかぎり、かかる状態の維持は易々たるものであろう……指導層の一部には、奴隷の蜂起を招く危険をも辞さず政府に現政策の変更をせまるものもみられるようである[73]」。ジャマイカ総督も、同様な状況に遭遇した。「失意より生じたる奴隷の騒動を、是非善悪を問わず歓迎する短見浅慮の輩が現にいることは疑いない。かかる徒輩は、自己の将来に絶望しおるがために、奴隷騒動がイギリス政府を困惑せしめることをもって慰めとしているのであろう[74]」。ダニエル・オコンネルの語るところによれば、西インド諸島のプランターは「火薬庫の上に煤や埃にまみれながら」坐り続けていた。「そこから立ち去ろうとはしないくせに、奴隷が火をつけはしないかと四六時中びくびくしているのであった[75]」。

しかし、闘争は、財産としての奴隷とか、とるべき措置は如何といった抽象的論議の段階をすでに超えてしまっていた。闘争の場は、すでに人民の燃え上がる願望そのもののなかに移っていたのである。「この問題を」とあるジャマイカ人は総督にあてて書いている、「政府およびプランター両者の小田原評定に委ね、便々《べんべん》として仲裁を待つわけにはまいりません。奴隷自身、第三の勢力が存在すること、それがほかならぬ自分自身であることを学び知っております。奴隷は自己の力量をわきまえており、自由をどこまでも要求するでありましょう。いまのこの瞬間にも、先の失敗をものともせず、確固不動の決意をもってこの問題を論議しているのであります[76]」。バルバドスから同島総督は、どっちつかずの状態の「二重の残酷さ」を強調した――それは、プランターの努力を烏有《うゆう》に帰せしめると同時に、多年にわたる願望・期待に倦《あ》んじはてた奴隷を恐るべき絶望に追いやるものである[77]。議会が招集されるたびに、自由は近きにありと奴隷に空手形をふり出すことほど禍根を残すものはない、と総督は警告した[78]。その二週間後に同総督の書いているところによれば、なにをおいてもまず、「本国当局はこの不幸なる衆庶《しゅうしょ》の現状を早急に検討し、しかるべき措置をとることが必要である。なんとなれば、奴隷は妄想にとらわれつつ労働しており、そうした妄想状態にあることこそ、奴隷をして奴隷所有主の反感の的とならしめ、ひいては悲惨の度を不可避的にふかめる所以ともなっているが故である[79]」。

それゆえ、一八三三年には、問題は、上からの解放か、下からの解放か、という二者択一の形にまとまっていた。いずれにせよ、解放ということは定まっていたのである。経済的変化、独占主義者の凋落《ちょうらく》、資本主義の発展、イギリスの教会における人道主義者の活動、議会における紛糾をきわめた論議等々はすべて、自由の身たろうとする奴隷自身の決意のなかに収束した。黒人は、自己の労働の創造した富それ自体の発展に鼓舞されて自由へ向かったのである。

第十三章　結論

本研究は、イギリスを中心に扱ったものであるけれども、『資本主義と奴隷制』を総題とした。ことごとしく言いたてれば、「イギリス資本主義と奴隷制」と題したほうが厳密であるかもしれない。が、それにしてもやはり、総称としては誤りといってよいだろう。イギリス資本主義の特徴をなしていたものは、フランスにおける資本主義にも典型的にあらわれていた。ガストン・マルタンは、次のように書いている。「一七一四年から一七八九年のあいだに奴隷の売買に手を染めなかったナントの大海運業者はただの一人もいない。奴隷の販売のみに従事した大海運業者もまたまったく存在しない。奴隷の販売を行なわないかぎり大海運業者たるの地位に上昇しえなかったことは、ほぼ確実である。まさしくこの点に、奴隷貿易の本質的重要性が認められる。奴隷貿易の成否に、他の一切の帰趨《きすう》がかかっていたのである」[1]。

一頭地をぬきんでた世界の先進国としてのイギリスおよびフランスは、産業の発展、ならびに種々の権利を伴う議会民主主義を特質とする近代世界の先触れとなった。イギリスにおける資本蓄積に寄与したもう一つの外国貿易、すなわちインド貿易は、本研究で取りあげた時期においては、なお二次的な位置にとどまっていた。イギリスは、一七八三年、アメリカの諸植民地を喪失するにいたって初めて、属領インドの本格的な略奪に向かったのである。

一七七六年に始まり、フランス革命、ナポレオン戦争期を経て一八三二年の選挙法改正法案にいたるまで続いた危機は、多くの点において現代の世界的危機に類似している。異なるところといえば、ただ現代の危機のほうがはるかに広汎かつ深きにわたり、厳しさも一段とたち勝っていることだろう。この過去の激動期にかんする研究から、少なくとも今日のわれわれを囲繞《いにょう》する状況の検討に役立つなんらかの認識、および法則をひき出しえないとするのは、おかしいと思われる。

1　われわれの検討した時期における決定的な力は、発展途上にある経済諸力である。経済的変化は、それと気づかぬほど緩やかなものであったが、不可抗かつ累積的な効果をもっていた。自己の利益を追求しつつある人間が、おのれの行為のもたらす究極の結果を感知していることは、あまりない。一八世紀の商業資本主義は、奴隷制および独占によってヨーロッパの富を築きあげた。こうして一九世紀の産業資本主義の形成を促進したのであるが、商業資本主義・奴隷制およびその営為に敵対し、その力を破壊したものこそ、ほかならぬ一九世紀産業資本主義だったのである。このような経済的変化の意味を把握しないかぎり、この時期の歴史は意味を失う。

2　支配層としての商人、工業家および政治家等の相対立する集団は、直接的利害についてはきわめて敏感であったが、それゆえに自らの活動、目的、政策の及ぼす長期的影響については総じて盲目であった。

イギリスの国策にかんし責任を有するこれら集団の大多数の成員は、アメリカ植民地の喪失を破局とみた。実際には、概観したように、それは新時代の開幕のしるしであり、イギリスは前時代の見事な成果をはるかに超える創造的富ならびに政治的力を獲得することになるのである。この観点に立つならば、帝国主義からのアフリカ・アジアの解放という問題は、最終的には生産の必然性により決定されるということになろう。一八三三年に新たな生産力が六〇年にわたる本国・植民地関係を破壊したように、今日の強大無比の生産力は、いかなる関係をも、それが障害となるかぎり、破壊しさるだろう。とはいえ、民主主義ないし現在のまたは戦後の自由にかんする論議の有効性、緊急性をなみするものではない。必要ナル変更ハコレヲ加ヘルにせよ、これらの論議にはどこかしら聞き慣れた響きがある。この問題へのアプローチを行なうにあたり、往時の同様な論議にかんする経験をふまえ、かつその意義についての冷静なる研究という特権（明らかに現代の行動人には許されていない権利である）を活用するならば資するところ多大であろう。

3　当時の政治・道徳思想は、経済的発展との密接な関連において検討されなければならない。

抽象された政治および道徳というものはなんらの意味をもたぬ。われわれは、政治家・政論家たちが、きょう奴隷制を擁護するかと思えば、明日は悪しざまにののしり、明後日にはまた弁護にまわるということを知っている。きょう帝国主義者であった政治家・政論家は、明日の反帝国主義者であり、さらに一世代後には帝国主義擁護論者となる。どの場合にも、おなじように大真面目なのだ。擁護するにせよ、非難するにせよ、高度の政治的ないし道徳的次元において行なわれることには変わりがない。擁護され、もしくは非難される事柄は、常に、触れること・見ることのできるもの、英ポンドまたは常衡ポンド、ドルとセント、ヤード、フィートおよびインチで計量することのできるものである。これは別に悪いことではない。一個の事実というにすぎぬ。その時には誰にでもわかるものである。しかしながら、百年後に筆をとる歴史家がその真の利害関係を曖昧にして覆い隠すようなことは、いかなる意味においても許されないのである。（原注）各種の大規模な大衆運動――奴隷制反対の大衆運動は最大のものの一つに数えられる――さえ、新たな利害関係の成立・発展と古い利害関係の一掃の必要性との奇妙な絡みあいを示すものである。

原注　こうした嘆かわしい傾向については、オックスフォード大学のクープランド教授がその好例である。

4　すでに過去の遺物と化し、歴史のうちにとり残されてふんぷんたる腐臭を放つのみの利害関係をめぐり、議会が分裂し、議事進行が阻害されることがある。このような事実は、当該利害関係のもたらした利得の強力な効果および事前に構築された塹壕陣地を考慮して初めて説明される。

不偏不党の観察者ならば西インド諸島勢力の時代の終焉をはっきりと見通せた時代において、なおかつ西インド諸島勢力の発揮した強大な防戦力は、それ以外に、どう説明されるだろうか？　しかしながら、歴史記述というものは簡約化ということなしには行なわれえないものである以上、当代の代表的言説をいかに慎重に選択しても、その目的・意図を示す上で明確さを欠き、誤解を招くことがある。

5　こうした利害関係に基づく観念は、その利害関係の消滅後にも長く存続し、害毒を流しつづける。問題の観念に対応する利害関係はすでに存在しないがゆえに、その害毒は、とりわけはなはだしいものとなる。

熱帯における白人労働の不適格性、黒人の人種的劣等性といった観念は、まさしくこうしたたぐいのものである。黒人に奴隷の刑が申し渡されたのは、これによる。われわれは、これらのふるい偏見ばかりでなく、絶えずつくられつつある新たな偏見にたいしても警戒を怠ってはならない。いかなる時代においても、そうである。

以上、いくつかの問題点を指摘したが、それは現代の諸問題にたいする解答となるものではない。現代の海と同じように荒れ狂っていたかの時代の大洋の海図作成作業から明らかになってきた道標として指摘したのである。歴史家は、歴史をつくらず、歴史を動かすこともない。歴史をつくり動かすことに参与しないわけではないけれども、それは、ほとんど無視してよい態《てい》のものだろう。しかし、歴史家が歴史から何事かを学ばないかぎり、その活動は、飾りとしての教養ないしは楽しい気晴らしといったものにすぎず、嵐の時代においては同様に無益無用のものとなるだろう。

訳者あとがき

エリック・ウィリアムズ博士の『資本主義と奴隷制』は、一九四四年、ノースカロライナ大学出版部から刊行された。その後、一九六一年、ラッセル・アンド・ラッセル社から、ついで一九六四年、アンドレ・ドイッチェ社から、それぞれ新版が出された。最後の版には、ブローガンの簡単な序文が付されている。

西インド諸島とイギリスの歴史にかんするこのすぐれた研究も、刊行当初は英国史学界の注目をほとんどひかなかったようである。第二次大戦のさなか、すでに戦後における植民地人民の帝国主義からの解放という問題に深く思いをひそめ、そうした問題関心を内的発条《ばね》として構想されたこの論究は、ウィリアムズ博士の、いわゆる「公認」の白人史家には見えない・見ようとしない歴史の相貌をくっきりと照明するものであった。それゆえに、「公認」史家による無視は、ある意味で、当然であると同時に、そうした無視こそ本書の価値を反面から証するものであった、といってよい。本書が漸次正当な評価を与えらるようになり版を重ねるにいたった一九六一年、一九六四年という時期は、植民地の独立があいつぎ、世界史的転換点を画した六〇年代前半にそのまま重なることは、けっして偶然ではない。

ウィリアムズ博士は、一九六二年、トリニダード＝トバゴの独立に際し、同国の首相として激務に追われながらも、独立を歓呼して迎える人民へのお祝いとして、また人民が厳しかった過去の歴史を再認し、厳しい未来に対処するための一つの用意として、『トリニダード＝トバゴ人民の歴史』一巻を書かれた。「民族の独立という事実そのものが、トリニダード＝トバゴの歴史を書くことを義務とした」からである。人民が自身の歴史、自身の過去にかんする適切な知識をもたずに正しい自立の途を歩むことはできない、と博士は確信される。まさしくそのために、「インド、アフリカ等のところの如何をとわず、植民地における民族運動は、宗主国の歴史家の供給する歴史を書き改めること、宗主国が無視し看過したまさにその地点において歴史を書くことを喫緊のものとした」のである。人民的立場に貫かれたこのような歴史認識は、課題解決への実践的志向と、実践的であるがゆえの認識における厳しい自己抑制という困難な内的緊張を強いられるものであろうが、それは、博士の初期の著作である本書にもすでにはっきりとあらわれている。

本書は、オックスフォード大学に提出された学位論文を骨子としており、周到精緻な調査に基づく厳密な論考であるけれども、単なる実証主義、客観主義にとどまってはいない。英帝国主義の支配下におかれた黒人大衆の一人・精神の眼を開いた一人として、抑圧からの解放という課題を、歴史認識を通して、歴史認識のうちに定着するという著者の主体的姿勢に支えられ、実証的方法は対象超越的ではなく、対象内在的にはたらいている。本書に特徴的な文体――徹底的に事実をして事実を語らしめる態度・事物の論理そのもののシニックとさえいえるほどの追尋《ついじん》から生まれる辛辣な皮肉・にがいユーモア、刃のように一閃して内実を切りさき露呈させる語句、を処々にちりばめた文体――は、そうした著者の内的な営為と緊張を、とりわけよく物語るものであろう。資本主義の形成・発展にたいする奴隷制の寄与という問題を扱いながら、その冷徹な経済史的追究そのものが、人種主義イデオロギーの・同時にまた西欧ヒューマニズムの虚像をぴたりと照準にとらえ、それへの根底的批判となりえているのも、まさしくこの点にかかっているのである。

そこには一種の美が、すぐれた歴史認識に総じてみられるという意味では古典的な美があらわれている。おそらくそれゆえに、すぐれた歴史認識というものはすぐれて啓蒙的にはたらくのであり、本書も一部の専門家のみにとどまらず、アジア・アフリカ・ラテンアメリカの指導者や人民大衆に、各自の課題解決に深くつながるものとして読まれているのであろう。本書の内容を学術的に論評する資格は、訳者にはない。しかし、以上の点については、あえてふれておきたい。

ウィリアムズ博士は、一九一一年トリニダードに生まれた。同島のクィーンズ・ローヤル・カレッジを出てオックスフォードに学んだ。一九三八年、博士号をとり、翌年からほぼ一〇年間、ワシントンのハワード大学の教授をつとめた。

博士は西インド諸島史にかんする権威として知られており、著述も数多い。しかし、すぐれた学究であるだけでなく、傑出した政治家としても多彩な活動を行なっている。トリニダードにおいては、第一次大戦を境に、石油産業の急速な発展を軸として経済構造の変革が進み、組織的な労働運動も開始された。第二次大戦後まで、同島の政治・社会運動は、シプリアニの名に象徴されるように、労働者階級の闘争を推進力としながら、政治的指導権は中産階級が握り、全体として改良主義的漸進を目指すものであり、内政自治の拡大(普選の実現)がその主要なスローガンであった。四八年から政治活動に入った博士の最大の功績は、この運動を、明確な綱領と組織をもつ国民運動として再編した点にある。政治面における植民地主義勢力との闘争、経済面における開発、社会面における人民の福祉の向上、人種の国民への統合、教育の普及といった問題を構造的に把えて抱括的な展望をうち出し、人民の思想的自覚、自己教育の推進を重視し、全島にわたる大衆組織をつくった。それが、五六年、博士により創立された「人民の国民運動」PNMである。これは、トリニダードでは最初の大衆組織の上に立つ政党であった。

創立の年の総選挙にPNMは大勝し、博士は同島初の政党政府の首班となった。六二年の独立達成後もひき続き首相の地位にある。博士が学究および政治家としての類い稀な統一を一身に具現した活動を続けておられることは、先にふれた独立時における学問的労作と政治的実践との結合からもうかがうことができよう。
博士の著作のうち、主要なものを次に掲げておく。

＊

Capitalism and Slavery. Univ. of North Carolina Press, 1944. Russell & Russell, 1961. A. Deutsch, 1964.

The Negro in the Caribbean. New York, 1942. London, 1945.

Education in the British West Indies. Port of Spain, 1950.

My Relations with the Caribbean Commission, 1943-1955. Port of Spain, 1955.

Economic Problems of Trinidad and Tobago. Port of Spain, 1955.

Federation, Two public lectures. People's National Movement Publishing Co., 1956.

The Historical Background of Race Relations in the Caribbean. Havana, 1957.

Survey of the Work of Previous Sessions of the West Indian Conference. Port of Spain, 1959.

Economie of Nationhood. Government of Trinidad and Tobago, 1959.

From Slavery to Chaguaramas. PNM, 1959.

History of the People of Trinidad and Tobago. PNM, 1962. A. Deutsch, 1964.

History of Chaguaramas. Authorised Version. USA, n.d.
The Golden Age of the Slave System in Britain. *Journal of Negro History.* Jan., 1940.
The International Slave Trade after its abolition in 1807. *Journal of Negro History.* April, 1942.
Protection, Laisser-faire and Sugar. *Political Science Quarterly.* March, 1943.
Race Relations in Puerto Rico and the Virgin Islands. *Foreign Affaires.* Jan., 1945.
The Idea of a British West Indian University. *Harvard Educational Review.* May, 1945.
The Negro Slave Trade and Anglo-Spanish Relations. *Caribbean Historical Review.* No. I. Dec., 1950.
Documents on British West Indian History, 1807–1833. Edited by E. W. Historical Society of Trinidad and Tobago. Port of Spain, 1952.
The British West Indies at Westminster. Part I, 1789–1823. Edited by E. W. H. S. T. T. Port of Spain, 1954.

＊

最後にひとこと、理論社編集部の石田和巳氏、千々松勲氏に心からお礼を申しあげる。両氏の忍耐強いリードと適切な援助がなければ、本訳書は、生まれえなかったであろう。

58. *Ibid.*, Codd to Laith, April 25, 1816.
59. *Ibid.*, Leith to Bathurst, April 30, 1816.
60. C.O. 137/143. Alexander Aikman, Jr. to Bathurst, May 2, 1816.
61. C.O. 137/142. Manchester to Bathurst, May 4, 1816.
62. C.O. 111/39. Murray to Bathurst, Aug. 24, 1823.
63. *Ibid.*, Murray to Bathurst, Sept. 27, 1823.
64. C.O. 28/92. Warde to Bathurst, Aug. 27, 1823.
65. C.O. 137/156. Manchester to Bathurst, July 31, 1824.
66. C.O. 111/44. D'Urban to Bathurst, May 5, 1824.
67. *Ibid.*, D'Urban to Bathurst, May 5, 1824.（これは，同日に書かれた二番目の手紙である）。
68. *Ibid.*, D'Urban to Bathurst, May 15, 1824.
69. C.O. 28/107. Lyon to Goderich, March 28, 1831.
70. *Ibid.*, Lyon to Goderich, April 2, 1831.
71. C.O. 137/181. Belmore to Goderich, Jan. 6, 1832.
72. C.O. 137/182. Belmore to Goderich, May 2, 1832.
73. C.O. 295/92. Grant to Howick, April 30, 1832.
74. C.O. 137/188. Mulgrave to Goderich, April 26, 1833.
75. *Hansard, Third Series*, XIII, 77. May 24, 1832.
76. C.O. 137/191. F. B. Zuicke to Governor Belmore, May 23, 1832.
77. C.O. 28/111. Smith to Goderich, May 7, 1833.
78. *Ibid.*
79. *Ibid.*, Smith to Stanley, May 23, 1833.

第13章

1. Gaston-Martin, *L'Ère des Négriers, 1714-1774* (Paris, 1931), 424.

35. *Ibid*., Grant to Goderich, March 26, 1832.
36. *Ibid*., William Clunes to Goderich, Jan. 27, 1832.
37. C.O. 28/111. Smith to Stanley, May 23, 1833.
38. C.O. 28/88. Combermere to Bathurst, Jan. 15, 1819.
39. C.O. 111/69. D'Urban to Murray, April 20, 1830. 次のものも参照されたい。C.O. 295/87. Smith to Goderich from Trinidad, July 13, 1831:「奴隷は，おのれの境遇ないし身分になんらかの点でかかわりのある公文書となると，それが届くころには，どこをどうするのか，いちはやく情報の一部を手に入れてしまっている。曲解をしている場合が多いのではあるが」。
40. C.O. 295/92. Grant to Goderich, March 26, 1832.
41. *Ibid*., *Gazette Extraordinary*, March 25, 1832.
42. C.O. 295/93. Extract from a Trinidad paper, n.d.
43. C.O. 295/92. Grant to Howick, April 30, 1832.
44. C.O. 137/119. Coote to Castlereagh, June 27, 1807: C.O. 137/120. Edmund Lyon, Agent for Jamaica, to Castlereagh, July 17, 1807.
45. C.O. 137/142. Manchester to Bathurst, Jan. 26, 1816.
46. C.O. 137/143. Extract of a letter from Jamaica, May 11, 1816.
47. C.O. 295/39. John Spooner, of Barbados, to Governor Woodford, April 18, 1816.
48. C.O. 28/85. Col. Codd to Governor Leith, April 25, 1816: *Ibid*., Rear Admiral Harvey to J. W. Croker, April 30, 1816.
49. C.O. 295/60. A commandant of Trinidad to Governor Woodford, Aug. 30, 1823.
50. C.O. 137/145. Shand to Bathurst, Nov. 26, 1817.
51. C.O. 111/44. D'Urban to Bathurst, May 5, 1824.
52. C.O. 295/89. Grant to Howick, Dec. 10, 1831.
53. C.O. 137/183. Mulgrave to Howick, Aug. 6, 1832.
54. C.O. 28/111. Smith to Stanley, May 23, 1833.
55. C.O. 111/8. Nicholson to Castlereagh, June 6, 1808.
56. C.O. 137/156. Manchester to Bathurst, July 31, 1824.
57. C.O. 28/85. Leith to Bathurst, April 30, 1816.

笞痕7条」。奴隷フィリップ――「我チェスターフィールド閣下が諸官謁見の際最後に入り最初に退出することを強く勧告し，かつその名を御婦人の面前にて口外すれば甚しく礼節の掟を蹂躙するものとみなされる個所に笞痕23条」。奴隷シモン・マインド――「身体の構成する法人の一部であり，罪を犯すことは稀であるけれども，他の成員の犯せる不法行為を代わって弁済する任を負う特別の部分に笞痕23条」。

16. Bell and Morrell, *op. cit.*, p. 382.
17. C.O. 28/99. Carrington, Agent for Barbados, to Bathurst, March 2, 1826.
18. C.O. 28/93. Warde to Bathurst, Oct. 21, 1824.
19. C.O. 28/92. Report of a Debate in Council..., p. 33.
20. C.O. 137/143. Oct. 31, 1815.
21. C.O. 137/165. Message of House of Assembly, Dec. 1827.
22. Bell and Morrell, *op. cit.*, 405. 1838年6月のジャマイカ議会の抗議。
23. C.O. 137/183. Manchester to Goderich, Nov. 13, 1832.
24. *Ibid.*, Manchester to Goderich, Dec. 16, 1832.
25. C.O. 137/186. Memorial of the Jamaica deputies to Britain, Nov. 29, 1832.
26. C.O. 137/183. Manchester to Goderich, secret and confidential, Dec. 16, 1832.
27. *Hansard*, XXXI, 781-782. Marryat, June 13, 1815.
28. C.O. 137/183. Manchester to Goderich, secret and confidential, Dec. 16, 1832.
29. C.O. 137/187. Z. Joncs to Goderich, Feb. 22, 1832.
30. C.O. 137/187. Goderich to Manchester, secret, March 5, 1832.
31. カニングの言葉である。
32. C.O. 137/154. Manchester to Bathurst, Dec. 24, 1823.
33. C.O. 28/111. Smith to Stanley, July 13, 1833.
34. C.O. 295/92. Memorial for ourselves and in behalf of all our fellow subjects of African descent（グラント総督の1832年3月26日付ゴドリッシュ宛緊急公文書に同封された）。

ような譲歩は，男子の側からは不正とみなされるであろう，とトリニダード総督は述べている。Woodford to Bathurst, Aug. 6, 1823; C.O. 295/60. トリニダードの指導的プランターの一人，バーンレイ氏はいう。「率直にいって，このような思いつき自体，あまりといえばあまりに法外なものであって，これをどう扱ったらよいものやら，とんとわかりかねるのである」。

3. C.O. 28/92. Report of a Debate in Council... Mr. Hamden, p. 5.
4. C.O. 137/145. Shand to Bathurst, Nov. 26, 1817.
5. C.O. 137/148. Manchester to Bathurst, July 10, 1819.
6. C.O. 28/92. Report of a Debate in Council... Mr. Hamden, p. 24.
7. C.O. 295/92. Edward Jackson to Governor Grant, Dec. 31, 1831.
8. C.O. 137/156. Manchester to Bathurst, Dec. 24, 1824.
9. C.O. 137/163. Manchester to Bathurst, Nov. 13, 1826.
10. C.O. 137/154. Manchester to Bathurst, Oct. 13, 1823.
11. C.O. 111/55. D'Urban to Bathurst, July 4, 1826.
12. C.O. 295/85. Oct. 29, 1830. 1825～1830年における解放奴隷数を以下に示す。

年度	解放奴隷数	有償解放奴隷数	畑作奴隷	家内奴隷
1825	162	98	38	124
1826	167	108	46	121
1827	167	129	49	118
1828	128	84	33	95
1829	87	41	15	72
1830 （10月29日まで）	32	22	6	26

13. C.O. 295/72. Woodford to Bathurst, Aug. 8, 1826.
14. C.O. 295/73. Stephen to Horton, Oct. 5, 1826.
15. C.O. 295/67. Henry Gloster, Protector of Slaves, to Governor Woodford, July 7, 1825. フィッツジェラルドの報告は，次のようなものである。奴隷ジョン・フィリップ――「足先を敵意をもってあてるならば，文明国においては最も下劣なる侮辱行為とみなされる個所に

奴隷を生きたまま引き渡した場合，一人頭につき5ポンド，捕えた後死亡した奴隷については2ポンド10シリング——の「報賞金」に言及したものであろう。

105. *Hansard, Third Series*, XCVI, 85. Feb. 4, 1848.

106. *Ibid., Third Series*, L, 131. Inglis, Aug. 8, 1839.

107. *Ibid., Third Series*, XCIX, 1324. Inglis, June 29, 1848.

108. *Ibid., Third Series*, LXXXVIII, 163. ディズレーリにより引用されている。July 28, 1846.

109. Merivale, *op. cit.*, 303-304.

110. *Hansard, Third Series*, XCVI, 133. Feb. 4, 1848.

111. Morley, *op. cit.*, I, 78.

112. Sypher, *op. cit.*, 217.

113. E. B. Dykes, *The Negro in English Romantic Thought* (Washington, D.C., 1942), 79-80.

114. Sypher, *op. cit.*, 215-216; Dykes, *op. cit.*, 70.

115. Lewis, *op. cit.*, 15, 17.

116. *Ibid.*, 13-14.

117. T. Caryle, "The Nigger Question," in *English and other Critical Essays* (Everyman's Edition, London, 1925). 1849年に書かれたこの文章は全文を参看すべきであろう。

118. *Hansard, Third Series*, XCVI, 1052. Feb. 22, 1848.

第12章

1. サント・ドミンゴにおける奴隷革命については，C. L. R. James, *The Black Jacobins* (London, 1938) を参照。H. Aptheker, *Negro Slave Revolts in the United States* (New York, 1943) も参照されてよい。Herskovits, *op. cit.*, 86-109. には，西半球全域についてのすぐれた概括がある。

1a. C.O. 28/95. House of Assembly, Barbados, Nov. 15, 1825.

2. C.O. 28/92. Report of a Debate in Council on a despatch from Lord Bathurst to Sir H. Warde, Sept. 3, 1823. Mr. Hamden, pp. 21-22. 次のものも参照されたい。C.O. 295/59. ここで，女奴隷にたいするこの

March 19, 1850. 1858年，ウィルバーフォースは述べている。「奴隷貿易の禁止にかんし盟邦との間に締結された諸条約を，われわれ自身が断固として遵守する姿勢をとらないかぎり，われわれは，奴隷貿易禁止国として列国のなかで大きな顔をする権利をもっていなかったのである」。

96. *Ibid., Third Series,* XCIX, 849. June 19, 1848. 1850年，バクストンは奴隷生産による砂糖の排除を要求したけれども，奴隷生産による綿花およびタバコは別であるとして，こう論じた。「反対することがそもそも不可能であるような悪が存在する故に，成功裏に反対し得るような悪にたいしては反対してはならぬ理由はない」。*Ibid., Third Series,* CXI, 533. May 31, 1850. 1857年バクストンは，女王にたいし，奴隷貿易の禁圧のため全力を尽すべきであると上奏した。*Ibid., Third Series,* CXLVI, 1857. July 14, 1857. こうした態度の変化は資本主義者一般の見解の変化にあたかも符節を合わせて起ったのである。1849年，ハットを委員長とする一委員会は，奴隷貿易の禁圧は，いかに努力しても事実上不可能であり，成功の見込みはないと述べた。1853年，ハットおよびブライトの両名も参加していたある委員会は次のように声明した。「人道の大義のため，多年にわたり積み重ねられてきた努力は我国にとり誇りとするに足るといわねばならない。これに鼓舞激励されて，かの邪悪なる貿易の全面的廃棄をみるにいたるまでなおも孜《し》孜《し》としてこれに努めることができるのである」。Mathieson, *Great Britain and the Slave Trade,* 133-134.

97. *Hansard, Third Series,* CXXXIX, 116. June 26, 1855.

98. *Ibid., Third Series,* LXXVI, 187. July 2, 1844.

99. *Ibid., Third Series,* CL, 2205. June 17, 1858.

100. *Ibid., Third Series,* LXXVII, 1290, 1292, 1300, 1302. Feb. 26, 1845.

101. *Ibid., Third Series,* LVIII, 193. May 11, 1841.

102. *Ibid., Third Series,* LXXVII, 1290. Feb. 26, 1845.

103. *Ibid., Third Series,* LXXXVIII, 4-5. July 27, 1846. これは，クラークソンの請願書であり，ブルームの手により上院に提出された。

104. Mathieson, *Great Britain and the Slave Trade,* 34-35. これは，奴隷を積んでいない船を拿捕した場合，1トンにつき4ポンド，捕えた

背信行為を一私人が犯したとするならば，生涯，破廉恥漢たるの汚名を拭い去ることはできない」とした。Liverpool Papers, Add. MSS. 38578, ff. 31-32. Wilberforce to Liverpool, Sept. 4, 1822.

75. *Correspondence... of Castlereagh*, XII, 4-35. Memorandum of James Stephen, Sept. 8, 1818.「エクス・ラ・シャペル会議の議題となるべきアフリカならびに植民地問題にかんするもの」。

76. Wilberforce, *Life of Wilberforce*, IV, 133.

77. *Hansard*, XXVIII, 279, 284. June 27, 1814.

78. *Ibid*., 393. June 28, 1814.

79. Wilberforce, *Life of Wilberforce*, IV, 209. Sept. 7, 1814.

80. *Despatches... of Wellington*, V, 15. Sept. 4, 1828.

81. *Hansard, Third Series*, XCVI, 37. Bentinck, Feb. 3, 1848.

82. ジョン・リーランド図書館所蔵パンフレット。

83. *The Liverpool Mercury and Lancashire General Advertiser*, July 23, 1832. リヴァプール西インド協会の集会を報じたもの。

84. *Ibid*., Aug. 24, 1832. Letter of "Another Elector" to "An Elector."

85. Anonymous, *The Tariff of Conscience. The Trade in Slave Produce considered and condemned* (Newcastle Anti-Slavery Series, No. 11, n.d.). John Rylands Library.

86. Anonymous, *Conscience versus Cotton; or, the Preference of Free Labour Produce* (Newcastle Anti-Slavery Series, No. 10, n.d.). John Rylands Library.

87. *Hansard, Third Series*, XIX, 1177. July 24, 1833.

88. *Ibid*., Third Series, VI, 1353. Sept. 12, 1831.

89. *Ibid*., 1355. Hume.

90. Eng. MS. 415. Buxton to Mrs. Rawson, Oct. 6, 1833.

91. *Hansard, Third Series*, XCIX, 1022. June 22, 1848.

92. Eng. MS. 415. Buxton to Mrs. Rawson, Oct. 6, 1833.

93. Gurney to Scoble, Dec. 5, 1840. Wilberforce Museum, D.B. 883.

94. *Hansard, Third Series*, LXXXI, 1159. ハットにより引用されている。June 24, 1845.

95. *Ibid., Third Series*, CIX, 1098. ハットにより引用されている。

57. J. Cropper, *A Letter addressed to the Liverpool Society for promoting the abolition of Slavery, on the injurious effects of high prices of produce, and the beneficial effects of low prices, on the condition of slaves* (Liverpool, 1823), 8-9.

58. *Ibid.*, 22.

59. J. Cropper, *Relief for West Indian distress, Shewing the inefficiency of protecting duties on East India sugar, and pointing out other modes of certain relief* (London, 1823), 9.

60. *Ibid.*, 30.

61. Conybeare, *op. cit.*, 25, 56-57.

62. *The Liverpool Mercury and Lancashire General Advertiser*, June 7, 1833.

63. Coupland, *The British Anti-Slavery Movement*, 124; Mathieson, *British Slavery and Its Abolition*, 125.

64. Wilberforce, *Life of Wilberforce*, V, 180.

65. *Hansard, New Series*, IX, 467. May 22, 1823.

66. *Ibid., New Series*, VII, 698. May 17, 1822.

67. Coupland, *The British Anti-Slavery Movement*, 124.

68. Klingberg, *op. cit.*, 203.

69. Burn, *op. cit.*, 88.

70. Ragatz, *The Fall of the Planter Class...*, 436.

71. *Hansard, New Series*, IX, 349. Baring, May 15, 1823.

72. Klinberg, *op. cit.*, 146.

73. *Ibid.*, 147-148.

74. ウィルバーフォースは，後に，「我々は，かのアレクサンドロス大王もかくやと思われるほど気負いたち，……独善にすぎるきらいがあった」ことを認めている。Lady Olivia Sparrow 宛 1814 年 5 月 31 日付書簡。ウィルバーフォース博物館蔵。D.B. 25 (60)．かれは，この問題にかんしロシア皇帝に強い調子の手紙を送った。Wilberforce, *Life of Wilberforce*, V, 136-137. Wilberforce to Macaulay, Nov. 20, 1822. ウィルバーフォースは，ロシア皇帝がブラジル物産のボイコットを約したのにもかかわらず輸入を行なったことについて，「かかる

ンドを申し込んだ。ジョンは，その死後，その他の株式についても各2,000ポンドを遺したが，それらによりヘンリーの取得した分は3,000ポンド，ロバートは4,000ポンド，サミュエルは3,000ポンドであった。

48. *Debates on the expendiency of cultivating sugar in the territories of the East India Company* (East India House, 1793).

49. *Debates... on the East India Sugar Trade*, 5. この重要な事実に注目したのはただ，Ragatz, *The Fall of the Planter Class...*, 363, のみである。

50. Macaulay, *op. cit.*, 29.

51. *Debates... on the East India Sugar Trade*, 36. Hune.

52. *Correspondence between... Gladstone... and Cropper...*, 15; F. A. Conybeare, *Dingle Bank, the home of the Croppers* (Cambridge, 1925), 7; Ragatz, *The Fall of the Planter Class...*, 364.

53. J. Cropper, *Letters to William Wilberforce, M. P., recommending the encouragement of the cultivation of sugar in our dominions in the East Indies, as the natural and certain means of effecting the total and general abolition of the Slave Trade* (Liverpool, 1822), Introduction, p. vii.

54. *Correspondence between... Gladstone... and Cropper...*, 16. こうした関係とはすでに手を切っている，とクロッパーは答えた。これにたいし，グラッドストンは，こうやり返した。「手をお引きになるのと，奴隷制反対の公然たる論陣をお張りになるのが同時ということでしたら，あまりにも辻褄《つじつま》が合いすぎるというものです。この場合，奴隷づくりの綿花との取引関係が完全に清算されるまでは，著述家への転身など，お控えになるのが，やはりまともというものではないでしょうか？」*Ibid.*, 37.

55. *Correspondence between... Gladstone... and Cropper...*, 55.

56. J. Cropper, "Slave Labour and Free Labour." *The substance of Mr. Cropper's address on Wednesday November 22* (1825), *at the respectable meeting at the King's Head, Derby* (Derby, 1825), 3. John Rylands Library.

29. Naish, *op. cit.*, 3.

30. 日付はない。ウィルバーフォース博物館所蔵。

31. Anonymous, *The Ladies' Free Grown Cotton Movement* (John Rylands Library). 日付なし。

32. Gurney to Scoble, Dec. 5, 1840. ウィルバーフォース博物館所蔵。他の文書も混在し，未整理であるけれども，整理番号は，いちおう D. B. 883 とされている。

33. "The Principles, Plans, and Objects of *The Hibernian Negro's Friend Society*, contrasted with those of the previously existing Anti-Slavery Societies being a circular, in the form of a letter to Thomas Pringle, Esq., Secretary of the London Anti-Slavery Society," 3. Jan. 8, 1831 (John Rylands Library).

34. *Hansard, Third Series*, XX, 315, 323, 324. Aug. 5, 1833; *Ibid.*, 446. Aug. 9, 1833.

35. *Ibid., Third Series*, XXXVIII, 1853. Hobhouse, July 10, 1837.

36. *Ibid., Third Series*, LVI, 218. O'Connell, Feb. 2, 1841.

37. *Ibid.*, 619. Feb. 12, 1841.

38. *Ibid., Third Series*, LXV, 1075. Baring, Aug. 5, 1842.

39. *Ibid., Third Series*, LXX, 1294. July 21, 1843.

40. *Ibid., Third Series*, LXVIII, 753. April 10, 1843.

41. Eng. MS. 741. Clarkson to L. Townsend, Aug. 1825.

42. Clarkson Papers (British Museum), Add. MSS. 41267 A, ff. 178-179.

43. *Debates... on the East India Sugar Trade*, 35.

44. *Hansard, Third Series*, XXXVIII, 1853-1854. July 10, 1837.

45. *Ibid., Third Series*, LXX, 1294. July 21, 1843.

46. Bell and Morrell, *op. cit.*, Introduction, p. xxx.

47. East India Company Subscription Journals to £800,000 additional stock, July 1786; East India Company Stock Ledgers, 1783-1791, 1791-1796. この記録は，イングランド銀行文書保管部（ロンドン，ロウハムプトン）に保管されている。1786 年発行の株式にたいし，ヘンリー・ソーントンは 500 ポンド，ジョン・ソーントンは 3,000 ポ

13. Coupland, *Wilberforce*, 417.
14. *Hansard, New Series*, XI, 1413. Wilberforce, June 15, 1824.
15. Coupland, *Wilberforce*, 406-408, 411-417. ウィルバーフォースの奴隷制廃止婦人協会にたいする反対については，次のものを参照されたい。Wilberforce, *Life of Wilberforce*, V, 264-265. Wilberforce to Babington, Jan. 31, 1826. 第一次選挙法改正法案にたいするウィルバーフォースの見解については，次記参照。Wilberforce, *Correspondence of Wilberforce*, II, 265. Wilberforce to his Son Samuel, March 4, 1831.
16. Proceedings of the Committee for Abolition of the Slave Trade, Add. MSS. 21255, f. 50 (v). Aug. 12, 1788; Add. MSS. 21256, ff. 40 (v), 96 (v). Jan. 31, 1792, March 29, 1797.
17. *Hansard*, IX, 143-144. March 29, 1807.
18. *Parl. Hist.*, XXXIII, 1119. July 5, 1799.
19. *Hansard, New Series*, XIX, 1469. シーフォード卿により引用されている。June 23, 1828.
20. *Ibid., New Series*, IX, 265-266. May 15, 1823.
21. Richard, *op. cit.*, 79.
22. Stephen, *op. cit.*, 120-122.
23. Richard, *op. cit.*, 101-102. March 28, 1833.
24. A. Cochin, *L'Abolition de L'Esclavage* (Paris, 1861), Introduction, pp. xiv-xv.
25. Proceedings of the Committee for Abolotion of the Slave Trade, Add. MSS. 21256, f. 95. June 25, 1795.
26. W. Fox, *Address to the People of Great Britain on the Propriety of Abstaining from West India Sugar and Rum* (London, 1791), *passim*.
27. R. K. Nuermberger, *The Free Produce Movement, A Quaker Protest against Slavery* (Durham, N.C., 1943), 9-10.
28. (Anonymous), *Remarkable Extracts and Observations on the Slave Trade with Some Considerations on the Consumption of West India Produce* (Stockton, 1792), 9. ウィルバーフォース博物館に復刻本がある。

ment of the Slave-Trade Treaties, and the Suppression of the Slave Trade (London, 1850), 65, 94–95. 99, 120, 201, 249, 267.

65. *Times*, Jan. 30, 1857.
66. Guedalla, *op. cit.*, 64–66.

第11章

1. R. Coupland, *The Empire in These Days* (London, 1935), 264. クープランド教授は，奴隷貿易廃止運動の歴史を，お気に入りの登場人物と同じ卑小なものにおとしめている。「現在ただいま，廃止運動は世間周知のものになっている」とウィルバーフォースは，1807年に書いた。「神は，人の心をお変えになることができるのである」。Wilberforce, *Life of Wilberforce*, III, 295. Feb. 11, 1807.
2. *Hansard*, VIII, 679–682. Feb. 6, 1807.
3. K. Farrer (ed.), *The Correspondence of Josiah Wedgwood* (London, 1906), I, 215–216. June 17, 1793.
4. 次の議事録を参照されたい。Proceedings of the Committee for Abolition of the Slave Trade, Add MSS., 21254, ff. 12–12 (v). Samuel Hoare to Clarkson. July 25, 1787:「私は，貴下が大いなる目的に捧げられる燃ゆるがごとき熱意に配するに平静と節度をもってすることを希望します。かくなすにあらざれば，成功は覚束ないのであります」。
5. Wilberforce, *Life of Wilberforce*, IV, 240–241. 1811年に書かれた。
6. Bell and Morrell, *op. cit.*, 376. Memorandum of Stephen, October, 1831.
7. C.O. 295/93. Stephen to Howick, Aug. 25, 1832.
8. Bell and Morrell, *op. cit.*, 420. Minute of Stephen, Sept. 15, 1841.
9. Ramsay, MS. Vol., f. 28. Dec. 27, 1787.
10. Klingberg, *op. cit.*, 60–61. 1788年，枢密院においてラムジの行なった証言は一読の価値がある。
11. Sir G. Stephen, *Anti-Slavery Recollections* (London, 1854), 77; Richard, *op. cit.*, 78. スティーブンとリチャードは，事実，アフリカ協会および奴隷制廃止協会を検討していた。
12. Stephen, *op. cit.*, 79.

36. *Ibid., Third Series*, XCVI, 1101. Hutt, Feb. 22, 1848.
37. *Ibid., Third Series*, LXXXI, 1158–1159. June 24, 1845.
38. *Ibid., Third Series*, XCVI, 1092, 1096. Hutt, Feb. 22, 1848.
39. *Ibid.*, 1092.
40. *Ibid., Third Series*, XCVII, 986–987. Urquhart, March 24, 1848.
41. *Ibid., Third Series*, CI, 177. Urquhart, Aug. 16, 1848.
42. *Ibid., Third Series*, LXXXI, 1156, 1158. Hutt, June 24, 1845.
43. *Ibid., Third Series*, XCVII, 987. Urquhart, March 24, 1848.
44. *Ibid., Third Series*, LXXXI, 1165, 1170. Hutt, June 24, 1845.
45. *Ibid., Third Series*, CIX, 1109. Hutt, March 19, 1850.
46. *Ibid., Third Series*, CXIII, 61. Hutt, July 19, 1850.
47. *Ibid., Third Series*, LXXXI, 1158. Hutt, June 24, 1845.
48. W. L. Mathieson, *Great Britain and the Slave Trade, 1839–1865* (London, 1929), 90 n. この言葉は，カーライルのものである。
49. *Hansard, Third Series*, LXXVI, 947, 963. Peel, July 16, 1844.
50. *Ibid., Third Series*, LXXX, 482. Peel, May 16, 1845.
51. *Ibid., Third Series*, LXXXII, 1058–1064. July 24, 1845.
52. *Ibid., Third Series*, XCVI, 1125. Feb. 22, 1848.
53. *Ibid., Third Series*, LVIII, 648, 653. May 18, 1841.
54. *Ibid., Third Series*, LXXXII, 550, 552. July 15, 1845.
55. *Ibid., Third Series*, XCVIII, 994–996. March 24, 1848.
56. *Ibid., Third Series*, L, 383. Aug. 19, 1839.
57. *Ibid., Third Series*, LXIII, 167, 169. May 10, 1841.
58. *Ibid., Third Series*, CIX, 1162. March 19, 1850.
59. *The Manuscripts of J. B. Fortescue...*, IX, 14–19. Edmund Lyon to Grenville, Jan. 16, 1807.
60. *Hansard*, XXVIII, 349. Lord Holland, June 27, 1814.
61. *Ibid.*, XXX, 657–658. April 18, 1815.
62. *Statements, Calculations and Explanations submitted to the Board of Trade...*, p. 84. Letter from Keith Douglas, Oct. 30, 1830.
63. C.O. 137/186. Memorial of Jamaica deputies, Nov. 29, 1832.
64. D. Turnbull, *The Jamaica Movement, for promoting the enforce-*

op. cit., 48. を参照。

12. *Hansard*, XXXI. 次の個所を見よ。pp. 557, 606, 850–851, 1064 June 1, 5, 16, and 30, 1815.
13. *Ibid., New Series*, XI, 1345. June 15, 1824.
14. *Ibid.*, 1475–1477. June 23, 1824.
15. *Ibid., New Series*, XXV, 398. June 15, 1830.
16. *Ibid.*, 405. General Gascoyne, June 15, 1830; *Ibid., New Series*, XX, 495. Gascoyne, Feb. 23, 1829.
17. *Correspondence... of Castlereagh*, X, 112. Castlereagh to Liverpool, Sept. 9, 1814.
18. *Hansard, Third Series*, LIX, 609. Brougham, Sept. 20, 1841.
19. *Ibid., Third Series*, XCVI, 1101–1102. Jackson, Feb. 22, 1848.
20. *Ibid., Third Series*, CII, 1084. Bishop of Oxford, Feb. 22, 1849.
21. *Ibid., Third Series*, XCVI, 1095. ハットが引用している。Feb. 22, 1848.
22. *Ibid., Third Series*, XCVIII, 1168. Palmerston, May 17, 1848; *Ibid.*, 1198. Cardwell, May 18, 1848.
23. *Ibid., Third Series*, LXV, 938, 942, 945. Aug. 2, 1842.
24. *Ibid., Third Series*, LXXI, 941. Aug. 18, 1843.
25. A. K. Manchester, *British Preëminence in Brazil, Its Rise and Decline* (Chapel Hill, N.C., 1933), 315.
26. *Hansard, Third Series*, LXXVII, 1066. Ewart, Feb. 24, 1845; *Ibid.*, LXX, 224. June 22, 1843.
27. *Ibid., Third Series*, XCIX, 1121. Hawes, June 23, 1848.
28. *Ibid., Third Series*, XCVI, 1100. Hutt, Feb. 22, 1848.
29. *Ibid., Third Series*, LXXXI, 1170. Hutt, June 24, 1845.
30. *Ibid., Third Series*, XCIX, 748. June 16, 1848.
31. *Ibid., Third Series*, CXIII, 40. July 19, 1850.
32. *Ibid., Third Series*, XCVII, 988. Urquhart, March 24, 1848.
33. *Ibid., Third Series*, LXXXI, 1169–1170. Hutt, June 24, 1845.
34. *Ibid., Third Series*, LXXV, 170. Russell, June 3, 1844.
35. *Ibid., Third Series*, CVII, 1036. Gibson, July 27, 1849.

1788), 8.

82. Ramsay, MS. Vol., f. 64.
83. *Hansard*, VIII, 947–948. Lord Howick, Feb. 23, 1807.
84. *Report of acommittee of the Liverpool East India Association*..., 56.
85. *The Speeches of*... *Huskisson*..., III, 442. May 12, 1829.
86. *Hansard, Third Series*, VII, 755. Sept. 28, 1831.
87. *Ibid., Third Series*, XVI, 881–882. March 20, 1833.
88. *Ibid.*, 290. March 6, 1833.
89. *Ibid., Third Series*, XIX, 1169. July 24, 1833.
90. Lindsay, *op. cit.*, III, 85–86.
91. Bell and Morrell, *op. cit.*, Introduction, p. xli.

第10章

1. *Hansard, Third Series*, XCIX, 1223. G. Thompson, June 26, 1848. トムプソンは，奴隷貿易廃止論者のなかでも有名な雄弁家であった。
2. *Ibid., Third Series*, LXXV, 170. Lord John Russell, June 3, 1844.
3. *Despatches*... *of Wellington*, I, 329. Canning to Wellington, Sept. 30, 1822.
4. *Ibid.*, I, 453. Wellington to Canning, Oct. 28, 1822.
5. *Correspondence*... *of Canning*, I, 62. Memorandum for the Cabinet, Nov. 15, 1822.
6. *Hansard, Third Series*, XCVI, 1096. Hutt, Feb. 22, 1848.
7. *Despatches*... *of Wellington*, I, 329. Canning to Wellington, Sep. 30, 1822.
8. *Correspondence*... *of Canning*, I, 62. Memorandum for the Cabinet, Nov. 15, 1822.
9. R. I. and S. Wilberforce, *The Correspondence of William Wilberforce* (London, 1840), II, 466. Oct. 24, 1822.
10. *Despatches*... *of Wellington*, I, 474–475. Oct. 31, 1822.
11. *Hansard*, XXX, 657–658. April 18, 1815; *Ibid.*, XXXI, 174. May 5, 1815. ベアリング家とラテン・アメリカの関係については，Jenks,

ためである」。E. Baines, *History of the Cotton Manufacture in Great Britain* (London, 1835), 308. ジョン・ブライトは，後年，ランカシャーのある祈禱会の逸話をよくしたものである。その祈禱会では，こんな祈りが捧げられたという。「主よ，我等に綿花を下され給え。けれども主よ，シューラトは願い下げにいたします」。このシューラトなるものは，スーラト産綿花のことに違いない。おそらく，南北戦争に関連した祈りであろう。G. M. Trevelyan, *The Life of John Bright* (Boston, 1913), 318 n.

64. T. P. Martin, *op. cit.*, 144. このせりふは，マックィーンのものである。
65. Debates… *on the East India Sugar Trade*, 19.
66. *Hansard, Third Series*, VII, 764. John Wood, Sept. 28, 1831.
67. *Ibid., Third Series*, XIX, 1165-1167. William Clay, July 24, 1833.
68. *Ibid., Third Series*, VII, 764. Sept. 28, 1831.
69. *Ibid., Third Series*, VIII, 362. Oct. 7, 1831.
70. *The Speeches of… Huskisson…*, III, 454. May 25, 1829.
71. *Hansard, Third Series*, XVIII, 589. June 11, 1833.
72. *Ibid., Third Series*, XVII, 75. William Ewart, April 3, 1833: *Ibid., Third Series*, LVIII, 101. Ewart, May 10, 1841.
73. *Ibid., Third Series*, LVI, 608. B. Hawes, Feb. 12, 1841.
74. *Ibid., Third Series*, LXXXVIII, 517. Aug. 10, 1846.
75. Ramsay, MS. Vol., f. 64. "An Address on the proposed bill for the Abolition of the Slave Trade."
76. Auckland Papers, Add. MSS. 34227, f. 123. Wilberforce to Eden, Nov. 23, 1787.
77. *Parl. Hist.*, XXIX, 270. April 18, 1791.
78. *Ibid.*, 322.
79. *Hansard*, VIII, 948-949. Feb. 23, 1807.
80. Proceedings of the Committee for Abolition of the Slave Trade, 1787-1819 (British Museum), Add. MSS. 21255, f. 100 (v). April 14, 1789.
81. J. Newton, *Thoughts upon the African Slave Trade* (Liverpool,

49. Buck, *op. cit.*, 31-32.
50. *Hansard, New Series*, XXIII, 180. March 11, 1830.
51. *The Speeches of... Huskisson...*, I, 115. Feb. 1826.
52. *Hansard, Third Series*, XIX, 793. July 17, 1833.
53. *Ibid., Third Series*, XVIII, 609-910. June 17, 1833.
54. *Ibid., Third Series*, XVI, 285. March 6, 1833.
55. *Ibid., Third Series*, XVIII, 910. June 17, 1833.
56. Eyre-Todd, *op. cit.*, III, 256, 263-264.
57. Donnan, *op. cit.*, II, 537 n, 564 n-565 n.
58. *Hansard, Third Series*, XVI, 291. March 6, 1833. やはりオズワルドと称する人物が，1846年，いっそう忌憚のないところを見せている。「かつて，われわれは奴隷のつくった木綿を着用し，奴隷のつくったコーヒーを飲み，奴隷のつくったタバコを喫っていたが，奴隷のつくった砂糖だけは使用しなかった。これは，いったいいかなる主義信念によるのか，奴隷にはどうしても理解できなかったことであろう……，こうした悪弊をあらためるには，どこか税関とは違う場所を探さなければならなかったのである」。*Hansard, Third Series*, LXXXVIII, 122. July 28, 1846. この人物が，本文で述べたオズワルド家の一員であったかどうか，知りたいところである。
59. Ragatz, *Statistics...*, 9 (Table IV).
60. *Report of the Proceedings of the Committee of Sugar Refiners*, 3, 8, 15.
61. *Ibid.*, 18 n.
62. Liverpool Papers, Add. MSS. 38227, 217. Chairman to Hawkesbury, Jan. 23, 1792: ff. 219-222. Chairman to Pitt, Jan. 12, 1792.
63. インド産綿花の輸出は，1816年に7,000,000ポンド，1817年に31,000,000ポンド，1818年に67,000,000ポンドであったが，1818年にはわずか4,000,000ポンドに激減した。合衆国の綿花輸出は，1816年に50,000,000ポンド，1822年には59,000,000ポンドであった。ブラジル産綿花は，1816年に20,000,000ポンド，1822年には24,000,000ポンドであった。Customs 5, Vols. 5, 6, 7, 11. インド産綿花は「イギリス市場においては最低とされた。生産および包装上に欠陥があった

25. Ashton, *op. cit.*, 223.

26. Langford, *op. cit.*, I, 436, 440.

27. *Ibid.*, I, 437.

28. Dent, *op. cit.*, 427.

29. *Ibid.*

30. N. B. Lewis, *The Abolitionist Movement in Sheffield, 1823-1833* (Manchester, 1934), 4-5.

31. Eng. MS., 743 (John Rylands Library). Auxiliary Society for the relief of Negro Slaves, f. 12. Jan. 9, 1827: f. 15. July 10, 1827. シェフィールド市民にたいする訴えは，小さな紙片に書かれている。日付はない。同じくジョン・リーランド図書館のボックスＶに収蔵されている。

32. Lewis, *op. cit.*, 6.

33. *Hansard, Third Series*, XIX, 1270. July 25, 1833.

34. *Ibid., Third Series*, XVI, 288. March 6, 1833: *Ibid., Third Series*, XVIII, 911. June 17, 1833.

35. *Ibid., Third Series*, LXXV, 446-447. June 10, 1844.

36. *Ibid., Third Series*, LXIII, 1174. June 3, 1842.

37. *Ibid.*, 1173.

38. *Ibid., Third Series*, LXX, 210. June 22, 1843.

39. J. Bright and J. T. Rogers (eds.), *Speeches on Questions of Public Policy by Richard Cobden, M. P.* (London, 1878), 91-92.

40. J. E. Ritchie, *The Life and Times of Viscount Palmerston* (London, 1866-1867), II, 743-744.

41. *Hansard, Third Series*, LXXVII, 1128. Feb. 24, 1845.

42. *Ibid., Third Series*, XCIX, 751-752. June 16, 1848.

43. Mackenzie-Grieve, *op. cit.*, 283.

44. *Hansard*, VI, 918. April 25, 1806.

45. *Ibid.*, VII, 612. Lord Howick, June 10, 1806.

46. *Ibid.*, VIII, 948, Lord Howick, Feb. 23, 1807.

47. Jackman, *op. cit.*, II, 515 n.

48. *Hansard*, VIII, 961-962. Feb. 23, 1807.

3. Coupland, *Wilberforce*, 422.
4. Bready, *op. cit.*, 302, 341.
5. Prentice, *op. cit.*, I, 3-4.
6. T. P. Martin, "Some International Aspects of the Anti-Slavery Movement, 1818-1823," *Journal of Economic and Business History* (Nov., 1928), 146.
7. *Hansard, Third Series*, XVI, 290. March 6, 1823.
8. Wadsworth and Mann, *op. cit.*, 288, 289.
9. Murch, *op. cit.*, 76.
10. Report of the Speeches at the Great Dinner in the Theatre, Manchester, to celebrate the election of Mark Philips, Esq. and the Rt. Hon. C. P. Thomson (John Rylands Library), 2, 8.
11. *Hansard, Third Series*, XXXIII, 472. April 29, 1836.
12. *Ibid., Third Series*, XLVIII, 1029. June 28, 1839.
13. *Ibid., Third Series*, C, 54. Milner Gibson, July 3, 1848.
14. *Ibid., Third Series*, LXXVII, 1053. Gibson, Feb. 24, 1845.
15. *Ibid., Third Series*, LVI, 605. Hawes, Feb. 12, 1841.
16. *Ibid., Third Series*, LXXVII, 1053. Gibson, Feb. 24, 1845; *Ibid., Third Series*, C, 54. Gibson, July 3, 1848.
17. *Ibid., Third Series*, LXXVII, 1144. Feb. 24, 1845: *Ibid., Third Series*, XCIX, 1428. June 30, 1848.
18. *Ibid., Third Series*, C, 324. Bentinck, July 10, 1848. これにブライトが引用されている。ベンティンクは，インド織物にたいする以前の保護措置の意義を強調した。
19. *Ibid., Third Series*, LXXVIII, 930. March 14, 1845.
20. *Ibid., Third Series*, LXXVI, 37. June 27, 1844.
21. *Ibid., Third Series*, XCIX, 1420. June 30, 1848.
22. *Ibid.*, 747. June 16, 1848.
23. Auckland Papers, Add. MSS. 34427, ff. 401-402 (v). Wilberforce to Eden, Jan., 1788.
24. J. A. Langford, *A Century of Birmingham Life: or a Chronicle of Local Events* (Birmingham, 1870), I, 434.

la Isla de Cuba (Madrid, 1862), I, 59; *Anuario Azucarero de Cuba* (Habana, 1940), 59. 14,500 トンから 620,000 トンに増加。

113. Customs, 5, Vols. 6, 20 and 21. ブラジル産糖輸入高は 50,800 ハンドレッドウェイトから 362,600 ハンドレッドウェイトに，キューバ産糖輸入高は 35,500 ハンドレッドウェイトから 210,800 ハンドレッドウェイトに伸びた。

114. Pitman, *The Settlement... of British West India Plantations...*, 262.

115. Pezuela, *op. cit.*, I, 59. もう一つ「超大」プランテーションを挙げておく。アラバ・プランテーションは，面積 4,933 エーカー，使用する奴隷 600 人，砂糖年産高は 3,570 トンであった。*Ibid.*

116. *Hansard, Third Series*, LXX, 212, Cobden, June 22, 1843.

117. *Ibid., Third Series*, LVII, 610. Ellenborough, March 26, 1841.

118. *Ibid., Third Series*, II, 790. Poulett Thomson, Feb. 21, 1831.

119. *Statements, Calculations and Explanations submitted to the Board of Trade relative to the Commercial, Financial and Political State of the British West India Colonies, since the 19th of May, 1830* (*H. of C. Sess. Pap., Accounts and Papers*, 1830-1831, IX, No. 120), 58. ハンブルグの輸入高は 68,798 箱から 75,441 箱に増加。プロイセンの輸入高は 207,801 箱から 415,134 箱に伸び，ロシアのキューバ産糖輸入高は 616,542 プード（36 ポンド）から 935,395 プードに，同じくブラジル産糖輸入高は，331,584 プードから 415,287 プードに上昇。

120. *Hansard, Third Series*, XVII, 1209, 1211-1212. May 14, 1833.

121. Burn, *op. cit.*, 367 n.

122. C.O. 295/93, n.d. 議会の請願状は，グラント総督の 1832 年 8 月 29 日付緊急公文書に同封された。

第 9 章

1. H. Richard, *Memoirs of Joseph Sturge* (London, 1864), 84. Cropper to Sturge, Oct. 14, 1825.

2. Auckland Papers (British Museum), Add. MSS. 34427, ff. 401-402 (v). Wilberforce to Eden, Jan. 1788.

98. Chatham Papers, G.D. 8/334. Miscellaneous Papers relating to France, 1784-1795. James Chalmers to Pitt, Dec. 24, 1792.

99. Eden, *op. cit.*, 18.

100. Ragatz, *The Fall of the Planter Class...*, 308.

101. *H. of C. Sess. Pap. Report on the Commercial State of the West India Colonies, 1807, 4-6; Hansard*, IX, 98. Hibbert, March 12, 1807.

102. *Hansard*, VIII, 238-239. Dec. 30, 1806.

103. *Ibid.*, 985. Hibbert, Feb. 23, 1807. 1807年から1833年まで，主人のお供をする「召使い」の風を装って旧植民地から新植民地へ密航するという特殊な移住形態がみられた。この事実は，新植民地における奴隷の欠乏ということから説明される。次の拙稿を参照されたい。"The Intercolonial Slave Trade after its Abolition in 1807," *Journal of Negro History* (April, 1942).

104. *Hansard*, II, 652. June 13, 1804. それにたいし，シェフィールド卿は，それは背信というものである，と答えた。*Ibid.*, VII, 235. May 16, 1806.

105. *Ibid.*, VIII, 658-659. Feb. 5, 1807.

106. *Ibid.*, IX, 101. March 12, 1807.

107. Merivale, *op. cit.*, 303, 313-317.

108. Ragatz, *Statistics...*, 20 (Table XVII).

109. *Ibid.*, 20 (Tables XVII, XIX and XX). アンティグアは，それぞれ162,573ハンドレッドウェイトおよび115,932ハンドレッドウェイト。モーリシアスは，それぞれ155,247ハンドレッドウェイトおよび524,017ハンドレッドウェイト。

110. *Ibid.*, 20 (Table XIX and XXI). 4,000ハンドレッドウェイトから111,000ハンドレッドウェイトに伸びたのである。

111. Customs 5 (Public Record Office), Vols. 16 and 22. シンガポールについては5,000ハンドレッドウェイトから33,000ハンドレッドウェイトに，フィリピンについては8,800ハンドレッドウェイトから32,500ハンドレッドウェイトに，ジャワについては950ハンドレッドウェイトから21,700ハンドレッドウェイトに増加した。

112. J. de la Pezuela, *Diccionario Geográfico, Estadístico, Histórico de*

hiers de la Révolution Française, No.3, Bordeaux, 1935), 25, 39.

87. J. Ramsay, *An Inquiry into the Effects of Putting a Stop to the African Slave Trade* (London, 1784), 24.

88. Chatham Papers, G. D. 8/349. West Indian Islands, Papers relating to Jamaica and St. Domingo. 同島は，1791年10月29日，島議会議長ドゥ・カデュゼーの手により引き渡された。この引渡しは，「公式」のものとはなしえないため，通常ならば明白なる反逆罪を構成するものであるけれども，この場合，万やむをえざる事情あるゆえに許される，とカデュゼーは述べ，ピットにたいし，その政策ならびに人道主義のたてまえからも「総意の表現」を受けいれるよう懇願した。同島の帰順は，イギリスにとって予想外のことではなかった。1791年5月13日，パリ駐在英大使は，フランスの植民者が「すすんでイギリスの腕の中にとびこむ」ことを語っている事実を報告している。F.O. 27/36. (Public Record Office). Gower to Grenville.

89. F.O. 27/40. De Curt to Hawkesbury, Dec. 18, 1792. ドゥ・キュールは，いかなる点からみても一個の英国人として処遇されることを希望し，後に，「人道ならびにイギリスへの忠誠の名において」保護を公式に要請した。Liverpool Papers, Add. MSS. 38228, f. 197. Jan. 3, 1793.

90. *Parl. Hist.*, XXXII, 752. Dundas, Feb. 18, 1796.

91. J. M. Fortescue, *A History of the British Army* (London, 1899-1930), IV, Part I, 325.

92. *Ibid.*, 565.

93. Wilberforce, *Life of Wilberforce*, I, 341.

94. *Ibid.*, II, 147, 286; A. M. Wilberforce, *The Private Papers of William Wilberforce* (London, 1897), 31. Pitt to Wilberforce, May 31, 1802.

95. Klingberg, *op. cit.*, 116, quoting Lecky.

96. Wilberforce, *Life of Wilberforce*, II, 225. Stephen to Wilberforce, July, 1797.

97. Liverpool Papers, Add. MSS. 38227, f. 5. Aug. 7, 1791. 筆者不詳。ジャマイカからブリックウッド氏なる人物に宛てたものである。

「この計画につき熟慮を重ねれば重ねるほど，できるかぎり敏速かつ適切にことを処する必要が痛感され，焦慮に駆られるのであります」。ピットは，「一切の基礎たる人道および正義の原則」を枉《ま》げて奴隷貿易の一時的停止をはかることには反対した。*The Journal and Correspondence of William, Lord Auckland* (London, 1861), I, 304. Pitt to Eden, Jan. 7, 1788. フランスにおける新たな状況（1788年）から何らかのよい結果が期待できるとすれば，それは「奴隷貿易にかんする問題が解決の方向に」一歩進むということであろう。ピットは，そう考えた。*The Manuscripts of J. B. Fortescue Esq. Preserved at Dropmore* (Historical Manuscripts Commission, London, 1892-1927), I, 353. Pitt to Grenville, Aug. 29, 1788.

80. Ragatz, *The Fall of the Planter Class...*, 213-214.
81. Liverpool Papers, Add. MSS. 38409, ff. 151, 155. 1789年に書かれたものと推定される。
82. *Ibid.*, ff. 147-148.
83. *Ibid.*, Add. MSS. 38349, f. 393. 1791年以降に書かれたものと推定される。
84. *Correspondence, Despatches and other Papers of Viscount Castlereagh* (London, 1848-1853), XI, 41. Liverpool to Castlereagh, Oct. 2, 1815. 次のものも参照されたい。Liverpool Papers, Add. MSS. 38578, f. 28. Liverpool to Castlereagh, Nov. 20, 1818. ある奴隷所有主の口から出たものとして，この一句は面白い。
85. 次のものを参照。Liverpool Papers, Add. MSS. 38224, f. 118. 1789年5月7日，パリ駐在英大使ドーセット卿は，ホークスベリ卿にこう報告している。イギリスの人道主義はよく人の口の端にのぼり，賞めそやされるけれども，それは「我々をおだてて上機嫌にさせ，おとなしくさせようとの底意に発しているようである。」オランダからジェームス・ハリスは書き送った。オランダ商人は，人道主義の原則にはたいして心を動かされないようであり，その関心を喚起するのは困難であろうと。*The Manuscripts of J. B. Fortescue...*, III, 442-443. Harris to Grenville, Jan. 4, 1788.
86. Gaston-Martin, *La Doctrine Coloniale de la France en 1789* (Ca-

62. Merivale, *op. cit.*, 78.

63. *Hansard*, XXXIV, 1192. Barham, June 19, 1816.

64. *Addresses and Memorials to his Majesty from the House of Assembly at Jamaica, voted in the years 1821 to 1826, inclusive, and which have been presented to His Majesty by the Island Agent* (London, 1828), 22.

65. *Hansard, Third Series*, XCIX, 872. Seymer, June 19, 1848.

66. *Ibid., Third Series*, XCVI, 75. Robinson, Feb. 3, 1848.

67. *Ibid., Third Series*, LXIII, 1218-1219. June 3, 1842.

68. *Ibid., Third Series*, LXXV, 462. June 10, 1844.

69. *Ibid., Third Series*, LXXXVIII, 164. July 28, 1846.

70. E. L. Woodward, *The Age of Reform, 1815-1870* (Oxford, 1938), 351. モレルは，これをディズレーリの「かの有名なる軽率さ」として説明している（*op. cit.*, 519)。これが，なぜ，軽率とされなければならないか，いっこうに明らかでない。「赤字の相続物件」というのは，植民地相テーラーの言葉である。Bell and Morrell, *op. cit.*, Introduction, p. xxvi.

71. J. Morley, *The Life of William Ewart Gladstone* (London, 1912), I, 268.

72. Penson, *op. cit.*, 209.

73. Chatham Papers, G.D. 8/352. West India Planters and Merchants, Resolutions, May 19, 1791.

74. *Calendar of State Papers, Colonial Series*, XIII, 719. Petition of Jamaica Merchants, Oct. 11, 1692.

75. A. M. Arnould, *De la Balance du Commerce et des Relations Commerciales Extérieures de la France, dans Toutes les Parties du Globe, particulièrement à la fin du Règne de Louis XIV, et au Moment de la Révolution* (Paris, 1791), I, 263, 326-328.

76. *Hansard*, IX, 90-91. Hibbert, March 12, 1807.

77. *Parl. Hist.*, XXIX, 1147. April 2, 1792.

78. Ragatz, *The Fall of the Planter Class...*, 211.

79. Chatham Papers, G.D. 8/102. Pitt to Eden, Dec. 7, 1787 を参照。

41. Merivale, *op. cit.*, 84.

42. *Hansard, Third Series*, III, 537. Mr. Fitzgerald, March 18, 1831; *Ibid., Third Series*, XVIII, 111, Henry Goulburn, May 30, 1833.

43. *Ibid., New Series*, IV, 947. Marryat, Feb. 28, 1821.

44. *Ibid., Third Series*, C, 356. Bentinck, July 10, 1848.

45. *Ibid., Third Series*, LXXV, 213. Stewart, June 3, 1844; *Ibid., Third Series*, XCIC, 1094. Miles, June 23, 1848.

46. *Ibid., Third Series*, LVI, 616. Viscount Sandon, Feb. 12, 1841.

47. *Ibid., Third Series*, XCIX, 1098. Miles, June 23, 1848; *Ibid.*, 1466. Nugent, June 30, 1848. 契約期間が満了すれば，アフリカ人は帰国する。こうして，アフリカに文明を持ちこむことになろう，とかれらは論じた。*Ibid., Third Series*, LXXXVIII, 91. Hogg, July 27, 1846. 囚人労働にたいする要求については，下記を参照。*Ibid., Third Series*, LXXV, 1214. Mr. James, June 21, 1844.

48. *Ibid., Third Series*, LXXVII, 1269. Feb. 26, 1845.

49. *Ibid., Third Series*, CXI, 581. May 31, 1850.

50. *Ibid., Third Series*, LXXV, 198. June 3, 1844.

51. *Ibid., Third Series*, CXV, 1440. April 10, 1851.

52. *Ibid.*, 1443.

53. *The Political Writings of Richard Cobden* (London, 1878). 12, 14.

54. *Ibid.*, 257. コブデンは，アメリカ合衆国がキューバを押えることについては異議がなかった。*Hansard, Third Series*, CXXXII, 429-430. April 4, 1854.

55. *Hansard, Third Series*, CVI, 942, 951-952, 958. June 26, 1849; *Ibid., Third Series*, C, 825. July 25, 1848.

56. *Ibid., Third Series*, C, 831, 834, 849. July 25, 1848.

57. *Ibid., New Series*, XXII, 855. Feb. 23, 1830.

58. *Ibid., Third Series*, XI, 834. March 23, 1832.

59. *Ibid., Third Series.*, XCIX, 875. June 19, 1848.

60. W. P. Morrell, *British Colonial Policy in the Age of Peel and Russell* (Oxford, 1930), 286.

61. Bell and Morrell, *op. cit.*, Introduction, pp. xiii, xxiv.

23. *Ibid.*, 205.
24. J. B. Seely, *A Few Hints to the West Indians on their Present Claims to Exclusive Favour and Protection at the Expense of the East India Interests* (London, 1823), 89.
25. *The Speeches of... Huskisson...*, II, 198. May 22, 1823.
26. *Ibid.*, III, 146. May 15, 1827.
27. *Hansard, Third Series*, LVII, 920. Villiers, April 5, 1841.
28. *Ibid.*, 162–163. Labouchere, March 12, 1841.
29. *Ibid., Third Series*, LXXVII, 1056. Milner Gibson, Feb. 24, 1845.
30. *Ibid., Third Series*, LVII, 920. Villiers, April 5, 1841.
31. *Ibid., Third Series*, LXXVII, 1078. Feb. 24, 1845.
32. P. Guedalla, *Gladstone and Palmerston* (London, 1928), 30.
33. *Hansard, Third Series*, CXI, 592. May 31, 1850.
34. *Ibid., Third Series*, XCVI, 123. Feb. 4, 1848.
35. *Ibid., Third Series*, CXXIV, 1036. March 3, 1853.
36. Pitman, *The Settlement... of British West India Plantations...*, 282–283.
37. Penson, *op. cit.*, 208.
38. T. Fletcher, *Letters in Vindication of the Rights of the British West India Colonies* (Liverpool, 1822), 27; Anonymous, *Memorandum on the Relative Importance of the West and East Indies to Great Britain* (London, 1823), 30; C.O. 137/140. Report from a Committee of the Honourable House of Assembly, appointed to inquire into various matters relative to the state of Commerce and agriculture of the island; the probable effects thereon of opening the trade to the East Indies; and the operation of the present maximum on the exportation of sugar. Jamaica, 1813.
39. C.O. 137/140. Report from a Committee of the Honourable House of Assembly..., Jamaica, 1813.
40. K. Bell and W. P. Morrell, *Select Documents on British Colonial Policy, 1830–1860* (Oxford, 1928), 414. Russell to Light, Feb. 15, 1840.

3. Liverpool Papers, Add. Mss. 38295, f. 102. An anonymouse correspondent to Lord Bexley, July, 1823.
4. C.O. 137/166. Hibbert to Horton, April 2, 1827.
5. *Hansard, New Series*, XIV, 1164. Lord Dudley and Ward, March 7, 1826.
6. *Ibid., Third Series*, III, 354. Mr. Robinson, March 11, 1831.
7. Bready, *op. cit.*, 308.
8. ボウリング博士の言葉である。日時については，確かめることができなかった。
9. Prentice, *op. cit.*, I, 75.
10. *The Right in the West India Merchants...*, 17, 18-19, 26-27, 50-51, 53, 74-75.
11. *Hansard, New Series*, VIII, 339. Petition of Merchants, shipowners, etc., concerned in the trade to the East Indies, March 3, 1823.
12. *Report or a Committee of the Liverpool East India Association, appointed to take into consideration the restrictions of the East India Trade* (Liverpool, 1822), 21-22.
13. Z. Macaulay, *East and West India Sugar; of a Refutation of the Claims of the West India Colonists to a Protecting Duty on East India Sugar* (London, 1823), 37.
14. *Debates at the General Court of Proprietors of East India Stock on the 19th and 21st March 1823 on the East India Sugar Trade* (London, 1823), 12. Mr. Tucker.
15. *Ibid.*, 40-41.
16. *Cambridge Modern History* (Cambridge, 1934), X, 771-772.
17. *Hansard, New Series*, I, 424-425, 429. May 16, 1820.
18. *Ibid.*, XXII, 111, 118. March 23, 1812. *Cambridge Modern History*, X, 771 にはピットにたいする讃辞がみられる。
19. W. Naish, *Reasons for using East India Sugar* (London, 1828), 12.
20. *Hansard, Third Series*, LXXV, 438. Mr. Villiers, June 10, 1844.
21. *Ibid.*, 444.
22. Merivale, *op. cit.*, 225.

49. *The Cambridge History of British Foreign Policy* (Cambridge, 1923), II, 74. Canning to Granville, Dec, 17, 1824.

50. Customs 8, Vols. 14 and 35. 1821 年度は 2,114,329 ポンド。1832 年度は 5,298,596 ポンド。

51. *Ibid.* 1821 年度は 3,239,894 ポンド。1832 年度は 9,452,822 ポンド。

52. Jenks, *op. cit.*, 47.

53. Customs 8, Vols. 14 and 35. 1821 年度は 43,113,855 ポンド。1832 年度は 65,025,278 ポンド。

54. *Ibid.* 1821 年度は 19,082,693 ポンド。1832 年度は 29,908,964 ポンド。

55. *Ibid.* 1821 年度は 3,639,746 ポンド。1832 年度は 6,377,507 ポンド。

56. *Ibid.* 英領西インド諸島への輸出は，1821 年度には 4,704,610 ポンド。1832 年度には 3,813,821 ポンド。ジャマイカへの輸出は，1821 年度には 3,214,364 ポンド。1832 年度には 2,022,435 ポンド。

57. W. L. Burn, *Emancipation and Apprenticeship in the British West Indies* (London, 1937), 52.

58. *Hansard, Third Series*, LXXVII, 1062. Milner Gibson, Feb. 24, 1845.

59. Merivale, *op. cit.*, 203.

60. Burn, *op. cit.*, 73. バーンは，西インド諸島が地獄であったということを否定した。

61. W. L. Mathieson, *British Slavery and its Abolition, 1823-1838* (London, 1926), 222.

62. A. Prentice, *History of the Anti-Corn Law League* (London, 1853), I, 5.

63. E. Halévy, *A History of the English People, 1830-1841* (London, 1927), 42-43, 47, 56-58.

64. F. M. Eden, *Eight Letters on the Peace; and on the Commerce and Manufactures of Great Britain* (London, 1802), 129.

65. *Cambridge History of the British Empire*, II, 239.

第 8 章

1. Merivale, *op. cit.*, 238-239.

2. *Ibid.*, 93.

うえに必須の文章である。

28. Clapham, *op. cit.*, 431; F. Engels, *The Condition of the Working Class in England in 1844* (London, 1936 edition), 13. 炭坑数は 40 から 76 に伸びた。

29. Scrivenor, *op. cit.*, 297.

30. Redford, *op. cit.*, 41-42.

31. Clapham, *op. cit.*, 152, 154; A. P. Usher, *A History of Mechanical Inventions* (New York, 1929), 332.

32. Clapham, *op. cit.*, 189.

33. Scrivenor, *op. cit.*, 421. 輸出高を以下に挙げておく。1815 年度輸出高は 79,596 トン。そのうち，英領西インド諸島向けは 7,381 トン。合衆国向けは 21,501 トン。1833 年度輸出高は 179,312 トン。そのうち，英領西インド諸島向けは 5,400 トン。合衆国向けは 62,253 トン。

34. Mantoux, *op. cit.*, 276.

35. Clapham, *op. cit.*, 144, 196; Buck, *op. cit.*, 163.

36. Engels, *op. cit.*, 9. 75,000 反から 490,000 反に伸びた。

37. Clapham, *op. cit.*, 243, 478.

38. James, *op. cit.*, 286; Mantoux, *op. cit.*, 106 n; Clapham, *op. cit.*, 249. 綿製品の 1830 年度輸出額は 31,810,474 ポンドであった。Buck, *op. cit.*, 166.

39. Mantoux, *op. cit.*, 369; Engles, *op. cit.*, 9.

40. Merivale, *op. cit.*, 120.

41. *Cambridge History of the British Empire*, II, 131.

42. Merivale, *op. cit.*, 121.

43. Redford, *op. cit.*, 45.

44. L. H. Jenks, *The Migration of British Capital to 1875* (London, 1927), 64.

45. *Hansard, New Series*, XV, 385. Lord Redesdale, April 19, 1825.

46. Janks, *op. cit.*, 67.

47. Customs 8 (Public Record Office), Vols. 14 and 35. 輸出額は，1821 年度は 6,422,304 ポンド，1832 年度は 7,017,048 ポンドである。

48. Jenks, *op. cit.*, 75-76.

5. Clapham, *op. cit.*, 156.
6. Mantoux, *op. cit.*, 257.
7. Clapham, *op. cit.*, 184-185, 196.
8. Lord, *op. cit.*, 174.
9. A. Redford, *The Economic History of England, 1760-1860* (London, 1931), 22.
10. Mantoux, *op. cit.*, 258.
11. N. S. Buck, *The Development of the Organization of Anglo-American Trade, 1800-1850* (New Haven, 1925), 166.
12. *Ibid.*, 164.
13. Wheeler, *op. cit.*, 175.
14. Butterworth, *op. cit.*, 112.
15. Buck, *op. cit.*, 169.
16. Mantoux, *op. cit.*, 368. 引用の一句はアーサー・ヤングのものである。
17. *Ibid.*, 367-368
18. Jackman, *op. cit.*, II, 514 n. 27,246 人から 163,888 人に増加。
19. Butterworth, *op. cit.*, 37.
20. Mantoux, *op. cit.*, 258.
21. C. H. Timperley, *Annals of Manchester; Biographical, Ecclesiastical, and Commercial, from the earliest period to the close of the year 1839* (Manchester, 1839), 89.
22. Buck, *op. cit.*, 36 n.
23. Scrivenor, *op. cit.*, 87 (1788 年には 68,300 トン); Clapham, *op. cit.*, 149 (1830 年には 650, 000-700, 000 トン).
24. Scrivenor, *op. cit.*, 87 (1788 年には 85 基); Clapham, *op. cit.*, 149 (1830 年には 250-300 基).
25. Scrivenor, *op. cit.*, 123-124, 293-294.
26. Clapham, *op. cit.*, 240.
27. *Cambridge History of the British Empire*, II, 223. J. H. Clapham による "The Industrial Revolution and the Colonies, 1783-1822" については全文を読まれたい。西インド諸島独占の崩壊を正しく認識する

社総裁に宛てたものであろう。「たまたま思いついたことでありますが，債権者が会社にたいし支払期日の任意の延引を認めるということを公表するならば，会社の今後に寄与するところ，はなはだ大なるものがあります。債権者側もその気になっているように，私は聞いております。今，債権者が打って一丸となり，その意志を公式に宣言するならば，いっそう効果がありましょう。そのために債権者の公式会議を招集すること，それを希望したい。絶対に成功する見込みのないかぎり，こうした手段に訴えることは，もとより慎むべきでありますが，あえて御賢慮を乞う次第であります。もっとも，これが私の意向に出たものであることはお伏せ頂きたい。差し出がましく，あれこれと申し上げましたが，よろしく御寛恕《ごかんじょ》のほど願い上げます」。

94. R. Coupland, *Wilberforce* (Oxford, 1923), 93.
95. Sugar: Various MSS.（筆者の所有するもの）Adamson to Ferguson, March 25, 1787.
96. *East India Sugar, Papers respecting the Culture and Manufacture of Sugar in British India* (London, 1822), Appendix I, p. 3.
97. Clarkson, *Essay on the Impolicy*..., 34.
98. Pitkin, *op. cit.*, 30, 200-201. ピツキンの挙示している数字は，1784-1790年の分についてはポンド，1792-1801年の分についてはドルで表わされている。本文に示した比率は，ピツキンに掲載されている表に基づき算出した。ポンドからドルへ換算するよりも，貿易の伸び率を示すほうがより適当であると考えた。
99. Merivale, *op. cit.*, 230.
100. Anonymous, *The Speeches of the Right Honourable William Huskisson with a Biographical Memoir* (London, 1831), II, 312. March 21, 1825.

第7章

1. *Parl. Hist.*, XXIII, 1026-1027. June 17, 1783.
2. Mantoux, *op. cit.*, 340.
3. Clapham, *op. cit.*, Chap. V.
4. Lord, *op. cit.*, 176.

ークスベリ卿は，「自由港たるの利得は大との期待から，我が西インド諸島の港湾都市はすべて，例外なくかかる申請を行なうのではあるまいかと懸念」したほどである。Liverpool Papers, Add. MSS. 38228, f. 324. Feb. 1793. 1784年2月20日，総督オードは，ドミニカからこう報告した。「自由港法の成立に寄せる本島民の期待にはただならぬものがあります」。B. T. 6/103 (Public Record Office).

81. W. H. Elkins, *British Policy in its Relation to the Commerce and Navigation of the U.S.A., 1794-1807* (Oxford University D.Phil. Thesis, c.1935), 96. 本学位論文を指導されたヴィンセント・ハーロー博士の御好意により，筆者はこれを披見することができた。

82. Innis, *op. cit.*, 221, 251.

83. T. Pitkin, *A Statistical View of the Commerce of the United States* (Hartford, 1817), 167.

84. *Report of the Committee of Privy Council, 1788*, Part V, Question 1. Evidence of Messrs. Fuller, Long and Chisholme of Jamaica.

85. Pitman, *The Settlement... of British West India Plantations...*, 276.

86. *Report of the Committee of Privy Council, 1788.* 注84以下を参照。

87. Pitman, *The Settlement... of British West India Plantations...*, 280.

88. *Parl. Hist.*, XXIX, 260. Wilberforce, April 18, 1791.

89. Klingberg, *op. cit.*, 13-14, 103; H. Brougham, *An Inquiry into the colonial Policy of the European Powers* (Edinburgh, 1803), I, 522.

90. Chatham Papers (Public Record Office), G.D. 8/349. West Indian Islands, Papers relating to Jamaica (1783-1804) and St. Domingo (1788-1800). この個所は，次のものから抜いたものである。"Considerations on the State of St. Domingo," by Hilliard d'Auberteuil, 303.

91. *Report of the Committee of Privy Council, 1788*, Part V. 注84以下を参照。

92. Brougham, *op. cit.*, I, 539-540.

93. Chatham Papers, G.D. 8/102, には，次のような1783年11月25日付の興味深いピットの書簡がふくまれている。おそらく，東インド会

58. Donnan, *op. cit.*, III, 203–205. Jan. 24, 1764.
59. W. S. McClellan, *Smuggling in the American Colonies at the Outbreak of the Revolution* (New York, 1912), 37.
60. Wood, *op. cit.*, 136–141.
61. Stock, *op. cit.*, IV, 143. Feb. 23, 1731.
62. *Ibid.*, IV, 125. Jan. 28, 1731.
63. *Ibid.*, IV, 185. Feb. 21, 1732.
64. *Ibid.*, IV, 139. Feb. 23, 1731.
65. E. Donnan, "Eighteenth Century English Merchants, Micajah Perry," *Journal of Economic and Business History* (Nov., 1931), 96. Perry to Cadwallader Colden of New York.
66. Pitman, *Development of the British West Indies*, 272.
67. C. W. Taussig, *Rum, Romance and Rebellion* (New York, 1928), 39.
68. Stock, *op. cit.*, V, 477. April 16, 1751.
69. Callender, *op. cit.*, 133.
70. Innis, *op. cit.*, 212.
71. Arthur Young, *Annals of Agriculture* (London), IX, 1788, 95–96; X, 1788, 335–362.「西インド諸島の農業」"West Indian Agriculture," については全文を参照されたい。
72. Whitson, *op. cit.*, 77–78.
73. MacInnes, *op. cit.*, 295.
74. Edwards, *op. cit.*, II, 515.
75. Whitson, *op. cit.*, 86.
76. Ragatz, *Fall of the Planter Class...*, 174.
77. G. Chalmers, *Opinions on Interesting Subjects of Public Law and Commercial Policy; arising from American Independence* (London, 1784), 60.
78. Ragatz, *Fall of the Planter Class...*, 176.
79. C. P. Nettels, *The Roots of American Civilization* (New York, 1939), 655.
80. 自由港開設にかんする島嶼の請願は頻繁に行なわれた。ために，ホ

	イギリスの輸入	イギリスの輸出
カナダ	448,563ポンド	2,383,679ポンド
フロリダ	79,993ポンド	375,068ポンド

グレナダおよびドミニカについては，前出の本書第三章，注16を参照されたい。

37. Pares, *op. cit.*, 219.
38. Almon, *op. cit.*, III, 225.
39. Pares, *op. cit.*, 224.
40. Stock, *op. cit.*, V, 461. March 7, 1750.
41. Whitson, *op. cit.*, 73.
42. Stock, *op. cit.*, V. 537 n.
43. Anonymous, *The Importance of the Sugar Colonies to Great Britain Stated* (London, 1731), 7.
44. Stock, *op. cit.*, IV, 136. Thomas Winnington, Feb. 23, 1731.
45. *Ibid.*, V, 462.
46. Postlethwayt, *Universal Dictionary*..., I, 871-872, II, 769; Postlethwayt, *Great Britain's Commercial Interest*..., I, 482, 485, 489-490, 493.
47. Almon, *op. cit.*, III, 16. Circular Letter to the Governors of North America, Aug. 23, 1760.
48. Stock, *op. cit.*, V, 478. April 16, 1751.
49. Anonymous, *A Letter to a Noble Peer, relating to the Bill in favour of the Sugar-Planters* (London, 1733), 18.
50. Whitson, *op. cit.*, 76.
51. A. M. Schlesinger, *The Colonial Merchants and the American Revolution, 1763-1776* (New York, 1918), 42-43.
52. *Some Considerations Humbly offer'd*..., 11.
53. *A Letter to a Noble Peer*..., 20.
54. Whitson, *op. cit.*, 70.
55. Stock, *op. cit.*, V, 477. April 16, 1751.
56. *Ibid.*, IV, 161 n, 162 n, 163 n.
57. *Ibid.*, V, 482. April 19, 1751.

ing New England," Oct. 17, 1678.

23. Stock, *op. cit.*, II, 269. Jan. 27, 1698.

24. A. M. Whitson, "The Outlook of the Continental American Colonies on the British West Indies, 1760-1775," *Political Science Quarterly* (March, 1930), 61-63.

25. Innis, *op. cit.*, 134-135.

26. *Calendar of State Papers, Colonial Series*, V, 167. Renatus Enys to Secretary Bennet, Nov. I, 1663:「植民地の不倶戴天の仇は，バルバドスのお偉方である……この連中は，事あるごとに本島を虚《こ》仮《け》にする挙に出る」。

27. *Ibid.*, XI, 431. Governor Lynch to Governor Stapleton of the Leeward Islands, May 16, 1683.

28. *Parl. Hest.*, XVII, 482-485. April 29, 1772. この問題は，次の著述において検討されている。C. Wilson, *Anglo-Dutch Commerce and Finance in the Eighteenth Century* (Cambridge, 1941), 182-183.

29. Pares, *op. cit.*, 220.

30. *Calendar of State Papers, Colonial Series*, V, 167. Governor Willoughby, Nov. 4, 1663.

31. Pitman, *Development of the British West Indies*, 70-71; Stock, *op. cit.*, IV, 97.

32. Bennett, *op. cit.*, 22-25.

33. Postlethwayt, *Great Britain's Commercial Interest...*, I, 494; Postlethwayt, *Universal Dictionary...*, I, 869; *An Account of the late application...* from the Sugar Refiners, 4; Stock, *op. cit.*, IV, 101.

34. Pares, *op. cit.*, 180.

35. J. Almon, *Anecdotes of the Life of the Right Honourable William Pitt, Earl of Chatham, and of the principal events of his time* (London, 1797), III, 222, 225. 引用は，当時のパンフレット，*Letter from a Gentlemen in Guadeloupe to his Friend in London* (1760) による。これはアルモンにより復刻された。

36. Whitworth, *State of the Trade of Great Britain...*, Part II, pp. 85-86. カナダおよびフロリダとの貿易額を次に示す。

第6章

1. Johnson, *op. cit.*, I, 118-119. 以上の数値は，所収の輸出一覧表に基づき算出した。
2. Pitman, *Development of the British West Indies*, Preface, p. vii.
3. *Calendar of State Papers, Colonial Series*, V, 382. Governor Willoughby, May 12, 1666; *Ibid.*, V, 414. John Reid to Secretary Arlington, 1666（？）
4. Postlethwayt, *Universal Dictionary...*, II, 767.
5. Callender, *op. cit.*, 96, quoting *American Husbandry* (1775).
6. *Ibid.*, 96.
7. *Cambridge History of the British Empire*, I, 572.
8. Andrews, *The Colonial Period...*, I, 72.
9. *Cambridge History of the British Empire*, I, 564.
10. Andrews, *The Colonial Period...*, I, 497-499.
11. *Calendar of State Papers, Colonial Series*, I, 429-430. Sept. 26, 1655. 総督ウィンスロープは，神の「御旨に背くもの」として，この移住に反対した。R. C. Winthrop, *Life and Letters of John Winthrop* (Boston, 1864-1867), II, 248.
12. Whitworth, *Works of Davenant*, II, 9, 21, 22.
13. H. A. Innis, *The Cod Fisheries, the History of an International Economy* (New Haven, 1940), 78.
14. Stock, *op. cit.*, V, 259. William Beckford, Feb. 8, 1747.
15. Callender, *op. cit.*, 78.
16. P. W. Bidwell and J. I. Falconer, *History of Agriculture in the Northern United States, 1620-1820* (New York, 1941), 43.
17. Harlow, *A History of Barbados...*, 272.
18. *Ibid.*, 268.
19. Andrews, *The Colonial Period...*, IV, 347.
20. Harlow, *A History of Barbados...*, 287.
21. *Calendar of State Papers, Colonial Series*, VII, 4. John Style to Secretary Morrice, Jan 14, 1669.
22. *Ibid.*, X, 297. "Narrative and Disposition of Capt. Breedon concern-

21. Huskisson Papers, Add. MSS. 38745, ff. 182-183. Huskisson to Sandars, Jan. 22, 1824. これは，サンダーズの脱退に同意したものである。なお，J. Francis, *A History of the English Railway; its Social Relations and Revelations, 1820-1845* (London, 1851), I, 93. を参照。

22. *Hansard*, VI, 919, を参照。ガスコインは，ナポレオン戦争期に奪取した新植民地にたいするイギリス奴隷貿易の禁止措置を信義を裏切るものとして，反対している。日付は，1806年4月25日である。グラッドストンについては，Francis, *op. cit.*, I, 123; F. S. Williams, *Our Iron Roads: their history, construction, and social influences* (London, 1852), 323-324, 337 を参照。モスについては，Francis, *op. cit.*, I, 123; Hughes, *op. cit.*, 197-198. を見られたい。

23. V. Sommerfield, *English Railways, their beginnings, development and personalities* (London, 1937), 34-38; Latimer, *Annals of Bristol in the Nineteenth Century*, III, 189-190. 理事のうち3名は，西インド諸島との関係をもっており，資本金217,500ポンドのうち51,800ポンドを引き受けた。

24. Lord, *op. cit.*, 166.

25. Scrivenor, *op. cit.*, 86-87. 1740年には溶鉱炉89基の生産高は17,350トン。1788年には溶鉱炉85基の生産高は68,300トン。

26. Wheeler, *op. cit.*, 148, 170. 輸入は，1,985,868ポンドから6,700,000ポンドへ，輸出は23,253英貨ポンドから355,060英貨ポンドに伸びた。

27. W. T. Jackman, *The Development of Transportation in Modern England* (Cambridge, 1916), II, 514 n. 19,837人から27,246人となる。

28. Butterworth, *op. cit.*, 57; Wheeler, *op. cit.*, 171. 20,000人から80,000人に増加。

29. Lord, *op. cit.*, 143.

30. Mantoux, *op. cit.*, 102-103.

31. Adam Smith, *op. cit.*, 549, 555, 558-559, 567, 573, 576, 579, 581, 595, 625-626.

32. *Ibid.*, 577.

6. C. W. Barclay, *A History of the Barclay Family* (London, 1924-1934), III, 235, 242-243, 246-247, 249; Gary, *op. cit.*, 194, 221, 455, 506; Bourne, *op. cit.*, II, 134-135; Botsford, *op. cit.*, 120-121, 295. ロンドンの著名銀行のうち，なお奴隷貿易と関係をもっていたものとしてはベアリング銀行がある。Gary, *op. cit.*, 506.
7. Eyre-Todd, *op. cit.*, III, 151, 218-220, 245, 372; J. Buchanan, *Banking in Glasgow during the olden time* (Glasgow, 1862), 5-6, 17, 23-26, 30-34.
8. J. Lord, *Capital and Stream-Power, 1750-1850* (London, 1923), 113.
9. *Ibid.*, 192.
10. Liverpool Papers, Add. MSS. 38227, ff. 43, 50, 140, 141. Sept. 7 and 14, Nov. 15 and 17, 1791.
11. Namier, "Antony Bacon...," 25-27, 32, 39, 41, 43; Ashton, *op. cit.*, 52, 136, 241-242; J. H. Clapham, *An Economic History of Modern Britain, The Early Railway Age, 1820-1850* (Cambridge, 1930), 187-188.
12. Beaven, *op. cit.*, II, 131.
13. Ashton, *op. cit.*, 157.
14. F. Martin, *The History of Lloyd's and of Marine Insurance in Great Britain* (London, 1876), 62.
15. Wright and Fayle, *op. cit.*, 19, 91, 151, 212, 218-219, 243, 293, 327. ロイズと関係していた著名な人物としては，ベアリング，奴隷貿易廃止論者のリチャード・ソーントンおよびザカリー・マコーレーが挙げられる。*Ibid.*, 196-197.
16. *H. of C. Sess. Pap.*, 1837-38, Vol. 48. 正確には，15,095 ポンド 4 シル 4 ペンスであった (pp. 12, 165, 169)。
17. Clapham, *op. cit.*, 286.
18. Wright and Fayle, *op. cit.*, 240-241.
19. Callender, *op. cit.*, 78-79.
20. Dodd, *op. cit.*, 37, 91, 125, 204-208, 219. なお，次の研究書を見られたい。C. R. Fay, *Imperial Economy and its place in the formation of Economic Doctrine* (Oxford, 1934), 32.

フリカ協会幹事会にたいするカニングの辞表については次のものを参照されたい。*Ibid.*, Add. MSS. 38745, ff. 69-70. Oct. 26, 1823.

72. *Ibid.*, Add. MSS. 38752, ff. 26-27.

73. W. Smart, *Economic Annals of the Nineteenth Century* (London, 1910-1917), II, 545.

74. *The Right in the West India Merchants to a Double Monopoly of the Sugar-Market of Great Britain, and the Expedience of all Monopolies, examined* (London, n.d.), 59-60.

75. Stock, *op. cit.*, V, 261. Feb. 8, 1747.

76. Cundall, *The Governors of Jamaica in the Seventeenth Century*, 100.

77. *Parl. Hist.*, XIII, 641. Feb. 13, 1744.

78. *Ibid.*, 652, 655. Feb. 20, 1744.

79. Pares, *op. cit.*, 508-509.

80. Penson, *op. cit.*, 228.

第5章

1. Hughes, *op. cit.*, 56-57, 217.

2. *Ibid.*, 91-97, 101; Grindon, *op. cit.*, 42, 54, 79-82, 185-189; Botsford, *op. cit.*, 122; Bourne, *op. cit.*, II, 78-79; Donnan, *op. cit.*, II, 493, 656.

3. Hughes, *op. cit.*, 170-174. 1799年，レイランドは奴隷貿易船4隻を所有し，これにより，1,641人の奴隷を輸送した。Donnan, *op. cit.*, II, 646-649.

4. Hughes, *op. cit.*, 74-79, 84-85, 107-108, 111, 133, 138-141, 162, 165-166, 196-198, 220-221. アール家については，Botsford, *op. cit.*, 123; Bourne, *op. cit.*, II, 64を参照。1799年，アール家は奴隷貿易船3隻を所有し，奴隷969人を輸送した。1798年，イングラムの所有した奴隷船は3隻，運んだ奴隷は1,005人。1799年，ボルドの持ち船は2隻，運んだ奴隷は539人。Donnan, *op. cit.*, II, 642-649.

5. Latimer, *Annals of Bristol in the Eighteenth Century*, 297-298, 392, 468, 507; *Annals of Bristol in the Nineteenth Century*, 113, 494; Bourne, *op. cit.*, II, 18.

ーグであり，そのロンドンなまりのお喋りと，片言のきてれつなラテン語とは新聞のお笑い草となっていた」。*Ibid.* ホラース・ウォルポールにとって，この男は「騒々しい法螺吹きの馬鹿者」であった。*The Letters of Horace Walpole*, V, 248. Walpole to Earl of Stratford, July 9, 1770. ベックフォードのラテン語の素養については，かれの口にしたといわれる有名な "omnium meum mecum porto." がよくひき合いに出される。Beaven, *op. cit.*, II, 211. これは，話題といえば作物のことばかり，ドライデンがただの人にすぎない社会においてはかくもありなんと思われていた，というだけの話であろう。

65. *Guide to the Guildhall of the City of London* (London, 1927), 58-59.
66. Beaven, *op. cit.*, II, 139.
67. R. Pares, *War and Trade in the West Indies, 1739-1763* (Oxford, 1936), 509.
68. E. J. Stapleton (ed.), *Some Official Correspondence of George Canning* (London, 1887), I, 134. To Liverpool, Jan. 9, 1824.「これは，まことに恐るべき問題であります……縺《もつ》れに縺れておりまして，快刀乱麻を断つという風にはまいりません。また，断ってはならないのであります……道徳的真理と歴史的誤謬とを……混同することは，厳にこれを戒めなければならないのであります……当議会におきましては，新世界に代わって立法にあたるごとき態度は取り得ないのであります」。*Hansard, New Series*, IX, 275, 278, 282. May 15, 1833.
69. Despatches, *Correspondence and Memoranda of Field Marshal Arthur, Duke of Wellington* (London, 1867-1880), V, 603. Memorandum for Sir George Murray, May 16, 1829.
70. Huskisson Papers (British Museum), Add. MSS. 38745, ff. 182-183. To Joseph Sandars, Jan. 22, 1824. 次の資料もまた，参照されたい。*Ibid.*, f. 81:「リヴァプール代表たる商務大臣が，可及的速やかに脱退されるならば，少なからぬ反響を呼ぶものと私には思われます」。Huskisson to Canning on his membership in the Anti-Slavery Society, Nov. 2, 1823.
71. *Ibid.*, Add. MSS. 38752, f. 26. Huskisson to Horton, Nov. 7, 1827. ア

46. Enfield, *op. cit.*, 92.
47. C. De Thierry, "Colonials at Westminster," *United Empire* (Jan., 1912), 80.
48. Beaven, *op. cit.*, II, 139.
49. Reid and Hicks, *op. cit.*, 57.
50. *Fortunes made in Business*, II, 127, 129-131.
51. *Hansard, Third Series*, LXXVIII, 469. John Bright, March 7, 1845.
52. De Thierry, "Colonials at Westminster," 80.
53. *Hansard, Third Series*, XVIII, 111. May 30, 1833.
54. *H. of C. Sess. Pap.*, 1837-38, Vol. 48. 補償金は4,866ポンド19シル11ペンスだった（p. 19）.
55. Ragatz, *Fall of the Planter Class...*, 53.
56. De Thierry, "Colonials at Westminster," 80.
57. *Hansard, Third Series*, X, 1238. March 7, 1832.
58. *H. of C. Sess. Pap.*, 1837-38, Vol. 48. 支払われた金額は12,281ポンド5シル10ペンスである（pp. 24, 53）.
59. C.O. 137/100. Balcarres to Portland, Sept. 16, 1798.
60. Anonymous, *A Report of the Proceedings of the Committee of Sugar Refiners for the purpose of effecting a reduction in the high prices of sugar, by lowering the bounty of refined sugar exported, and correcting the evils of the West India monopoly* (London, 1792), 34.
61. Anonymous, *A Merchant to his Friend on the Continent: Letters Concerning the Slave Trade* (Liverpool, n.d.).「我国貿易一般の庇護者ならびに本書簡の主題とする貿易の保護者たる」ホークスベリー卿へ。
62. Liverpool Papers, Add. MSS. 38223, ff. 170, 175. Sept. 8 and 12, 1788.
63. *Ibid.*, Add. MSS. 38231, f. 59. Thomas Naylor, Mayor, to Hawkesbury, July 10, 1796; f. 60, Minutes of the Common Council, July 6, 1796; f. 64, Hawkesbury to Naylor, July 16, 1796.
64. Bourne, *op. cit.*, II, 135 n. マコーレーは，ベックフォードについてこう書いている。「財布を鼻の先にぶらさげた騒々しく無学なデマゴ

30. L. J. Ragatz, *The Fall of the Planter Class in the British Caribbean, 1763-1833* (New York, 1928), 51.

31. *Parl. Hist.*, XXXIV, 1102. Duke of Clarence, July 5, 1799.

32. Ragatz, *The Fall of the Planter Class...*, 50.

33. Botsford, *op. cit.*, 148; A. Ponsonby, *English Diaries* (London, 1923), 284.

34. MacInnes, *op. cit.*, 236.

35. Bready, *op. cit.*, 157.

36. G. W. Dasent, *Annals of an Eventful Life* (London, 1870), I, 9-10.

37. Sypher, *op. cit.*, 255.

38. L. B. Namier, *The Structure of Politics at the Accession of George III* (London, 1929), I, 210.

39. L. M. Penson, *The Colonial Agents of the British West Indies* (London, 1924), 185-187.

40. A. S. Turberville, *English Men and Manners in the Eighteenth Century* (Oxford, 1926), 134.

41. Lecky, *op. cit.*, I, 251, ボーリングブロークを引用している。

42. Cumberland, *op. cit.*, Act I, Scene V. 同じく，これを引用しているものとしては，Pitman, *The West Indian Absentee Planter...*, 124.

43. J. Latimer, *Annals of Bristol in the Nineteenth Century* (Bristol, 1887), 137-138.

44. *Recollections of Old Liverpool*, 76-82. これには，時流の変化が反映している。この西インド諸島人の相手候補，ウィリアム・エワートは西インド諸島奴隷制および独占を破壊するうえに重要な役割を演じた人物である。エワートの支持者のなかには，ブランカーおよびアールの名が見られる。この両名の奴隷制と奴隷貿易にたいする関係についてはすでに述べた。ジョン・ボルトンは，ガイアナに所有する奴隷289名にたいする補償金として15,391ポンド17シル11ペンスを取得した。*H. of C. Sess. Pap.*, 1837-38, Vol. 48 (p. 131). 1798年，ボルトン所有の船舶6隻はアフリカに航海し，2,534人の奴隷を輸送した。Donnan, *op. cit.*, II, 642-644.

45. Penson, *op. cit.*, 176.

City of London (London, 1908-1913), II, 203.

16. *H. of C. Sess. Pap.*, 1837-38, Vol. 48. 正確には31,121ポンド16シリングであった (pp. 20, 22, 46, 52, 67, 79)。

17. ヒバート・ジャーナル創刊号の表紙裏を見よ。ジャマイカ，キングストン，ジュークストリート所在の同家の邸宅は，1734年に同島にやって来たトマス・ヒバートにより建てられた。初め「ヒバート邸」と呼ばれていたが，一時，軍総司令官の司令部となり，世間には本営として通っていた。後には，総督府および立法審議会議場として使用された。次の文章を参照されたい。*Papers relating to the Preservation of Historic Sites and Ancient Monuments and Buildings in the West Indian Colonies*, Cd. 6428 (His Majesty's Stationery Office, 1912), 13.

18. Howard, *op. cit.*, I, 67, 71.

19. *Ibid.*, I, 177.

20. C. De Thierry, "Distinguished West Indians in England," *United Empire* (Oct., 1912), 831.

21. Anonymous, *Fortunes made in Business* (London, 1884), II, 117-119, 122-124, 130, 134 ; Bourne, *op. cit.*, II, 303.

22. *Correspondence between John Gladstone, M. P. and James Cropper, on the present state of Slavery in the British West Indies and in the United States of America, and on the Importation of Suger from the British Settlements in India* (Liverpool, 1824).

23. *H. of. C. Sess. Pap.*, 1837-38, Vol. 48. 正確な補償額は85,606ポンド2ペンスであった (pp. 23, 58, 120-121)。

24. Harlow, *Christopher Codrington*, 210, 242.

25. A. Warner, *Sir Thomas Warner, Pioneer of the West Indies* (London, 1933), 119-123, 126, 132.

26. Edwards, *op. cit.*, I, Introduction, p. ix.

27. MacInnes, *op. cit.*, 308-310.

28. C. Wright and C. E. Fayle, *A History of Llod's from the Founding of Lloyd's Coffee House to the Present Day* (London, 1928), 286.

29. Eyre-Todd, *op. cit.*, III, 151-152.

算出したものである。

第４章

1. Adam Smith, *op. cit.*, 158.
2. R. Cumberland, *The West Indian: A Comedy* (London, 1775 edition), Act I, Scene III. Sypher, *op. cit.*, 239. にはこの戯曲にかんする簡単な記述がある。
3. Stock, *op. cit.*, V, 259. William Beckford, Feb. 8, 1747.
4. F. W. Pitman, "The West Indian Absentee Planter as a British Colonial Type" (*Proceedings of the Pacific Coast Branch of the American Historical Association*, 1927), 113.
5. Whitworth, *Works of Davenant*, II, 7.
6. Cumberland, *op. cit.*, Act I, Scene V. Pitman, *The West Indian Absentee Planter*..., 124. にも引用されている。
7. Pitman, *The West Indian Absentee Planter*..., 125.
8. Merivale, *op. cit.*, 82-83.
9. L. J. Ragatz, *Absentee Landlordism in the British Caribbean, 1750-1833* (London, n. d), 8-20; Pitman, *The West Indian Absentee Planter*..., 117-121.
10. R. M. Howard (ed.), *Records and Letters of the family of the Longs of Longville, Jamaica, and Hampton Lodge, Surrey* (London, 1925), I, 11-12; Cundall, *The Governors of Jamaica in the Seventeenth Century*, 26.
11. J. Britton, *Graphical and Literary Illustrations of Fonthill Abbey, Wiltshire, with Heraldical and Genealogical Notices of the Beckford Family* (London, 1823), 25-26.
12. *Ibid.*, 26-28, 35, 39.
13. *H. of. C. Sess. Pap.*, 1837-38, Vol. 48. 正確な補償金額は15,160ポンド２シル９ペンスである（pp. 20-21, 64-65)。
14. J. Murch, *Memoir of Robert Hibbert, Esquire* (Bath, 1874), 5-6, 15, 18-19, 97, 99, 104-105.
15. Broodbank, *op. cit.*, I, 102-103; A. Beaven, *The Aldermen of the*

349,281 ガロンのうち，アフリカ向け輸出高は 292,966 ガロンを占めた。

133. J. Corry and J. Evans, *The History of Bristol, Civil and Ecclesiastical* (Bristol, 1816), II, 307-308; Saugnier and Brisson, *op. cit.*, 296-299.

134. Saugnier and Brisson, *op. cit.*, 217.

135. Stock, *op. cit.*, II, 264 n.

136. Donnan, *op. cit.*, I, 234 n, 300 n.

137. *Ibid.*, I, 256; II, 445.

138. *Ibid.*, I, 283.

139. Stock, *op. cit.*, III, 207 n, 225 n, 250 n, 278 n (Birmingham); 204 n, 228 n (London).

140. Donnan, *op. cit.*, II, 98.

141. W. H. B. Court, *The Rise of the Midland Industries* (Oxford, 1938), 145-146.

142. T. S. Ashton, *Iron and Steel in the Industrial Revolution* (Manchester, 1924), 195.

143. Stock, *op. cit.*, IV, 434.

144. R. K. Dent, *The Making of Birmingham: being a History of the Rise and Growth of the Midland Metropolis* (Birmingham, 1894), 147.

145. H. Hamilton, *The English Brass and Copper Industries to 1800* (London, 1926), 137-138, 149-151, 286-292.

146. E. Shiercliff, *The Bristol and Hotwell Guide* (Bristol, 1789), 16.

147. A. H. Dodd. *The Industrial Revolution in North Wales* (Cardiff, 1933), 156-157.

148. Donnan, *op. cit.*, I, 237.

149. Stewart-Browne, *op. cit.*, 52-53.

150. Donnan, *op. cit.*, II, 610-611.

151. *Ibid.*, II, 609.

152. H. Scrivenor, *A Comprehensive History of the Iron Trade* (London, 1841), 344-346, 347-355. この比率は，同書所収の諸表に基づき

117. Bennett, *op. cit.*, Introduction, p. xxvii.

118. Anonymous, *Some Considerations humbly offer'd upon the Bill now depending in the House of Lords, relating to the Trade between the Northern Colonies and the Sugar-Islands* (London, 1732), 15.

119. F. Cundall, *The Governors of Jamaica in the First Half of the Eighteenth Century* (London, 1937), 178.

120. *Parl. Hist.*, XIV, 1293-1294. Jan. 26, 1753; Anonymous, *An Account of the Late Application to Parliament from the Sugar Refiners, Grocers, etc., of the Cities of London and Westminster, the Borough of Southwork, and of the City of Bristol* (London, 1753), 3-5, 43.

121. Stock, *op. cit.*, V, 559. March 23, 1753.

122. *H. of C. Sess. Pap., Reports, Miscellaneous, 1778-1782*, Vol. 35, 1781. *Report from the Committee to whom the Petition of the Sugar Refiners of London was referred.* とりわけ，フランシス・ケンブルの証言を参照されたい。

123. Stock, *op. cit.*, IV, 132 n; Ragatz, *Statistics...*, 17, Table XI.

124. Saugnier and Brisson, *Voyages to the Coast of Africa* (London, 1792), 285.

125. R. Muir, *A History of Liverpool* (London, 1907), 197.

126. Donnan, *op. cit.*, II, 529 n.

127. Stock, *op. cit.*, IV, 303, 306, 309.

128. Anonymous, *Short Animadversions on the Difference now set up between Gin and Rum, and Our Mother Country and Colonies* (London, 1769), 8-9.

129. Stock, *op. cit.*, IV, 310.

130. Windham Papers (British Museum), Add. MSS. 37886, ff. 125-128. "Observations on the proposal of the West India Merchants to substitute sugar in the distilleries instead of barley." 筆者不詳。1807年に書かれたものか。

131. *Hansard, Third Series*, V. 82. July 20, 1831.

132. E. R. Johnson, et al., *History of Domestic and Foreign Commerce of the United States* (Washington, D.C., 1915), I, 118. ラム酒総輸出高

99. *Cambridge History of the British Empire*, II, 224; Wadsworth and Mann, *op. cit.*, 190.

100. イギリスの輸入にかんする統計数値は，J. Wheeler, *Manchester, its Political, Social and Commercial History, Ancient and Modern* (Manchester, 1842), 148, 170 に記載されている。西インド諸島の輸入額は，L. J. Ragatz, *Statistics for the Study of British Caribbean History, 1763-1833* (London, n.d.), 15, Table VI について見られたい。

101. Wadsworth and Mann, *op. cit.*, 169.

102. Fraser, *op. cit.*, 241.

103. Latimer, *Annals of Bristol in the Eighteenth Century*, 302; Pitman, *Development of the British West Indies*, 340.

104. Nicholls and Taylor, *op. cit.*, III, 34.

105. Latimer, *Annals of Bristol in the Seventeenth Century*, 280-281, 318-320.

106. *The New Bristol Guide* (Bristol, 1799), 70.

107. Donnan, *op. cit.*, II, 602-604.

108. Reid and Hicks, *op. cit.*, 66; MacInnes, *op. cit.*, 371.

109. Latimer, *Annals of Bristol in the Seventeenth Century*, 44-45, 88.

110. Bourne, *op. cit.*, II, 17-18; Botsford, *op. cit.*, 120, 123.

111. *H. of C. Sess. Pap.*, 1837-8, Vol. 48. 正確な補償金額は 17,868 ポンド 16 シル 8 ペンスであった（pp. 68-69, 167-168）。

112. Eyre-Todd, *op. cit.*, III, 39-40, 150-154.

113. Enfield, *op. cit.*, 90; T. Kaye, *The Stranger in Liverpool; or, an Historical and Descriptive View of the Town of Liverpool and its environs* (Liverpool, 1829), 184. ブランカーズ製糖所と奴隷貿易については，Donnan, *op. cit.*, II, 655 n を参照。

114. Stock, *op. cit.*, I, 385, 390.

115. Whitworth, *Works of Davenant*, II, 37.

116. C. W. Cole, *French Mercantilism, 1683-1700* (New York, 1943), 87-88. この禁止措置は，今日においてもなお有効である。次の研究書について見られたい。J. E. Dalton, *Sugar, A Case Study of Government Control* (New York, 1937), 265-274.

74. J. A. Picton, *Memorials of Liverpool* (London, 1873), I, 256.

75. MacInnes, *op. cit.*, 191.

76. J. Touzeau, *The Rise and Progress of Liverpool from 1551 to 1835* (Liverpool, 1910), II, 589, 745.

77. "Robin Hood," "The Liverpool Slave Trade," *The Commercial World and Journal of Transport* (Fed. 25, 1893), pp. 8-10; (March 4, 1893), p. 3.

78. G. Eyre-Todd, *History of Glasgow* (Glasgow, 1934), III, 295.

79. Donnan, *op. cit.*, II, 567-568.

80. Stock, *op. cit.*, II, 109.

81. Donnan, *op. cit.*, I, 267.

82. Stock, *op. cit.*, II, 179.

83. Donnan, *op. cit.*, I, 413, 417-418; Stock, *op. cit.*, II, 162 n, 186 n, III, 207 n, 302 n.

84. Donnan, *op. cit.*, I, 379.

85. *Ibid.*, I, 411, 418 n.

86. Stock, *op. cit.*, II, 29 n, 89 n, 94, 186 n.

87. *Ibid.*, II, 20; III, 90, 224 n, 298; IV, 293-297.

88. *Ibid.*, IV, 161 n-162 n.

89. *Ibid.*, III, 45.

90. J. James, *History of the Worsted Manufacture in England from the Earliest Times* (London, 1857), appendix, p. 7.

91. A. S. Turberville, *Johnson's England* (Oxford, 1933), I, 231-232.

92. Wadsworth and Mann, *op. cit.*, 147-166.

93. Holt and Gregson Papers, X, 422-423.

94. *Report of the Committee of Privy Council, 1788*, Part VI, Evidence of Mr. Taylor.

95. Holt and Gregson Papers, X, 423.

96. Donnan, *op. cit.*, II, 337 n, 521-522 n.

97. Wadsworth and Mann, *op. cit.*, 149, 156-157, 231, 233, 243-247, 447.

98. *Ibid.*, 229 n, 231, 231 n.

Spain and the West Country (London, 1935), 254-255.

51. J. F. Nicholls and J. Taylor, *Bristol Past and Present* (Bristol, 1881-1882), III, 165.

52. MacInnes, *op. cit.*, 335.

53. *Ibid.*, 202.

54. *Ibid.*, 233.

55. Barrett, *op. cit.*, 189.

56. *Ibid.* ブリストル入港船舶延ベトン数48,125トンのうち，西インド諸島からの入港船舶のトン数は16,209トン，同出港船舶延ベトン数46,729トンのうち，西インド諸島向け出港船舶は，16,913トンに達した。

57. MacInnes, *op. cit.*, 236, 367.

58. *Ibid.*, 358, 370.

59. *Ibid.*, 228, 230, 235, 363, 370.

60. *H. of C. Sess. Pap.*, 1837-8, Vol. 48. 正確には62,335ポンド5ペンスである。同家は954人の奴隷を所有していたほか，さらに456人に及ぶ奴隷の共有権をもっていた（pp. 117, 120, 132, 168）。

61. MacInnes, *op. cit.*, 371.

62. Enfield, *op. cit.*, 11-12.

63. P. Mantoux, *The Industrial Revolution in the Eighteenth Century* (London, 1928), 108.

64. Enfield, *op. cit.*, 67.

65. Fraser, *op. cit.*, 254-255.

66. Enfield, *op. cit.*, 69.

67. Mantoux, *op. cit.*, 109.

68. Clarkson, *Essay on the Impolicy...*, 123-125.

69. J. Corry, *The History of Lancashire* (London, 1825), II, 690.

70. H. Smithers, *Liverpool, Its Commerce, Statistics and Institutions* (Liverpool, 1825), 105.

71. Mackenzie-Grieve, *op. cit.*, 4.

72. G. Williams, *op. cit.*, 594.

73. Holt and Gregson Papers, X, 367, 369, 371, 373.

lish Shipping, 1572-1922," *Quarterly Journal of Economics* (May, 1928), 469 に挙げられている。

38. Usher, *op. cit.*, 469. 1787 年には 998,637 トン。

39. Pitman, *Development of the British West Indies*, 66.

40. R. Stewart-Browne, *Liverpool Ships in the Eighteenth Century* (Liverpool, 1932), 117, 119, 126-127, 130. ベーカー・アンド・ドーソンの対スペイン領植民地奴隷貿易にかんしては，Donnan, *op. cit.*, II, 577 n; Aimes, *op. cit.*, 36; *Report of the Committee of Privy Council*, 1788, Part VI を参照。

41. Enfield, *op. cit.*, 26 によれば，1771 年の船員数は 5,967 人である。グレグソンのいうところによれば，奴隷貿易に従事する船員は 3,000 人であった。Holt and Gregson Papers, X, 434. 代議士 T. ブルーク宛書簡。日付なし。

42. ロンドンの海運業者は，1708 年，独占のために請願を行なった。独占に反対する請願は，ホワイトヘヴンの海運業者により 1709 年および 1710 年の 2 回にわたり行なわれた。ロンドンおよびその近郊の造船業者の請願は，1708 年および 1710 年に 3 回にわたり行なわれた。1709 年には，二，三の都市の造船業者が請願を行なっている。Stock, *op. cit.*, 204 n, 207 n, 225 n, 226, 249, 250 n, 251.

43. Holt and Gregson Papers, X, 375, 377.

44. Enfield, *op. cit.*, 89.

45. Holt and Gregson Papers X, 435. Gregson to Brooke.

46. MacInnes, *op. cit.*, 337.

47. *Parl. Hist.*, XXIX, 343. Alderman Watson, April 18, 1791.

48. J. G. Broodbank, *History of the Port of London* (London, 1921), I, 76-82, 89-108; W. S. Lindsay, *A History of Merchant Shipping and Ancient Commerce* (London, 1874-1876), II, 415-420.

49. Latimer, *op. cit.*, 6.

50. W. N. Reid and J. E. Hicks, *Leading Events in the History of the Port of Bristol* (Bristol, n.d.), 106; J. Latimer, *Annals of Bristol in the Seventeenth Century* (Bristol, 1900), 334; W. Barrett, *The History and Antiquities of the City of Bristol* (Bristol, 1780), 186; J. A. Fraser,

19. Postlethwayt, *The African Trade, the Great Pillar...*, 13-14.

20. E. D. Ellis, *An Introduction to the History of sugar as a Commodity* (Philadelphia, 1905), 82.

21. Whitworth, *Works of Davenant*, II, 10.

22. H. See, *Modern Capitalism, its Origin and Evolution* (New York, 1928), 104.

23. L. A. Harper, *The English Navigation Laws* (New York, 1939), 242.

24. Andrews, *The Colonial Period...*, IV, 9.

25. *Ibid.*, IV, 65, 71, 126, 154-155.

26. G. P. Insh の研究，*The Company of Scotland Trading to Africa and the Indies* (London, 1932) を参照。

27. Collins, *op. cit.*, 143.

28. *Ibid.*, 157. 1697年，ジャマイカ総督は，貿易収支の回復をはかるため，7年間，航海法の適用を緩和するよう要請した。*Calendar of State Papers, Colonial Series*, XV, 386. Beeston to Blathwayt, Feb. 27, 1697.

29. *Calendar of State Papers, Colonial Series*, IX, 474-475. Oct. 26, 1676.

30. Stock, *op. cit.*, IV, 828. May 30, 1739.

31. Andrews, *The Colonial Period...*, II, 264.

32. *Parl. Hist.*, XXIX, 343. Alderman Watson, April 18, 1791; Donnan, *op. cit.*, II, 606.

33. Holt and Gregson Papers (Liverpool Public Library), X, 429.「商業」と題された書簡。グレグソンの自筆のもの。日付はない。

34. G. L. Beer, *The Old Colonial System* (New York, 1933), I, 17.

35. *Ibid.*, I, 43 n.

36. Stock, *op. cit.*, III, 355.

37. この比率は1710～1714年の5年間における西インド諸島貿易に従事した船舶延べトン数122,000トンの年平均をとり，それを，1709年度海外貿易に従事した全船舶延げトン数243,600トンと比較算出したものである。なお，後者の数字は，A. P. Usher, "The Growth of Eng-

アフリカ	1773	68,424	…	662,112	…	…
西インド諸島	1714-1773	101,264,818	20.5	45,389,988	6.2	12.0
大陸	1714-1773	55,552,675	11.3	69,903,613	9.6	10.2
アフリカ	1714-1773	2,407,447	0.5	15,235,829	2.1	1.4

植民地別の輸出入総額を以下に示す。

植民地	イギリスの輸入		イギリスの輸出		イギリスの輸入	イギリスの輸出
	1697	1773	1697	1773	1714-1773	1714-1773
アンティグア	28,209	112,779	8,029	93,323	12,785,262	3,821,726
バルバドス	196,532	168,682	77,465	148,817	14,506,497	7,442,652
ジャマイカ	70,000	1,286,888	40,726	683,451	42,259,749	16,844,990
モントセラト	14,699	47,911	3,532	14,947	3,387,237	537,831
ネヴィス	17,096	39,299	13,043	9,181	3,636,504	549,564
カロライナ	12,374	456,513	5,289	344,859	11,410,480	8,423,588
ニューイングランド	26,282	124,624	68,468	527,055	4,134,392	16,934,316
ニューヨーク	10,093	76,246	4,579	289,214	1,910,796	11,377,696
ペンシルヴァニア	3,347	36,652	2,997	426,448	1,115,112	9,627,409
ヴァージニアおよびメリーランド	227,756	589,803	58,796	328,904	35,158,481	18,391,097
ジョージア		85,391		62,932	622,958[*1]	746,093[*1]
セント・キッツ		150,512		62,607	13,305,659	3,181,901
トバゴ		20,453		30,049	49,587[*2]	122,093[*2]
グレナダ		445,041		102,761	3,620,504[*3]	1,179,279[*3]
セント・ヴィンセント		145,619		38,444	672,991	235,665
ドミニカ		248,868		43,679	1,469,704[*4]	322,294[*4]
スペイン領西インド諸島		35,941		15,114		
トルトラ		48,000		26,927	863,931[*5]	220,038[*5]
アンギラ					29,933[*6]	1,241[*6]
その他の西インド諸島地域					220,448[*7]	7,193,839[*7]
ハドソン湾					583,817	211,336

(註) ＊1　1732-1773
＊2　1764-1773
＊3　1762-1773
＊4　1763-1773
＊5　1748-1773
＊6　1750-1770
＊7　1714-1768

17. Bennett, *op. cit.*, 50, 54.
18. Stock, *op. cit.*, IV, 329. Sir John Barnard, March 28, 1737.

13. J. H. Rose, *William Pitt and the Great War* (London, 1911), 370.
14. Adam Smith, *op. cit.*, 366.
15. Whitworth, *op. cit.*, II, 18.
16. 下記の表は，Sir C. Whitworth, *State of the Trade of Great Britain in its imports and exports, progressively from the year 1697-1773* (London, 1776). Part II, pp. 1-2, 47-50, 53-72, 75-76, 78, 82-91 に基づき作成した。貿易額は英ポンドをもって示す。

本文に挙げたイギリスの貿易総額にたいする西インド諸島および大陸貿易のパーセンテージについて注意しておく。1714〜1773 年の西インド諸島貿易には，セント・クロワ，モンテ・クリスティ，セント・ユステーシアス等の小地域との貿易，およびキューバ，グアドループ等のイギリスが戦時中に奪取し，後に返還した島嶼との貿易がふくまれる。1714〜1773 年の大陸貿易についても同様であり，カナダ，フロリダ等との貿易がふくまれている。これら諸地域の比重については、本書第六章，p. 190-192 および注 36 を参照されたい。

これらの統計数字を正しく釣合いで見るためには，イギリスの貿易全体にかんする数字を挙げておく必要があろう。それを，以下に示す (*Idid*, Part I, pp. 78-79)。

年　度	イギリスの輸入	イギリスの輸出
1697	3,482,586	3,525,906
1773	11,406,841	14,763,252
1714-1773	492,146,670	730,962,105

植民地	年　度	イギリスの輸入	輸入総額にたいする %	イギリスの輸出	輸出総額にたいする %	貿易総額にたいする %
西インド諸島	1697	326,536	9.3	142,795	4	7
大　陸	1697	279,852	8	140,129	3.9	6
アフリカ	1697	6,615	…	13,435	…	…
西インド諸島	1773	2,830,835	24.8	1,270,846	8.6	15.5
大　陸	1773	1,420,471	12.5	2,375,797	16.1	14.5

118. Sypher, *op. cit.*, 157–158, 162–163, 186–188, 217–219.

119. *Ibid.*, 59; Bready, *op. cit.*, 341.

120. *Parl. Hist.*, XIX, 305. May 23, 1777.

121. Bready, *op. cit.*, 102.

122. Postlethwayt, *Great Britain's Commercial Interest...*, II, 217–218; Savary des Bruslons, *The Universal Dictionary of Trade and Commerce. With large additions and improvements by M. Postlethwayt* (London, 1751), I, 25. サイファー（*op. cit.*, 84）のように，ポスレスウェイトが奴隷貿易にかんし「悲観的見解をもっていた」とするのは当たらない。

123. W. Snelgrave, *A New Account of Guinea and the Slave Trade* (London, 1754), 160–161.

第３章

1. Adam Smith, *op. cit.*, 415–416, 590–591.
2. W. Wood, *A Survey of Trade* (London, 1718), Part III, 193.
3. J. F. Rees, "The Phases of British Commercial Policy in the Eighteenth Century," *Economica* (June, 1925), 143.
4. Gee. *op. cit.*, 111.
5. Postlethwayt, *The African Trade, the Great Pillar...*, 4, 6.
6. *Cambridge History of the British Empire*, I, 565.
7. Whitworth, *op. cit.*, II, 20.
8. J. Bennett, *Two Letters and Several Calculations on the Sugar Colonies and Trade* (London, 1738), 55.
9. Wood, *op. cit.*, 156.
10. Sir D. Thomas, *An Historical Account of the Rise and Growth of the West India Colonies, and of the Great Advantages they are to England, in respect to Trade* (London, 1690). この論文は *the Harleian Miscellany*, II, 347. に収められている。
11. Pitman, *The Settlement... of British West India Plantations...*, 271.
12. *Report of the Committee of Privy Council*, 1788, Part IV, No. 18, Appendix.

100. *Hansard, Third Series*, CIX, 1102. Hutt, March 19, 1850.

101. H. W. Preston, *Rhode Island and the Sea* (Providence, 1932), 70, 73. 著者は，情報局総裁であった。

102. Latimer, *op. cit.*, 142.

103. J. W. D. Powell, *Bristol Privateers and Ships of War* (London, 1930), 167.

104. H. R. F. Bourne, *English Merchants, Memoirs in Illustration of the Progress of British Commerce* (London, 1866), II, 63; J. B. Botsford, *English Society in the Eighteenth Century as Influenced from Oversea* (New York, 1924), 122; Enfield, *op. cit.*, 48-49. ブランデルの営業した奴隷貿易については，Donnan, *op. cit.*, II, 492 を参照。

105. カンリフについては，次書を参照。Bourne, *op. cit.*, II, 57; Botsford, *op. cit.*, 122; Enfield, *op. cit.*, 43, 49; Donnan, *op. cit.*, II, 492, 497.

106. Donnan, *op. cit.*, II, 631; J. Hughes, *Liverpool banks and Bankers, 1760-1817* (Liverpool, 1906), 174.

107. L. H. Grindon, *Manchester Banks and Bankers* (Manchester, 1878), 55, 79-80, 187-188; Bourne, *op. cit.*, II, 64, 78; Botsford, *op. cit.*, 122; Donnan, *op. cit.*, II, 492.

108. Donnan, *op. cit.*, I, 169-172.

109. *Ibid.*, II, 468.

110. Latimer, *op. cit.*, 476-477.

111. 例としては，次の書物を見よ。Wadsworth and Mann, *op. cit.*, 216 n; Hughes, *op. cit.*, 109, 139, 172, 174, 176; Donnan, *op. cit.*, II, 492 n.

112. L. B. Namier, "Antony Bacon, an Eighteenth Century Merchant," *Journal of Economic and Business History* (Nov., 1929), 21.

113. Donnan, *op. cit.*, II, 642-644, 656-657 n.

114. *Parl. Deb.*, IX, 170. March 23, 1807.

115. *Ibid.*, VII, 230. May 16, 1806.

116. Wilberforce, *Life of Wilberforce*, III, 170. Wilberforce to John Newton, June, 1804.

117. C.O. 137/91. Petition of Committee of Jamaica House of Assembly on the Sugar and Slave Trade, Dec. 5, 1792.

もって，閣下がかの記念すべき4月12日，外敵を撃破し，見事防衛の任を果たされたるジャマイカならびにその他の西インド諸島の守護に当たらしめる」ことを約した。さらに，激しい痛風の発作によりロドニが，「議会に出席不能となり，切に閣下の御尽力を恃《たの》むものにお応え下されぬ」ことに遺憾の意を表している。

82. *Parl. Deb.*, VIII, 669. Feb. 5, 1807.

83. F. J. Kingberg, *The Anti-Slavery Movement in England* (New Haven, 1926), 127.

84. *H. of C. Sess. Pap.*, 1837-8, Vol. 48. 正確には，6,207ポンド7シル6ペンス（pp. 49, 62）である。

85. Bready, *op. cit.*, 341.

86. Zook, *op. cit.*, 18.

87. Swinny, *op. cit.*, 140.

88. G. Williams, *History of the Liverpool Privateers, with an Account of the Liverpool Slave Trade* (Liverpool, 1897), 473-474.

89. Latimer, *op. cit.*, 147.

90. M. Steen, *The Sun is My Undoing* (New York, 1941), 50.

91. M. D. George, *London Life in the Eighteenth Century* (London, 1925), 137-138.

92. H. T. Catterall, *Judicial Cases concerning Negro Slavery* (Washington, D.C., 1926-1927), I, 9, 12.

93. Bready, *op. cit.*, 104-105.

94. R. Coupland, *The British Anti-Slavery Movement* (London, 1933), 55-56.

95. Sypher, *op. cit.*, 63.

96. Catterall, *op. cit.*, I, 19-20; W. Massey, *A History of England during the Reign of George the Third* (London, 1865), III, 178-179.

97. Anonymous, *Recollections of Old Liverpool by a Nonagenarian* (Liverpool, 1863), 10.

98. Ramsay, MS. Vol., f. 65. "An Address on the Proposed Bill for the Abolition of the Slave Trade."

99. G. Williams, *op. cit.*, 586.

が教会に参集するのを認めるならば，黒人の陰謀と暴動の素地を醸成することになろう，というのがその論拠であった。C.O. 28 92 (Public Record Office), Nov. 4, 1823. プランターは，宣教師が奴隷の頭に危険思想を注ぎこみ，プランテーションの規律などには従わないようにしてしまうだろう，という理屈を盾に自己弁護を行なった。

65. Lecky, *op. cit.*, II, 249.
66. Sypher, *op. cit.*, 14.
67. V. T. Harlow, *Christopher Codrington* (Oxford, 1928), 211, 215.
68. Sypher, *op. cit.*, 65.
69. Latimer, *op. cit.*, 100.
70. *Ibid.*, 478.
71. S. H. Swinny, *The Humanitarianism of the Eighteenth Century and its results*, in F. S. Marvin (ed.), *Western Races and the World* (Oxford, 1922), 130-131.
72. L. Strachey, *Eminent Victorians* (Phoenix ed., London, 1929), 3.
73. Mackenzie-Grieve, *op. cit.*, 162.
74. G. R. Wynne, *The Church in Greater Britain* (London, 1911), 120.
75. *H. of. C. Sess. Pap.*, 1837-8, Vol. 48. 正確には，12,729 ポンド 4 シル 4 ペンスである (pp. 19, 22)。
76. Wynne, *op. cit.*, 120; C. J. Abbey and J. H. Overton, *The English Church in the Eighteenth Century* (London, 1878), II, 107.
77. Abbey and Overton, *op. cit.*, II, 106.
78. A. T. Gary, *The Political and Economic Relations of English and American Quakers, 1750-1785* (Oxford University D.Phil. Thesis, 1935), 506. 参看した副本は，Library of Friends' House, London 所蔵のものである。
79. H. J. Cadbury, *Colonial Quaker Antecedents to British Abolition of Slavery* (Friends' House, London, 1933), 1.
80. Gary, *op. cit.*, 173-174.
81. Liverpool Papers, Add. MSS. 38227 (British Museum), f. 202 を参照。枢密院議長ホークスベリ卿は，ロドニ卿宛の日付のない書簡において，ロドニの代理を承認している。ホークスベリは，「右の代理を止論者をからかい，こう耳語した。「あなたの黒い客人の暮し向きはどうじゃな，ええ？　ウィルバーフォースさん」。1804年，ウィルバーフォースはマンカスター宛に書いている。「上院での投票で，かしこくも王族ともあろうお方が4人まで，孤立無援の哀れむべき奴隷に反対票を投じられるとは，目を覆わしむる浅ましいみものでありました」。*Ibid.*, III, 182. July 6, 1804.

52. Correspondence between Robert Bostock..., Bostock to Fryer, May 24, 1792. 同公は，「ジャマイカ島民のささやかながら衷心よりの感謝のしるし」として金銀製食器一式を贈呈された。C. W. Bridges, *The Annals of Jamaica* (London, 1828), II, 263 n.

53. *Parl. Hist.*, XXX, 659. April 11, 1793.

54. Andrews, *op. cit.*, IV, 61.

55. C. M. Andrews, "Anglo-Frech Commercial Rivalry, 1700–1750," *American Historical Review* (April, 1915), 546.

56. Donnan, *op. cit.*, II, 45.

57. *H. of C. Sess. Pap., Accounts and Papers, 1795–1796.* A & P. 42, Series No. 100, Document 848, 1–21.

58. Add. MSS. 12433 (British Museum), ff. 13, 19. Edward Law, May 14, 1792.

59. P. Cunningham (ed.), *The Letters of Horace Walpole* (London, 1891), II, 197. To Sir H. Mann, Feb. 25, 1750.

60. *Parl. Hist.*, XVII, 507–508. May 5, 1772.

61. R. Terry, *Some Old Papers relating to the Newport Slave Trade* (Bulletin of the Newport Historical Society, July, 1927), 10.

62. *Calendar of State Papers, Colonial Series*, X, 611. Evidence of Barbados planters before the Lords of Trade and Plantations, Oct. 8, 1680. 奴隷主の話す言語以外に，共通の伝達手段をもたなかったところからきた奴隷相互間の激しい対立の一例としては，Herskovits, *op. cit.*, 79–81 を参照。

63. *Calendar of State Papers*, XIV, 448. Governor Russell, March 23, 1695.

64. p. 224 以下を見よ。バルバドス総督は教会の建立に反対した。黒人

sworth and Mann, *op. cit.*, 224-225 を参照。

39. Edwards, *op. cit.*, II, 72, 74, 87-89; J. Atkins, *A Voyage to Guinea, Brasil, and the West-Indies* (London, 1735), 179. 現代の権威ある言説については，M. J. Herskovits, *The Myth of the Negro Past* (New York, 1941), 34-50 を参照。

40. Correspondence between Robert Bostock..., Bostock to Fryer, Jan. 1790; Bostock to Flint, Nov. 11, 1790.

41. W. Sypher, *Guinea's Captive Kings, British Anti-Slavery Literature of the XVIIIth Century* (Chapel Hill, 1942), 170. スミスフィールド市場において，奴隷は家畜と同じように仔細に点検された。主な見所は，身長，歯の良否，脚の強弱，性病の有無など，であった。Atkins, *op. cit.*, 180.

42. E. F. Gay, "Letters from a Sugar Plantation in Nevis, 1723-1732," *Journal of Economic and Business History* (Nov., 1928), 164.

43. Donnan, *op. cit.*, II, 626.

44. Correspondence between Robert Bostock..., Bostock to Cleveland, Aug. 10, 1789.

45. T. Clarkson, *Essay on the Impolicy of the African Slave Trade* (London, 1788), 29.

46. W. Roscoe, *A General View of the African Slave Trade demonstrating its Injustice and Impolicy* (London, 1788), 23-24.

47. A. Mackenzie-Grieve, *The Last Years of the English Slave Trade* (London, 1941), 178.

48. F. Caravaca, *Esclavos! El Hombre Negro: Instrumento del Progreso del Blanco* (Barcelona, 1933), 50.

49. ブランデンブルグ会社が，それである。本社の所在地にちなんで時にエムデン会社とも称された。同社は，1682 年に設立され，アフリカ沿岸の 2 カ所に居留地を設けた。西インド諸島方面にも領地の獲得をはかったが，失敗した。Donnan, *op. cit.*, I, 103-104.

50. Zook, *op. cit.*, 11-12, 19.

51. R. I. and S. Wilberforce, *The Life of William Wilberforce* (London, 1838), I, 343. あるときジョージ三世は，朝見の式に祗候《しこう》したこの廃

24. *Cobbett's Parliamentary Debates* (以下 *Parl. Deb.* と略記), IX, 127. George Hibbert, March 16, 1807.
25. Correspondence between Robert Bostock, master mariner and merchant, and others, giving particulars of the slave trading of Liverpool ships in the West Indies, 1789-1792 (MS. Vol., Liverpool Public Library). Bostock to Capt. James Fryer, July 17, 1790.
26. MacInnes, *op. cit.*, 202.
27. T. Clarkson, *History of the Rise, Progress, and Accomplishment of the Abolition of the African Slave Trade by the British Parliament* (London, 1839), 197.
28. Donnan, *op. cit.*, I, 132. The Guinea Company to Francis Soane, Dec. 9, 1651.
29. Journals of Liverpool Slave Ships ("Bloom" and others); with correspondence and prices of slaves sold (Ms. Vol., Liverpool Public Library). Bostock to Knowles, June 19, 1788.
30. E. Martin (ed.), *Journal of a Slave Dealer. "A View of some Remarkable Axcedents in the Life of Nics. Owen on the Coast of Africa and America from the year 1746 to the year 1757"* (London, 1930), 77-78, 97-98.
31. Latimer, *op. cit.*, 144-145.
32. A. P. Wadsworth and J. de L. Mann, *The Cotton Trade and Industrial Lancashire* (Manchester, 1931), 228-229.
33. Donnan, *op. cit.*, II, 625-627.
34. *Ibid.*, II, 631.
35. Latimer, *op. cit.*, 476; Wodsworth and Mann, *op. cit.*, 225.
36. Sir Thomas Mun in J. E. Gillespie, *The Influence of Oversea Expansion on England to 1700* (New York, 1920), 165 より引用。
37. Donnan, *op. cit.*, II, 627.
38. J. Wallace, *A General and Descriptive History of the Ancient and Present State of the Town of Liverpool... together with a Circumstantial Account of the True Causes of its Extensive African Trade* (Liverpool, 1795), 229-230. 投機株分有の例については, なお Wad-

とができる。

植民地	年度	輸入数	再輸出数
ジャマイカ	1784-1787	37,841	14,477
セント・キッツ	1778-1788	2,874	1,769
ドミニカ	1784-1788	27,553	15,781
グレナダ	1784-1792	44,712	31,210

ダンダスによれば，1791年度の英領西インド諸島の奴隷輸入総数は74,000人，再輸出数は34,000人に達した。*Cobbett's Parliamentary History of England*（以下，*Parl.Hist.* と略記），XXIX, 1206. April 23, 1792.

20. B. Edwards, *The History, Civil and Commercial, of the British Colonies in the West Indies* (London, 1801), I, 299.
21. J. Ramsay, A Manuscript entirely in his own hand mainly concerned with his activities towards the Abolition of the Slave Trade, 1787 (Rhodes House Library, Oxford), f. 23 (v). "Memorial on the Supplying of the Navy with Seamen."
22. W. Enfield, *An Essay towards the history of Leverpool* (London, 1774), 67.
23. Donnan, *op. cit.*, II, 630. リヴァプールの発展は下表によっても推察できる。

年度	リヴァプール	ロンドン	ブリストル
1720	21	60	39
1753	64	13	27
1771	107	58	23

1756年から1786年のあいだにブリストルは588隻，リヴァプールは1,858隻の船舶をアフリカに送った。1795年から1804年のあいだに，アフリカに向け出航したリヴァプール船は1,099隻，ロンドン船は155隻，ブリストル船は29隻を数えた（1720年度の数字は，*Some Matters of Fact...*, 3に基づく。他の年度については，MacInnes, *op. cit.*, 191よりとった）。

5. J. Gee, *The Trade and Navigation of Great Britain Considered* (Glasgow, 1750), 25-26.
6. Whitworth, *op. cit.*, II, 37-40.
7. *Ibid.*, V, 140-141. この論文 "Reflections upon the Constitution and Management of the African Trade," は全文を読むに値する。
8. E. Donnan (ed.), *Documents Illustrative of the History of the Slave Trade to America* (Washington, D.C., 1930-1935), II, 129-130.
9. *Ibid.*, I, 265. 1681年における負債総額は，271,000ポンドと評価された。E. D.Collins, *Studies in the Colonial Policy of England, 1672-1680* (Annual Report of the American Historical Association, 1900), 185.
10. J. Latimer, *Annals of Bristol in the Eighteenth Century* (Bristol, 1893), 271.
11. Higham, *op. cit.*, 158.
12. Latimer, *op. cit.*, 272.
13. Anonymous, *Some Matters of Fact relating to the present state of the African Trade* (London, 1720), 3.
14. Pitman, *The Development of the British West Indies, 1700-1763* (New Haven, 1917), 67.
15. *Ibid.*, 69-70, 79.
16. Postlethwayt, *Great Britain's Commercial Interest...*, II, 479-480. pp. 149-151, 154-155をも参照。
17. H. H. S. Aimes, *A History of Slavery in Cuba, 1511 to 1868* (New York, 1907), 33, 269.
18. W. E. H. Lecky, *A History of England in the Eighteenth Century* (London, 1892-1920), II, 244.
19. *Report of the Lords of the Committee of Privy Council appointed for the consideration of all matters relating to Trade and Foreign Plantations, 1788.* Part VI, Evidence of Messrs. Baillie, King, Camden and Hubbert. 同報告からとられた下記の数字（Part VI, No. 4 and No. 15, Supplement No. 6, and Papers received since the date of the report）により，奴隷再輸出の規模についてある程度うかがうこ

プランテーション	黒人	中国人
Flor de Cuba	409	170
San Martín	452	125
El Progreso	550	40
Armonía	330	20
Santa Rosa	300	30
San Rafael	260	20
Santa Susana	632	200

最下段のプランテーションの奴隷群にはユカタン半島の原住民34名がふくまれ，文字通りコスモポリタンであった。上記の数字は，J. G. Cantero, *Los Ingenios de la Isla de Cuba*（La Habana, 1857）に基づくものである。同書にはページ数がつけられていない。中国人労働者については，住民の雑婚を増加せしめるという理由から，反対がないわけではなかったけれども，「だからといって，我々になんの損があるか？」と逆捩じを食わされた。*Anales de la Real Junta de Fomento y Sociedad Econōmica de la Habana*（La Habana, 1851），187.

126. Ferenczi, *op. cit.*, I, 527.

第2章

1. *Calendar of State Papers, Colonial Series*, V, 167. Renatus Enys to Secretary Bennet Nov. 1, 1663.
2. C. Whitworth（ed.），*The Political and Commercial Works of Charles Davenant*（London, 1781），V, 146.
3. G. F. Zook, *The Company of Royal Adventurers trading into Africa*（Lancaster, 1919），9, 16.
4. M. Postlethwayt, *Great Britain's Commercial Interest Explained and Improved*（London, 1759），II, 148-149, 236; Postlethwayt, *The African Trade, the Great Pillar and Support of the British Plantation Trade in North America*（London, 1745），38-39; Postlethwayt, *The National and Private Advantages of the African Trade Considered*（London, 1746），113, 122.

112. Merivale, *op. cit.*, 81.

113. F. W. Pitman, *The Settlement and Financing of British West India Plantations in the Eighteenth Century, in Essays in Colonical History by Students of C. M. Andrews* (New Haven, 1931), 267.

114. *Ibid.*, 267-269.

115. *Calendar of State Papers, Colonial Series*, I, 79. Governor Sir Francis Wyatt and Council of Virginia, April 6, 1626.

116. Wertenbaker, *op. cit.*, 59, 115, 122-123, 131, 151.

117. R. B. Vance, *Human Factors in Cotton Culture: A Study in the Social Geography of the American South* (Chapel Hill, 1929), 36.

118. J. A. Saco, *Historia de la Esclavitud de la Raza Africana en el Nuevo Mundo y en especial en los Países America-Hispanos* (La Habana, 1938), I, Introduction, p. xxviii. この序文は，フェルナンド・オルチスの筆になるものである。

119. T. Blanco, "El Prejuicio Racial en Puerto Rico," *Estudios Afrocubanos*, II (1938), 26.

120. Saco, *Historia de la Esclavitud de la Raza Africana...*, Introduction, p. xxx.

121. *Immigration of Labourers into the West Indian Colonies and the Mauritius*, Part II, *Parliamentary Papers*, Aug. 26, 1846, 60. Henry Light to Lord Stanley, Sept. 17, 1845:「ポルトガル人は，労働者としても非常なる能力に恵まれ，市民としても優良なること他の追随を許さぬものがある。裁判ないし警察沙汰を起こすごときは，稀である」

122. *Papers Relative to the West Indies, 1841-1842, Jamaica-Barbados*, 18. C. T. Metcalfe to Lord John Russell, Oct. 27, 1841.

123. *Immigration of Labourers into the West Indian Colonies...*, III. William Reynolds to C. A. Fitzroy, August 20, 1845.

124. これらの数字は，I. Ferenczi, *International Migrations* (New York, 1929), I, 506-509, 516-518, 520, 534, 537 所収の表からとったものである。

125. 次表は，1857 年のキューバ砂糖プランテーションにおける中国人労働者の使用状況を示すものである。

94. *Ibid.*, 94.

95. E. T. Thompson, "The Climatic Theory of the Plantation," *Agricultural History* (Jan., 1941), 60.

96. H. L. Wilkinson, *The World's Population Problems and a White Australia* (London, 1930), 250.

97. *Ibid.*, 251

98. R. Guerra, *Azúcar y Población en Las Antillas* (La Habana, 1935), 20.

99. Williamson, *op. cit.*, 157-158.

100. *Calendar of State Papers, Colonial Series*, X, 503. Governor Atkins, March 26, 1680.

101. *Ibid.*, VII, 141. Sir Peter Colleton to Governor Codrington, Dec. 14, 1670. 1686年にもジャマイカから同様な提案がなされている。白人貧困層の雇用をはかるため，綿織物製造業の島内誘致を認可するよう請願が行なわれた。これにたいするイギリス関税当局の返答は，「植民地において，かかる製造工業の振興をはかるならば，イギリスにたいする植民地の依存度はそれだけ低下するであろう」というものだった。F. Cundall, *The Governors of Jamaica in the Seventeenth Century* (London, 1936), 102-103.

102. *Calendar of State Papers, Colonial Series*, XIV, 446-447. Governor Russell, March 23, 1695.

103. C. S. S. Higham, *The Development of the Leeward Islands under the Restoration, 1660-1688* (Cambridge, 1921), 145.

104. Harlow, *op. cit.*, 44.

105. Callender, *op. cit.*, 762.

106. Merivale, *op. cit.*, 62.

107. Harlow, *op. cit.*, 293.

108. *Ibid.*, 41.

109. *Calendar of State Papers, Colonial Series*, V, 529. "Some Observations on the Island of Barbadoes," 1667.

110. Harlow, *op. cit.*, 41.

111. *Ibid.*, 43.

72. Sir W. Besant, *London in the Eighteenth Century* (London, 1902), 557.
73. *Calendar of State Papers, Colonial Series,* V, 229. Report of Committee of Council for Foreign Plantations, Aug., 1664 (?).
74. G. S. Callender, *Selections from the Economic History of the United States, 1765-1860* (New York, 1909), 48.
75. *Calendar of State Papers, Colonial Series,* X, 574. July 13, 1680.
76. H. J. Laski, *The Rise of European Liberalism* (London, 1936), 199, 215, 221.
77. Daniel Defoe, *Moll Flanders* (Abbey Classics edition, London, n.d.), 71.
78. T. J. Wertenbaker, *The Planters of Colonial Virginia* (Princeton, 1922), 61.
79. Herrick, *op. cit.,* 278.
80. *Ibid.,* 12.
81. *Calendar of State Papers, Colonial Series,* V, 220. Petition of Merchants, Planters and Masters of Ships trading to the Plantations, July 12, 1664.
82. Harlow, *op. cit.,* 307.
83. *Calendar of State Papers, Colonial Series,* IX. 445. Aug. 15, 1676.
84. U. B. Phillips, *Life and Labor in the Old South* (Boston, 1929), 25.
85. J. S. Bassett, *Slavery and Servitude in the Colony of North Carolina* (Baltimore, 1896), 77. 黒人奴隷の従順さについては，pp. 228-234. 以下を参照。
86. Flanders, *op. cit.,* 14.
87. Cairnes, *op. cit.,* 35 n.
88. Callender, *op. cit.,* 764 n.
89. Cairnes, *op. cit.,* 36.
90. Ortíz, *op. cit.,* 6, 84.
91. A. G. Price, *White Settlers in the Tropics* (New York, 1939), 83.
92. *Ibid.,* 83, 95.
93. *Ibid.,* 92.

隷に委ねるほうをよしとした (*Ibid.*, 112-113. July 31, 1689)。同総督は，ネヴィス島在住のアイルランド人を武装解除しジャマイカに送った (*Ibid.*, 123. Aug. 15, 1689)。

51. H. J. Ford, *The Scotch-Irish in America* (New York, 1941), 208.
52. *Calendar of State papers, Colonial Series*, V, 495. Petition of Barbados, Sept. 5, 1667.
53. Stock, *op. cit.*, I, 288 n, 321 n, 327.
54. Harlow, *op. cit.*, 297-298.
55. Mittelberger, *op. cit.*, 19.
56. Stock, *op. cit.*, I, 249. March 25, 1659.
57. Geiser, *op. cit.*, 57.
58. E. W. Andrews (ed.), *Journal of a Lady of Quality; Being the Narrative of a Journey from Scotland to the West Indies, North Carolina and Portugal, in the years 1774-1776* (New Haven, 1923), 33.
59. Jeaffreson, *op. cit.*, II, 4.
60. J. A. Doyle, *English Colonies in America-Virginia, Maryland, and the Carolinas* (New York, 1889), 387.
61. MacInnes, *op. cit.*, 164-165; S. Seyer, *Memoirs Historical and Topographical of Bristol and its Neighbourhood* (Bristol, 1821-1823), II, 531; R. North, *The Life of the Rt.Hon. Francis North, Baron Guildford* (London, 1826), II, 24-27.
62. Seyer, *op. cit.*, II, 532.
63. *Cambridge History of the British Empire*, I, 563-565.
64. Ballagh, *op. cit.*, 42.
65. McCormac, *op. cit.*, 75.
66. *Ibid.*, III.
67. C. A. Herrick, *White Servitude in Pennsylvania* (Philadelphia, 1926), 3.
68. Stock, *op. cit.*, I, 249.
69. Harlow, *op. cit.*, 306.
70. Stock, *op. cit.*, I, 250. March 25, 1659.
71. *Calendar of State Papers, Colonial Series*, IX, 394. May 30, 1676.

American Historical Review (Oct., 1900), 77 を参照。

36. E. Abbott, *Historical Aspects of the Immigration Problem, Select Documents* (Chicago, 1926), 12 n.
37. Bready, *op. cit.*, 127.
38. L. F. Stock (ed.), *Proceedings and Debates in the British Parliament respecting North America* (Washington, D.C., 1924-1941), I, 353 n, 355; III, 437 n, 494.
39. *Calendar of State Papers, Colonial Series*, V, 221.
40. *Ibid.*, V, 463. April, 1667（？）
41. Stock, *op. cit.*, V, 229 n.
42. Jernegan, *op. cit.*, 49.
43. J. D. Lang, *Transportation and Colonization* (London, 1837), 10.
44. Merivale, *op. cit.*, 125.
45. J. D. Butler, "British Convicts Shipped to American Colonies," *American Historical Review* (Oct., 1896), 25.
46. J. C. Jeaffreson (ed.), *A Young Squire of the Seventeenth Century. From the Papers (A. D. 1676-1686) of Christopher Jeaffreson* (London, 1878), I, 258. Jeaffreson to Poyntz, May 6, 1681.
47. これについては，クロムウェル自身が請け合った。Stock, *op. cit.*, I, 211. Cromwell to Speaker Lenthall, Sept. 17, 1649 を見よ。
48. V. T. Harlow, *A History of Barbados, 1625-1685* (Oxford, 1926), 295.
49. J. A. Williamson, *The Caribbee Islands Under the Proprietary Patents* (Oxford, 1926), 95.
50. *Calendar of State Papers, Colonial Series*, XIII, 65. Joseph Crispe to Col. Bayer, June 10, 1689, from St. Christopher:「フランス人のほかに，我々にはアイルランド人のカトリック教徒というさらに兇悪なる敵がおります」。モントセラトにおいては，アイルランド系住民はイギリス系住民の3倍に達していた。かれらは，同島をフランスに引き渡す，と脅迫した (*Ibid.*, 73. June 27, 1689)。アンティグアにいたコドリントン総督は，モントセラトの防衛をアイルランド人の「疑わしき忠誠心」に頼るよりも，少数のイギリス人およびその所有する奴

18. Merivale, *op. cit.*, 307–308.
19. J. A. Saco, *Historia de la Esclavitud de los Indios en el Nuevo Mundo* (La Habana, 1932 edition), I, Introduction, p. xxxviii. この序文は，フェルナンド・オルチスの筆になるものである。
20. A. W. Lauber, *Indian Slavery in Colonial Times within the Present Limits of the United States* (New York, 1913), 214–215.
21. J. C. Ballagh, *A History of Slavery in Virginia* (Baltimore, 1902), 51.
22. F. Ortíz, *Contrapunteo Cubano del Tabaco y el Azúcar* (La Habana, 1940), 353.
23. *Ibid.*, 359.
24. Lauber, *op. cit.*, 302.
25. C. M. Haar, "White Indentured Servants in Colonial New York," *Americana* (July, 1940), 371.
26. *Cambridge History of the British Empire* (Cambridge, 1929), I, 69.
27. Andrews, *op. cit.*, I, 59; K. F. Geiser, *Redemptioners and Indentured Servants in the Colony and Commonwealth of Pennsylvania* (New Haven, 1901), 18 を見よ。
28. *Cambridge History of the British Empire*, I, 236.
29. C. M. MacInnes, *Bristol, a Gateway of Empire* (Bristol, 1939), 158–159.
30. M. W. Jernegan, *Laboring and Dependent Classes in Colonial America, 1607–1783* (Chicago, 1931), 45.
31. H. E. Bolton and T. M. Marshall, *The Colonization of North America, 1492–1783* (New York, 1936), 336.
32. J. W. Bready, *England Before and After Wesley—The Evangelical Revival and Social Reform* (London, 1938), 106.
33. *Calendar of State Papers, Colonial Series*, V, 98. July 16, 1662.
34. Geiser, *op. cit.*, 18.
35. G. Mittelberger, *Journey to Pennsylvania in the year 1750* (Philadelphia, 1898), 16; E. I. McCormac, *White Servitude in Maryland* (Baltimore, 1904), 44, 49; "Diary of John Harrower, 1773–1776,"

注

第 1 章

1. C. M. Andrewz, *The Colonial Period of American History* (New Haven, 1934-1938), I, 12-14, 19-20.
2. N. M. Crouse, *The French Struggle for the West Indies, 1665-1713* (New York, 1943), 7.
3. Adam Smith, *The Wealth of Nations* (Cannan edition, New York, 1937), 538. これに，スミスは「自分の事は自分独自の流儀で処理する自由」という政治的要因をつけ加えている。
4. H. Merivale, *Lectures on Colonization and Colonies* (Oxford, 1928 edition), 262.
5. *Ibid.*, 385. カナダ総督シデナム卿の記述による。
6. Merivale, *op. cit.*, 256.
7. *Ibid.*
8. R. B. Flanders, *Plantation Slavery in Georgia* (Chapel Hill, 1933), 15-16, 20.
9. Merivale, *op. cit.*, 269.
10. M. James, *Social Problems and Policy during the Puritan Revolution, 1640-1660* (London, 1930), 111.
11. Adam Smith, *op. cit.*, 365.
12. J. Cairnes, *The Slave Power* (New York, 1862), 39.
13. G. Wakefield, *A View of the Art of Colonization* (London, 1849), 323.
14. Adam Smith, *op. cit.*, 365-366.
15. Merivale, *op. cit.*, 303. 傍点はメリヴェールによる。
16. M. B. Hammond, *The Cotton Industry: An Essay in American Economic History* (New York, 1897), 39.
17. Cairnes, *op. cit.*, 44; Merivale, *op. cit.*, 305-306. 合衆国における土地の疲弊と奴隷制の発展については，W. C. Bagley, *Soil Exhaustion and the Civil War* (Washington, D.C., 1942) を参照。

ことができた。同島にかんするペズエラ Pezuela の包括的「事典」*Diccionario* には，「アスカル」Azúcar（砂糖）の項にすぐれた資料がふくまれている。また，当時の砂糖男爵カンテロ Cantero の手になる「キューバ島の精髄」*Los Ingenios de la Isla Cuba* は，豊富な挿絵に飾られた抒情的作品であり，類のない貴重なものといってよい。

当面の二，三の問題点については，筆者はすでに発表した3つの論文，「イギリスにおける奴隷制の黄金時代」"The Golden Age of the Slave System in Britain"（*Journal of Negro History*, Jan. 1940），「1807年の廃止後における植民地間奴隷貿易」"The Intercolonial Slave Trade after its Abolition in 1807."（*Journal of Negro History*, April 1942），「保護貿易，自由放任と砂糖」"Protection, Laisser-Faire and Sugar"（*Political Science Quarterly*, March 1943）において，はるかに詳細に論じておいた。

イギリスの各産業部門のそれぞれの成長・発展にかんする研究は，関係各章の注に示しておいた。イギリスにおける資本主義の発展全般にかんする論述としては，マントゥー Mantoux およびクラパム Clapham の2つをもっともすぐれたものとして挙げれば足りる。クラパム著『近代イギリス経済史，鉄道時代初期』*Economic History of Modern Britain, The Early Railway Age* の第5章は，産業革命の簡潔な分析としてもっともすぐれている。また，『ケンブリッジ大英帝国史』*Cambridge History of the British Empire,* 第2巻所収のクラパムの論文「産業革命と植民地，1783～1822」*The Industrial Revolution and the Colonies, 1783-1822.* は，奴隷貿易廃止運動と西インド諸島奴隷制の崩壊にかんする鋭い理解を示しており，「公認の」イギリス人史家の仕事のなかでは出色のものであろう。

文学の領域においては，サイファー教授 Sypher の『とらわれのギニア諸王，18世紀イギリス反奴隷制文学』*Guinea's Captive Kings: British Anti-Slavery Literature of the XVIIIth Century* が，ノース・カロライナ大学出版部との関係をつうじ筆者の知った黒人奴隷制にかんするすぐれた諸研究の1つである。同書は，政治的視角がはなはだ弱い――二，三の点では許し難いといえるほど弱い――のではあるが，当時の文学にかんする明敏かつ包括的な分析であり，そのかぎりで社会科学の有益な一助となるものである。同書を補うに，筆者の同僚エヴァ・ダイクス博士 Eva Dykes の最近の著書『イギリス・ロマン主義思想における黒人』*The Negro in English Romantic Thought*（Associated Publishers, Washington D.C., 1942）をもってすれば，得るところが大きいはずである。マルゲリート・スティーン Marguerite Steen のベスト・セラー小説『太陽はわが墓穴』*The Sun is My Undoing* には，三角貿易，およびイギリス資本主義にたいする三角貿易の重要性についての深い理解がよくあらわれている。

本書の扱った時期における仏領サント・ドミンゴおよびスペイン領キューバの発展にかんする資料としては，二次資料を用いざるをえなかった。フランス関係のもっとも重要な著述家はガストン・マルタン Gaston-Martin である。1940年夏，ローゼンワルド特別研究費の支給を受けたおかげで，筆者はキューバの古文書館および図書館で研究を行なう

資本主義と奴隷制の関係を概括した2つの研究については，特に言及しておかねばならない。1つは，W.E.ウィリアムズのマスター論文,「アフリカと資本主義の興隆」*Africa and the Rise of Capitalism* である。これは，1938年，ハワード大学社会学部から刊行された。もう1つは，ジェームズ C.L.R. James の『黒いジャコバン，トゥサン・ルヴェルテュールとサント・ドミンゴ革命』*The Black Jacobins, Toussaint L'Ouverture and the San Domingo Revolution*（London, 1938）で，前書より重要である。同書の38ページから41ページにかけて提出されたテーゼは，筆者の知るかぎりイギリスでは初めて明晰かつ簡潔に述べられたものである。

植民地政策全般にかんする領域においては，2冊の研究書を逸することはできない。C.M.アンドルーズの『アメリカ史における植民期』*The Colonial Period of American History* は，バルバドスおよびジャマイカにかんする優れた章をふくんでいるばかりでなく，砂糖島嶼を重商主義を背景とする適切なパースペクティヴのうちに位置づけている。さらに，貿易関係法ならびに植民地体制一般にかんする分析と記述は大英帝国初期の研究者のための基本的な手引の1つであろう。これほど視野はひろくはないけれども至当適切な研究として，ビア G.L. Beer の『旧植民地体制』*The Old Colonial System* が挙げられよう。メリヴェール Merivale が1839年から1841年までオックスフォードで行なった講義「植民と植民地」*Colonization and Colonies* は，オックスフォードにおける学問的研究の絶頂を示すものである。ベル Bell およびモレル Morrell 共編の「英植民地政策資料選，1830～1860」*Select Documents on British Colonial Policy, 1830-1860* には危機的時期にかんする原資料が一部再録されてあり，この点に大きな価値がある。旧植民地体制時代の西インド諸島にかんする個別的研究としては，ハーロー Harlow，ウィリアムスン Williamson およびハイアム Higham の業績が重要である。バルバドスの——それを通じて英領西インド諸島の——20世紀における問題は，砂糖と奴隷に象徴される17世紀の経済的・社会的変化に遠く端を発するものであるという事実をはっきり打ち出している点で，ハーローの『バルバドス史』*History of Barbados* は三者中の白眉であろう。

ish West India Plantations in the Eighteenth Century は，門下の手になるアンドルーズ C. M. Andrews 記念論集中の一篇であるが，完璧と評してよい業績である。

イギリスにおいては，イギリス通有の観念的かつ歪曲された奴隷制論と同日に論じるわけにはいかない研究が2つある。リチャード・ペアズ Richard Pares の『西インド諸島における戦争と貿易，1739〜1763』*War and Trade in the West Indies, 1739-1763* は，戦争および外交関係に多くの紙数をさいている。研究対象からして当然であるけれども，それにもかかわらず西インド諸島にかんする重要な資料をふくんでおり，外国領砂糖植民地にたいする西インド諸島プランターの態度をみる上で得るところが多い。ペアズの研究においては，社会・経済面では従であるのにたいし，バーン W. L. Burn の研究においては，それが主となっている。バーンの『英領西インド諸島における奴隷解放と見習奉公』*Emancipation and Apprenticeship in the British West Indies* は，1833〜1838年の見習奉公制度にかんする学問的分析である。ただし，奴隷解放を扱った初めの3章は著者が二次資料に甘んじているためもあってあまり評価できない。イギリスの群小著述家のなかでは，W. L. マジスンがいささか注目される。クープランド Coupland と同じく二次資料しか用いていないとはいえ，マジスンはクープランドとは異なり，資料を巧みに駆使し，またイギリスには討議の場たる議会が存在していたことをたえず念頭に置いている点ですぐれているのである。索引がもっとよくなれば，マジスンの奴隷制研究4巻は参考書として使用に耐えるものになるであろう。クープランドは，感傷的歴史解釈を代表している。その研究は，奴隷貿易廃止運動ではないものを理解するのに役立つ。マッキンズ C. M. MacInnes の『ブリストル，帝国の関門』*Bristol, a Gateway of Empire* は，奴隷制問題にかんするその前の大胆な試論である『イギリスと奴隷制』*England and Slavery*（London, 1934）に比較すれば，主情的歴史から科学的歴史への正しい出発点となっているといえよう。『ブリストル，帝国の関門』は，ブリストル古文書館収蔵の未刊資料に基づくものである。アメリカの観念的歴史研究は，クリングバーグ F. J. Klingberg の『イギリスにおける奴隷制廃止運動』*The Anti-Slavery Movement in England* に代表されている。

かんしては，「ラガッツを調べるがいい」と言っても，過言ではないと思われる。ラガッツ Ragatz の『英領カリブ海におけるプランター層の凋落』*The Fall of the Planter Class in the British Caribbean* は原資料を駆使した包括的な研究である。同じくラガッツの『英領カリブ海史研究提要，1763〜1834』*Guide for the Study of British Caribbean History, 1763-1834*（Washington D.C., 1932）は，カリブ海関係研究者には必須の案内書である。同書には，あらゆる領域を網羅した完璧な参考書目のみならず，各書の内容・見解についての適切な要約が収められている。同じ著者の『英領カリブ海史研究のための統計資料，1763〜1833』*Statistics for the Study of British Caribbean History, 1763-1833* により，価値の高い統計資料を利用することができる。『上下両院議事録（1763〜1834）検索』*Check Lists of House of Commons and House of Lords Sessional Papers, 1763-1834* は，当該時期における議会文書類参看の方法が一見区々であるため当惑するような場合，こよない手引となるはずである。ラガッツ教授の手により，1900〜1930 年，1931〜1932 年，1933〜1935 年に刊行された『合衆国刊海外植民発展史関係文献集成』*A List of Books and Articles on Colonial History and Overseas Expansion published in the United States* 3 巻は，白人年季契約奉公人の事情を扱った多くの刊本・論説を収めている。最後に，『ヨーロッパ史研究文献書誌（1815〜1939）』*A Bibliography for the Study of European History, 1815 to 1939*（Ann Arbor, 1942）は教授の最近の業績であるが，140 ページから 158 ページにわたり，連合王国にかんする完璧な研究文献一覧を収め，19 世紀イギリスの発展を解明するのに役立つ多くの参考文献が挙げられている。

ラガッツ教授についで，カリブ海研究に注目すべき業績をあげたアメリカ人学者がいる。その仕事は，扱った時期の点でラガッツの研究を事実上補うものであるため，特に言及しておく必要があろう。フランク・ピツマン教授 Frank Pitman の『英領西インド諸島の発展，1700〜1763』*The Development of the British West Indies, 1700-1763* は，ラガッツの労作と同様，原資料の周到な分析に基づくすぐれた労作である。同じくピツマン教授の論文「19 世紀における英領西インド諸島プランテーションの植民と経営」*The Settlement and Financing of Brit-*

にかんする巻を参照した。

Ⅲ　二次資料

A　同時代関係

同時代の資料は汗牛充棟もただならない。ポスレスウェイト Postlethwayt，ダヴェナント Davenant，ジー Gee，ダルビイ・トマス卿 Sir Dalby Thomas，ウッド Wood 等の指導的重商主義者の著作については，慎重にこれを検討した。反重商主義の古典たる『諸国民の富』*The Wealth of Nations* についても同様である。年季契約奉公人にかんする同時代の資料は数少ないが，現存のものはいずれも有益である。西インド諸島側および東インド側のかわした激烈な論争はきわめて重要であるが，これについても調査の徹底を期した。大英博物館所蔵資料のほか，インド省文書館 India Office Library 所蔵の文書資料類およびジョン・リーランド図書館のパンフレット双書も挙げておく。ブリアン・エドワード Bryan Edward の著名な『英領西インド諸島史』*History of the British West Indies* にもみるべきものがある。本書は，本来の価値はいうまでもないとしても，さらにギリシアの奴隷制社会とは異なり，教育を蔑視し，それゆえ世界に寄与すること多大であったギリシアの遺産を再生することもなかった一奴隷制社会における寥々たる文化史的事件の1つとなっているからである。さらに，多くの地方史，特に大海港都市，工業中心地およびイギリス商工業の成長にかんする同時代の記録も，検討した。廃止論者の著作も広く利用した。散漫ではあるが資料的価値の高いウィルバーフォースの伝記，子息の手になるかの有名な5巻本については，特にそうである。

B　現代関係

1763～1833年の時期における英領西インド諸島を研究する場合には，典拠および資料をわざわざ目録にまとめる必要はない。廃止論者の集まりで論争が起こると必ず誰かが「マコーレーを調べるがいい」と言ったという意味の話があるが，1763～1833年の時期におけるカリブ海史に収めた第48巻にかんしては，特に言及しておく必要がある。この巻により，1833年の奴隷解放法に基づく補償要求の詳細なリストを知ることができる。現存する議会文書の完全なコレクションは，大英博物館所蔵のもののみである。

4. 在外プランテーションならびに貿易にかんする枢密院調査委員会報告／*Report of the Committee of the Lords of the Privy Council for all Matters Relating to Trade and Foreign Plantations, 1788.* アメリカ革命以後における砂糖植民地の状況を明らかにするためには本資料は必要不可欠のものである。奴隷貿易にたいするピットの態度を明かすものは，本報告にほかならない。確かにそういえる。この浩瀚《こうかん》な報告書においてもっとも重要な部分は，奴隷の現状を扱った第3部，砂糖貿易におけるフランスとの角逐を扱った第5部，本報告書刊行の最終段階でまとめられた各種の資料を収めた第6部である。

5. 当時の指導的政治家，カニング Canning，カッスルレー Castlereagh，ウェリントン Wellington およびグレンヴィル Grenville の書簡・覚書類は，少なくとも部分的には公刊されている（グレンヴィルのものについては，手書史料委員会 Historical Manuscripts Commission の手により，『ドロップモア収蔵。J. B. フォーテスキュ殿手稿集』*The Manuscripts of J. B. Fortescue Esq., preserved at Dropmore* と題されて刊行された）。この項には，ウィルバーフォースの子息により『ウィリアム・ウィルバーフォース書簡集』*Correspondence of William Wilberforce* および『ウィリアム・ウィルバーフォース私文書』*Private Papers of William Wilberforce* として刊行されたものを加えてもよかろう。

6. 国家文書要覧，植民地篇，アメリカおよび西インド諸島／*Calendar of State Papers, Colonial Series, America and West Indies.* 詳細な索引を付された本資料集成には，西インド諸島，砂糖キビ栽培，奴隷貿易，島嶼および大陸間の経済関係等にかんする項目多数が収録されている。概して簡約した形の項目が多い。さらに，島嶼における白人奉公人にかんする有益な情報も多く収められている。筆者は1611～1697年の時期称のもとにまとめられている。1760年から1803年のものについては，「コベット・イングランド議会史」*Cobbett's Parliamentary History of England*。1803年から1812年のものについては「コベット議会討論集」*Cobbett's Parliamentary Debates.* 1812年から1820年のものについては，「議会議事録」*Hansard.* 1820年から1830年のものについては「議会議事録第2輯」*Hansard, New Series.* 1830年から1860年のものについては「議会議事録第3輯」*Hansard, Third Series.* 筆者がこの公式分類をそのまま援用したのは，照合の便を考えたからである。各輯全体をふくめて議会議事録とのみ総称するならば，個々の巻にあたる場合に大きな支障を来たすと思われる。それゆえ，このほうが適当であろう。初期のものについては，数年分の議事録が1巻にまとめられている。1845年度の議事およびそれ以降の分については，年度別に各1巻にまとめられているのがふつうである。

2. 対米奴隷貿易図解資料／*Documents Illustrative of the Slave Trade to America.* この注目すべき資料もまた，カーネギー協会の援助により，4巻本として刊行された。本資料については，黒人奴隷制研究者は故エリザベス・ドナン教授 Elizabeth Donnan およびその優秀な助手にははなはだ多くを負うているといわねばならない。筆者の研究をすすめるにあたっては，18世紀および西インド諸島関係を扱った第2巻がなかんずく重要だった。しかし，17世紀にかんする第1巻も，とりわけ1688年以降の時期を問題とする場合，きわめて有益だった。アメリカ大陸の北部，中部および南部の植民地を扱った第3，4巻は，必要に応じ参照した。

3. 議会文書／Parliamentary Papers. 議会文書Iの項には，議会に提出された文書類および議会の諸委員会の集めた証言・証拠資料がふくまれている。詳細なリストは省く。巻末の注の引用を参照されたい。ところで1784年から1848年のあいだの報告文書類にはみるべきものが多く，西インド諸島研究をすすめる上で無視することは許されない。この資料の存在はほとんど知られず，その大きな価値についてはなお今後の研究をまたねばならないけれども，1837～1838年における議事文書を

かでない。

F　ローズ・ハウス図書館／Rhodes House Library, Oxford.

ローズ・ハウス所蔵資料のなかには，奴隷貿易廃止論者ジェームズ・ラムジの自筆本1巻がある。ノート，覚書，演説の控え等を収録したこの興味ある自筆本は，奴隷貿易廃止運動一般の研究に役立つばかりでなく，1788年にラムジが枢密院に提出した証拠物件，若干のパンフレットなどからわずかに知られているにすぎないこの埋もれた奴隷貿易廃止論者の姿を明らかにすることができるという意味でも貴重である。

G　イングランド銀行文書保管部／Bank of England Record Office, Roehampton, London.

東インド会社の株主名簿は，ここに保管されている。調査した資料は，1786年6月の東インド会社増資株8万ポンドに関する株主申込名簿，および1783～1791年，1791～1796年の東インド会社株主名簿である。この調査は，東インド関係者と奴隷貿易廃止論者との関係を明らかにするために行なったものである。

II　原資料（刊本）

1. ハンサード議会議事録／*Hansard*　この時期の議会における議事の重要性については，とくに強調する必要がある。イギリスの一著述家マジスン W. L. Mathieson は別として，本資料を本格的に利用しようとしたものはないからである。本資料の価値は，いずれ明らかになるであろうと思われる。1650年から1860年のあいだの討論はすべて収録されている。ほぼ1760年ごろを下限とする初期の演説・発言類は所々に分散しているけれども，研究者にとって幸いなことに，ストック L. F. Stock のたゆまぬ努力により，『北米関係英国議会議事討論集』*Proceedings and Debates in the British Parliament Respecting North America* として収集編纂され，容易に参看できるようになった。同書は，カーネギー協会の援助を受け，今日までに5巻が刊行された。

1760年から1860年にいたる議会の議事録は，それぞれ次のような名

C　リヴァプール公立図書館／Liverpool Public Library.

リヴァプール公立図書館には，本研究にとって重要な3つの手書文献が収蔵されている。すなわち，リヴァプールの奴隷貿易への依存関係を示す統計資料に富むホルト・グレグソン文書 Holt and Gregson Papers の第10巻，同じ問題にかんするマシュー・グレグソン Mattew Gregson の書簡および1787～1792年に奴隷商人ロバート・ボストック Robert Bostock と奴隷船船長との間にかわされた通信・書簡類ならびにリヴァプール奴隷船航海日誌 *Journals of Liverpool Slave Ships, 1779–1788* がそれである。

D　ジョン・リーランド図書館／John Rylands Library, Manchester.

イギリス資本主義の発展およびその黒人奴隷制との関係についての鍵となった都市に所在する著名な地方図書館である。同館には，従来利用されなかった英文の手書文献が収蔵されている。コレクションの内容は次のとおり。東インド産糖，西インド諸島奴隷産物のボイコットにかんする多数の資料。奴隷制にたいする補償として黒人にキリスト教を提供したバクストン Buxton の書簡。多忙を理由に奴隷解放法記念文集編纂計画への協力を断わった T. B. マコーレーの興味ある書簡1通。

E　ウィルバーフォース博物館／Wilberforce Museum, Hull.

本館収蔵の資料は僅少である。アフリカへの福音伝道の意義にかんするガーネイ Gurney の手紙等，散見される二，三の書簡を本論に引用した。整理番号は，筆者の訪問した当時（1939年6月）に行なわれていたものを用いた。ウィルバーフォース博物館の価値は文献資料ではなく，奴隷貿易に使用されていた残忍非道な用具類を展示しているところにある。「蜜柑カ丘農園」（所在地の記載なし）の枠付きの奴隷の名簿が展示されている一室がある。この名簿は職種，年齢，皮膚の色等により分類されているが，なかに1つ興味をひく項がある。1歳8カ月から20歳までの奴隷5名よりなるこの項は「雑種《マングレルズ》」と記載されている。プランテーションでは黒《ブラック》，混血《ムラート》などという名称で分類されるのがふつうであるのに雑種《マングレルズ》とはいったいどのような種類の奴隷であったのか，明らイギリス政府の態度にかんし参照した。重要事項若干を本論に引いてある。整理番号はF.O. 27（フランス）である。

4. **税関文書**／Customs Records. 参照した文書は，1814年から1832年のあいだのイギリスの輸出については *Customs 8*，輸入については *Customs 5* である。

B　大英博物館／British Museum.

1. **リヴァプール文書**／Liverpool Papers. これは，本研究に用いた特別手書資料 Additional Manuscripts のコレクションのなかでももっとも重要な文献である。本資料は，尨大なものである。個々の引照については，それぞれ注について見られたい。ホークスベリ卿，後の初代リヴァプール伯は，西インド諸島の地主であり，商務相をもつとめ，奴隷貿易廃止運動初期に重きをなしていた。同卿の書簡には，奴隷貿易，英領および仏領植民地，対仏戦争の時期におけるフランス植民者の反逆分子との交渉，東インド産糖の問題等にかんする重要な書簡および覚書が多数ふくまれている。

2. **奴隷貿易廃止委員会議事録**／Minute Books of the Committee for the Abolition of the Slave Trade 3巻。有益かつ適切な資料多数を収めている。

3. **オークランド文書**／Auckland Papers. 1787年，奴隷貿易の廃止を勧誘するためにフランスに派遣された英国使節の文書類である。ウィリアム・ウィルバーフォースの書簡5通を収めているが，これはこの奴隷貿易廃止論者の伝記を補うものとして価値の高いものである。

4. **ハスキソン文書**／Huskisson Papers. ハスキソンの奴隷解放観，西インド諸島人および奴隷貿易廃止論者にかんする若干のすぐれた資料がみられる。

文献解題

本書は，1938年9月，オックスフォード大学近代史学部に提出した博士論文「英領西インド奴隷貿易および奴隷制にかんする廃止問題の経済的側面」を骨子とするものである。手書資料としては，主として右学位論文において扱った時期，すなわち1783～1833年におけるものを用いた。

I　原資料（手書）

A　公文書館／Public Record Office, London.

1. 植民省文書／Colonial Office Papers. 本資料の価値については，あらためて述べるまでもない。本文における引用は，二百三十余巻を渉猟，適宜選択したものであり，必要最小限にとどめた。その範囲は，ジャマイカ，バルバドス，トリニダード，デメラーラ（ガイアナ）に及び，時代は1789～1796年（奴隷貿易廃止運動の初期）および1807～1833年にわたっている。整理番号は次のとおり。C.O. 27（バルバドス）。C.O. 111（デメラーラすなわちガイアナ）。C.O. 295（トリニダード）。C.O. 137（ジャマイカ）。

2. チャタム文書／Chatham Papers, G. D./8. 小ピットの書簡および記録文書類のみを収集したもので，父ピット関係はふくまれていない。チャタム関係資料はペアズ Paresの労作中にも散見される。本資料の調査により，英領島嶼，サント・ドミンゴおよびインドにかんするきわめて貴重な材料をうることができた。ピットは，1784年より1806年の死にいたるまでイギリス議会の牛耳をとっていた事実からしても，本資料はきわめて重要である。

3. 外務省文書／Foreign Office Papers. 本資料は，主として1787年から1793年にいたる時期につき，特に仏領サント・ドミンゴにたいする

解説　「周辺」から世界の歴史を見る

川北　稔

『資本主義と奴隷制』から世界システム論まで

植民地など、「周辺」とされる地域から世界の歴史をみようとする立場は、いわゆる世界システム論をはじめとして、いまではそれほど珍しくはない。そうした見方は、学問的にも市民権を得ているといえる。しかし、ほんの半世紀まえには、そうした立場は、まともな学問とはみられないものでもあった。先頭を切って、この困難な局面を切り開いたひとりが、本書の著者エリック・ウィリアムズである。

トリニダード・トバゴの郵便局員の息子として生まれたウィリアムズは、秀才の誉れ高く、周りの期待を背負って、宗主国イギリスのオックスフォード大学に送りこまれた。古典学を専攻した彼は、抜群の成績で卒業したものの、当時のイギリスには――というより、日本をふくむ世界には――、西洋文明の根源にかかわる古典学、つまりギリシア語やラテン語の哲学や文学を、カリブ海出身の黒人に教えさせようという大学はなかった。

失意のウィリアムズは、思考の大転換を図る。自分たちの祖先を奴隷化した西洋文明を賛美することになりかねない古典研究を放棄し、カリブ海域人としての自らのアイデンティティに即した、未開拓のカリブ海域史研究に転向するのである。それはまた、同時に、カリブ海域の独立と統合をめざす植民地ナショナリストとしての覚醒をも意味した。その結果、彼が最初に取り組んだのが、イギリス産業革命をカリブ海域から見るという画期的な研究であり、その成果が本書である。

イギリスが世界で最初の産業革命（工業化）に成功し、ヴィクトリア時代の繁栄を謳歌したことは、近代史上、最大の出来事であった。したがって、なぜそれがイギリスだったのか、ということは、歴史学の大問題となってきたのも当然である。この問いに答えようとする場合、基本的に二つの立場がありうる。イギリス人の偉業としてそれを見る立場と、植民地を含む世界的な連関のなかにそれを置いて見ようとする立場とである。前者は、いわゆる一国史観であり、後者は世界システム論やグローバル・ヒストリの立場である。たとえば、本書五章には、今日に続くイギリス系の有力な国際金融機関、バークレー銀行の創業者たちに関説した箇所がある。バークレー家は敬虔なクエーカー教徒、つまりピューリタンの一家であった。かつては、一国史観に基づいて、産業革命がイギリス人、とくにピューリタンの勤勉と禁欲と合理主義の精神によって生み出されたという見方が有力であった。とくに、西洋型近代を理想とする近代化論一色であった戦後日本の歴史学では、この点のみがとりあげられ、産業革命はプロテスタントの信仰とそのネットワークによってもたらされたかのように喧伝された。バークレー家の資産が、もともとは奴隷貿易や奴隷制プランテーションの経営によって蓄積されたものであることは、見落とされてきたのである。

西インド諸島人としてのウィリアムズの立場は、むろん、違っていた。カリブ海の黒人の立場からみれば、イギリス産業革命は、「アフリカ人奴隷の汗と血」の結晶でしかない。このことを、徹底的に主張したのが、本書であり、いまでは「ウィリアムズ・テーゼ」として広く知られている歴史観である。私の学生時代は、ようやくポストコロニアリズムの波がひろがる時期でもあったから、私には、ウィリアムズの議論が受け入れやすかった。

とはいえ、このような考え方が、ただちに世界の歴史学界で承認されたわけでは毛頭ない。本書は、たんに奇矯《ききよう》な植民地ナショナリストの妄言として退けられがちであった。そもそもカリブ海域史の研究者のポストなどというものはどこにもなかったから、ウィリアムズ自身の前途は多難を極めた。そのとき、ほとんど唯一の理解者となったのが、本書が捧げられている、アメリカ人のローウェル・ラガッツ教授だったのである。

歴史学者・植民地ナショナリストとしての立ち位置

ケネディ暗殺の年であったから、もはや半世紀の彼方であるが、京都大学の院生であった私は、ほんの数人の受講生とともに、風采のあがらないアメリカ人の老教授の講義を受けていた。講義は、大西洋奴隷貿易という、当時の日本の学界状況からすれば、いささか的外れなテーマであった。国内における毛織物マニュファクチャーの発展にのみ工業化の原因を認め、貿易のような、対外関係は「周辺的」として顧みない傾向が強かったからである。私としては、そのような雰囲気に違和感をもっていたので、このおよそ「場違い」ともみえたテーマがむしろ新鮮だったのである。もっとも、受講生の英語力に合わせたのか、講義は深淵というわけにもいかなかったが、私が、この人物のすごさを知ったのは、本書の中山訳に出会ったときである。

若き日のラガッツ教授が、苦難に満ちたウィリアムズの青年時代に、いかに闇夜の一灯となったかは、ウィリアムズの自伝『内に向かう飢餓』(*Inward Hunger*)に詳しい(簡単には拙訳『コロンブスからカストロまでⅡ』岩波現代文庫、訳者解説に関説した)。

こうして、「ウィリアムズ・テーゼ」は、いまではどんなに偏狭な一国史観の教科書でも、イギリスで世界で最初の産業革命がおこったことのひとつの説明として、必ずとりあげられるようになった。同時にそれは、「低開発」理解のいわゆる「従属理論」につながり、世界システム論者として知られるウォーラーステインらの歴史観を引き出す役割をも果たした。

もとより、本書の原著がヨーロッパに問われた時代に比べれば、いまや学界の知見そのものは、格段に進んでいる。したがって、個別の事柄については、ウィリアムズの記述も、修正を必要とすることはいくつかある。とくに、奴隷制度や奴隷貿易の実態そのものについての研究は、その後格段の発展を遂げた。わが国でも、たとえば、『岩波講座 世界歴史17 環大西洋革命』や布留川正博『奴隷船の世界史』（岩波新書）、池本幸三・布留川正博・下山晃『近代世界と奴隷制——大西洋システムの中で』（人文書院）、浜忠雄『カリブからの問い——ハイチ革命と近代世界』（岩波書店）などに、その成果を見ることができる。とはいえ、植民地人（世界システムの「周辺」の人びと）の立場に立って、一体としての世界の歴史を見るというウィリアムズの到達した姿勢自体は、その意義が高まりこそすれ、輝きを失うことはない。

他方、歴史家としてのウィリアムズの生涯と同様に、政治家としてのそのキャリアは、苦難に満ちたものであった。トリニダード・トバゴの独立運動を指導して、亡くなるまで同国首相の地位にあったものの、カリブ海域全体——アメリカ化の甚だしいプエルト・リコをのぞき、反対に地理的には南米であるが、西インド諸島と共通点の多いガイアナやスリナムなどを含む——の統合という大目標は、西インド諸島大学の創設をのぞいて、ほとんど実現しなかったからである。

ウィリアムズは、「二〇世紀を代表する黒人一〇〇人」にも選ばれ、彼が集めたカリブ海域史の史料や著作物は、合衆国国務長官であったコリン・パウエルの尽力もあって、国連の「世界（記憶）遺産」として保存されている。認定の際は、ウィリアムズの長女で、フロリダ在住のエリカ・コネルさんに求められて、私が『図書』に書いた短い追悼文も提出した。

日本では、本書は中山毅氏の手によって、早くも一九六八年に理論社から翻訳出版されたが、一国史観全盛の時代であったから、歴史学界ではまったく評価されなかった。そもそも中山氏自身文学研究者で、歴史家ではなかったことが、その間の事情を暗示している。その後も、この金字塔的な著作は、わが国の出版界ではあまり話題にのぼらなかった。新訳(山本伸監訳、明石書店、二〇〇四年)も出版されたが、原著の真意が伝わりにくいところもあるので、このたび、手軽に読めるかたちで、中山訳を上梓することになった。歴史学に関心のある読書人に、広く読まれることを期待する次第である。

中山訳旧版との異同について

今回、上梓にあたっては、旧訳の調子を損なわない範囲で、いくつかの訳語などをアップデイトした。主要なポイントは、以下のとおりである。

ひとつは、頻出する「ニグロ」という表現は、かつては私自身も使っていたこともあるが、いまではやや時代にそぐわないようにも思われるので、「黒人」に置き換えた。「西インド」という表現も、おおかた「西インド諸島」に変えた。スペイン語でいう「インディアス」は、ラテンアメリカ全域のことであるが、英語の「ウェスト・インディーズ」は、西半球全体ではなく、カリブ海域をさすからである（イギリスでは、ラテンアメリカは「南海地方」と呼ばれた）。ちなみに東インドも、近世ヨーロッパ人に特有の地理的概念で、東インド会社の特権領域は、アジア全域のみならず、東アフリカをも含む領域とされていた。

さらに、中山訳では、「イングランド」、「ブリテン」、「グレート・ブリテン」などが、原文どおり忠実に訳し分けられているが、原文はあまりそのことにこだわっている様子がないのと、かえって読者の文意の理解を妨げかねないので、今回は基本的に「イギリス」とした。ここでいう「イギリス」とは、一五三六年まではイングランド、そこから一七〇七年までは、「イングランドとウェールズ」、以後はスコットランドを含む「グレート・ブリテン」を指すものと理解していただきたい。

ちなみに、「イスパニア」も、英語表記に改めた。「航海条例」、「穀物条例」、「連合法」その他の用語も、近年の慣用に改めた。

（かわきた・みのる　大阪大学名誉教授）

ワ行

ヤ行

ラ行

マ行

ハ行

ナ行

タ行

サ行

カ行

索引

ア行

ちくま学芸文庫

資本主義《しほんしゅぎ》と奴隷制《どれいせい》

二〇二〇年七月十日　第一刷発行
二〇二三年九月十日　第六刷発行

著　者　エリック・ウィリアムズ
訳　者　中山毅（なかやま・たけし）

発行者　喜入冬子
発行所　株式会社　筑摩書房
東京都台東区蔵前二―五―三　〒一一一―八七五五
電話番号　〇三―五六八七―二六〇一（代表）
装幀者　安野光雅
印刷所　大日本法令印刷株式会社
製本所　加藤製本株式会社

ISBN978-4-480-09992-1 C0120